Jesper Juul • Helle Jensen

Vom Gehorsam zur Verantwortung

JESPER JUUL
HELLE JENSEN

VOM GEHORSAM ZUR VERANTWORTUNG

Wie Gleichwürdigkeit in der Schule gelingt

Aus dem Englischen von Karin Wirth

BELTZ

Herausgeberin: Robin Menges

Dieses Buch ist erhältlich als:
ISBN 978-3-407-86559-5 Print
ISBN 978-3-407-86568-7 E-Book (EPUB)

10. Auflage 2026

Beltz Verlagsgruppe GmbH & Co. KG
Werderstraße 10, 69469 Weinheim
service@beltz.de

Titel der dänischen Originalausgabe:
Pædagogisk relationskompetence – fra lydighed til ansvarlighed

Udgivet af Forlaget Apostrof, København

Titel der aktualisierten englischsprachigen Ausgabe:
Relational Competence. Towards a new Culture of Education

Windberg: Mathias Voelchert GmbH edition +plus, 2017

Lektorat: Petra Dorn
Einbandgestaltung/Umschlaggestaltung: www.stefanielevers.de (Gestaltung), www.stephanengelke.de (Beratung)
Bildnachweis: © Westend 61 / Getty Images
Herstellung: Sonja Frank
Satz: Publikations Atelier, Dreieich
Gesamtherstellung: Beltz Grafische Betriebe, Bad Langensalza
Beltz Grafische Betriebe ist ein Unternehmen mit finanziellem Klimabeitrag (ID 15985-2104-1001)
Printed in Germany

Weitere Informationen zu unseren Autor:innen und Titeln finden Sie unter:
www.beltz.de

Die einzige Alternative zur
Bevormundung ist der Dialog.

– Villy Sørensen –

Inhalt

Vorwort 11

Beziehungen im Wandel der Zeiten 17

1 Was im Umgang mit Kindern zählt 18
Systemisches Denken öffnet neue Perspektiven 24
Ein notwendiger Paradigmenwechsel 26
Zwischen Druck und Angst 30

Gleichwürdigkeit und Individualität in der Schule 33

2 Die Integrität von Kindern und Lehrer*innen 34
Innere und äußere Verantwortlichkeit 35
Das Gefühl von Ganzheit 38
Konstruktiver Ungehorsam 41
Integrität und Kooperation – ein existenzieller Konflikt 46
Wie Lehrer*innen kooperieren 55
Integrität und pädagogische Ethik 57

3 Selbstgefühl – herausfinden, wer ich bin 60
Das Gefühl für uns selbst — ein existenzielles Thema 63
Selbstvertrauen – eine Frage der Kompetenz 73
Selbstbewusstsein – ein gesellschaftliches Phänomen 80

4 **Persönliche Verantwortung** 82
Die persönliche Verantwortung von Kindern 83
Persönliche und soziale Verantwortung als Grundlage für Führungskompetenz 97
Die persönliche Verantwortung von Erwachsenen 101
Die persönliche Autorität der Lehrer*in 106

5 **Mit sich selbst verbunden sein** 112
Selbstwahrnehmung 112
Tore zum Selbst 114
Emotionale Regulation 116

Die Brücke vom Ich zum Du 117

6 **Beziehungsmuster verstehen** 118
Inhalt und Prozess 124
Asymmetrische Beziehungen 126
Symmetrische Beziehungen 131

7 **Zur Definition der Beziehungskompetenz** 133
Beziehung aus Sicht der Bindungsforschung 134
Die Interaktion in der Schule kompetent gestalten 137

8 **Gespräche verstehen – Dialoge führen** 145
Häufige Sprech- und Ausdrucksweisen 151
Was ist persönlich, was ist privat? 155
Wie entwickle ich eine persönliche Sprache? 159
Kindern zu persönlicher Sprache verhelfen 161
Von Konsequenzen und Respekt 169

9 **Beziehungskompetenzen** 171
Gleichwürdigkeit 171
Anerkennung 175
Empathie und Mitgefühl 185
Existenzielle Dialoge 187
Gespräche zur Konfliktlösung 192

Kinder, Eltern und das Team: Wie Beziehung gelingt 203

10 Kontakt gestalten 204
Die Bedeutung der ersten Begegnungen 205
Evaluierungsdialoge 207

11 Fach-persönliche Entwicklung 212
Vier Fragen, die ein Weiterkommen ermöglichen 214
Die Rolle der Vorgesetzten 227
Die Rolle der Kinder 238
Die Rolle der Eltern 248

12 Teamarbeit, kollegiale Reflexion und Supervision 253
Die Zusammenarbeit im Kollegium 253
Kollegiale Reflexion 258
Supervision 271

13 Mit herausfordernden Kindern arbeiten 273
So passt alles zusammen 276
Herausfordernde Kinder brauchen von allem ein bisschen mehr 280
Beispiele und Analysen 282

Zum Schluss 299

Glossar 300
Anmerkungen 305
Bücher & DVDs 312
Webseiten & Links 315
Über Jesper Juul & Helle Jensen 316
Über Robin Menges 317
Über familylab 318

Ein Dank von Jesper Juul und Helle Jensen

Unser besonderer Dank geht an unsere langjährige Kollegin Robin Menges, die hervorragende Arbeit geleistet hat, um diese neue Übersetzung inklusive Straffung und Neustrukturierung herauszubringen. Soweit möglich wurden auch aktuelle Forschungsergebnisse und neues Wissen integriert. Es ist für uns eine große Freude, dass unsere Arbeit durch ihre Arbeit aktuell bleiben kann.

Wir wollen auch unseren früheren Kollegen des Kempler Institute of Scandinavia danken, mit denen wir die ersten Schritte in der Entwicklung des Konzeptes der Beziehungskompetenz gemacht haben. Auch unseren derzeitigen Kollegen in der Danish Society for the Promotion of Life Wisdom in Children sind wir sehr dankbar, deren Arbeit die Einbeziehung der Themen Achtsamkeit, Empathie und Mitgefühl in diesem Buch ermöglicht hat.

Und wir danken dem DDIF – Deutsch-Dänisches Institut für Familientherapie (Berlin), der IGfB – Internationale Gesellschaft für Beziehungskompetenz (Innsbruck) und der FamilyLab International Association dafür, dass sie es ermöglichen, Beziehungskompetenz in die Praxis umzusetzen und dass wir, auch dank ihrer Arbeit, Wissen und Erfahrung in Bezug auf zwischenmenschliche Beziehungen in Beruf und Familie sammeln können.

Jesper Juul & Helle Jensen

Vorwort

Die neue Ausgabe des Buches *Vom Gehorsam zur Verantwortung*, die Sie in Händen halten, lädt zu einer Reise in die Welt der professionellen Beziehungskompetenz ein. Eine Reise, die Jesper Juul und Helle Jensen schon vor mehr als 20 Jahren das erste Mal schriftlich festgehalten haben. Eine Reise, auf der sie seitdem unzählige Pädagogen und Pädagoginnen in Skandinavien, Deutschland, Österreich, der Schweiz und anderen europäischen Ländern begleitet haben. Ich hatte die Aufgabe, die Perlen und die tiefgründigen Weisheiten menschlichen Erlebens in Beziehungen, die dieses Buch enthält, für die deutschsprachige Ausgabe zu bearbeiten und zu aktualisieren. Der Großteil der Inhalte, Beispiele und der Herangehensweise der 2017 unter dem Titel *Relational Competence. Towards a New Culture of Education* erschienenen Originalausgabe wurde beibehalten; einzelne für Deutschland, Österreich und die Schweiz relevante Punkte wurden ergänzt. Gemeinsam haben Jesper Juul, Helle Jensen und ich neben der fachlichen Aktualisierung viel Wert auf Verständlichkeit und Anwendbarkeit im Alltag gelegt.

Das Ergebnis ist ein aktualisiertes Handbuch zur pädagogischen Beziehungskompetenz, das inspiriert und als Nachschlagewerk dient. Die vielen Beispiele aus unserer langjährigen Praxis veranschaulichen die Haltung und Herangehensweise, die der von Jesper Juul geprägte Begriff der Gleichwürdigkeit am treffendsten beschreibt. Für Jesper Juul, Helle Jensen und die vielen Menschen auf der Welt, die von ihrer Arbeit inspiriert sind, ist Gleichwürdigkeit die Voraussetzung einer menschenwürdigen Pädagogik.

Beziehungskompetenz ist sowohl Ziel als auch Weg pädagogischen Handelns. Auch wenn viel über die soziale Kompetenzentwicklung von Kindern gesprochen wird, sehen wir Beziehungskompetenz als den »missing link« im Schulalltag. Unsere Erfahrung bringt uns zu dem Schluss, dass eine erweiterte Beziehungskompetenz von Lehrer*innen die soziale Kompetenz der Kinder nachhaltig stärkt und erweitert. Sie ermöglicht, dass allen Beteiligten jener Respekt und jene menschenwürdige Behandlung zuteilwerden, die jedem Menschen zustehen und die die Basis psychischer Gesundheit sind.

Jesper Juul und Helle Jensen werden häufig als Anwälte der Kinder wahrgenommen. Sie verstehen sich selbst nicht so. Ihr Fokus liegt nicht auf der einen oder anderen Seite einer Beziehung, sondern auf der Beziehung selbst. Intakte Beziehungen vertreten beide Seiten und führen von der Idee des Parteiergreifens weg. »Nur intakte Beziehungen werden allen Beteiligten gerecht« ist das Credo, das ihre Arbeit seit mehr als 40 Jahren trägt.

Juul und Jensen sind Praktiker und vermitteln ihre Erfahrungen mit Menschen in der Praxis. Seit der Erstveröffentlichung ihres Buches im Jahr 2002 in Dänemark sind viele relevante wissenschaftliche Studien[1] erschienen, die ihren Ansatz unterstützen und auch erklären. Die hier erwähnten Studien sind aber nur die, mit denen wir uns persönlich auseinandergesetzt haben und nicht das Ergebnis einer systematischen und umfassenden wissenschaftlichen Auseinandersetzung. Sie laden ein, weiterzulesen oder tiefere Zusammenhänge zu verstehen. Aktuell arbeitet Helle Jensen im EU-Forschungsprojekt »Hand in Hand«[2] gemeinsam mit Wissenschaftler*innen und Fachleuten aus fünf Ländern an einem Konzept für Beziehungskompetenz und Empathie im Schulalltag.

Das Anliegen des vorliegenden Buches ist, Beziehungskompetenz anhand konkreter Beispiele begreifbar und integrierbar zu machen. Die neue deutschsprachige Ausgabe konzentriert sich bewusst auf den Schulalltag, um die Inhalte fokussiert darstellen zu können. Alle Aspekte und Herangehensweisen können ohne Weiteres auf die Arbeit z. B. mit Kleinkindern in Kindertagesstätten, Kindergärten sowie auf andere pädagogische und sozialpädagogische Kontexte übertragen werden. Neu hinzugefügt sind die Themen Empathie und Mitgefühl und die Rolle der Beziehung zu sich selbst als Fachperson. Leser*innen früherer Ausgaben werden manches an anderen Stellen und einiges auch nicht mehr wiederfinden, da wir einzelne Beispiele und Gedanken zugunsten des Praxisbezugs, der Übersichtlichkeit und der Lesbarkeit gestrichen haben.

An dieser Stelle möchten wir noch auf die Grenzen des geschriebenen Wortes aufmerksam machen. In diesem Buch geht es um zwischenmenschliche Prozesse, bei denen sich die wesentlichsten Dinge »zwischen den Zeilen« abspielen. Das gilt in besonderem Maße für die Beispiele in diesem Buch, die alle auf wahren Begebenheiten beruhen. Das, was wir später noch als persönliche Sprache detailliert beschreiben, ist im wahrsten Sinne des Wortes persönlich und kann nicht imitiert werden. Der jeweilige sprachliche, aber auch nonverbale Anteil ist einzigartig und bezieht seine Wirkung und Kraft aus der individuellen Situation und den beteiligten Akteuren.

Nicht alle Beispiele in diesem Buch sind vorbildlich, manche sind das Gegenteil. Wir stellen diese Beispiele dar, um deutlich zu machen, wie radikal sich unterschiedliche Wertvorstellungen auswirken und wie weit manchmal Wunsch und Wirklichkeit auseinanderliegen. Wir sind überzeugt, dass fast immer in der besten Absicht und nach bestem Wissen gehandelt wird, wissen aber auch, dass vielfach trotzdem unbewusst sehr verletzende und grenzüberschreitende Dinge passieren.

Der Text gliedert sich in vier Teile, die aufeinander aufbauen, aber auch unabhängig voneinander gelesen werden können.

Der erste Teil gibt Hintergrundinformationen über gesellschaftliche Veränderungen und Rahmenbedingungen sowie aktuelle Herausforderungen der Erwachsenen-Kind-Beziehung. Er stellt den notwendigen Paradigmenwechsel sowohl im Denken als auch im pädagogischen Handeln dar. Diesen Teil habe ich in Kooperation mit Helle Jensen neu geschrieben.

Teil zwei fokussiert auf das Individuum: persönliche Aspekte, die in jeder Beziehung eine Rolle spielen. Die Rolle der Integrität und des Bedürfnisses nach Kooperation wird im Detail beschrieben und welche Aufgabe Selbstgefühl, Selbstvertrauen und Selbstbewusstsein haben. Darüber hinaus geht es um die Möglichkeiten und Ressourcen, die in der Übernahme persönlicher Verantwortung liegen.

Teil drei thematisiert ganz konkret das Gestalten pädagogischer Beziehungen: die Bedeutung der Asymmetrie in pädagogischen Beziehungen sowie Jesper Juuls und Helle Jensens Definition von Beziehungskompetenz. Es geht um die Sprache als Vermittlerin in Beziehungen und um konkrete Beziehungsfertigkeiten, Skills und Haltungen, die wir entwickeln können und mit denen wir unser Handlungsrepertoire erweitern.

Der vierte Teil richtet seinen Blick auf die Entwicklung der Beziehungskompetenz im Schulalltag. Sie ist ein fortwährender persönlicher, fachlicher und zwischenmenschlicher Prozess, der sowohl innere Bereitschaft als auch angemessene Rahmenbedingungen und Unterstützung braucht. Diesen Teil schließen wir mit Beispielen aus unserer Praxis ab, die den Umgang mit besonders herausfordernden Kindern hervorheben.

Gemeinsam arbeiten wir mit Herzblut für eine Schule und eine Pädagogik, die dem ganzen Menschen in seiner Bezogenheit auf andere gerecht wird und zugleich den kognitiven Anspruch der Schule berücksichtigt. Wir wünschen Ihnen Inspiration, neue Klarheit zu alten Fragen und den Mut, persönliche und menschenwürdige Wege in Schule und pädagogischen Institutionen zu gehen.

Robin Menges

Beziehungen im Wandel der Zeiten

1 Was im Umgang mit Kindern zählt

Lehrer*innen denken bei ihrer täglichen Arbeit nicht über Grundlagenforschung nach. Und selbst wenn sie es täten, könnten sie daraus nicht einfach Antworten auf tägliche Herausforderungen ableiten. Die pädagogische Praxis hat ihre eigene Geschichte, ihre eigene Tradition und ihre Anflüge von Trägheit, die in Kombination mit der Persönlichkeit und den Werten des einzelnen Lehrers, der einzelnen Lehrerin das professionelle Verhalten beeinflussen.

Seit der Nachkriegszeit werden laufend neue Anforderungen an pädagogisches Denken und Handeln gestellt. Dies betrifft insbesondere folgende Bereiche:

- Demokratische und humanistische Werte
- Lernpsychologie
- Pädagogische Psychologie
- Kinder- und Jugendkultur
- Moderne Säuglings- und Bindungsforschung
- Wissen um systemische Zusammenhänge.

Diese Faktoren stellen sinnvolle, aber auch herausfordernde Anforderungen an Schule und an das Unterrichten. Sie stellen auch die herkömmliche Erwachsenen-Kind-Beziehung infrage.

Kinder ändern ihr Verhalten schneller als Erwachsene. Das war schon immer so, aber die heutige Zeit ist vielleicht stärker durch einen Zuwachs an Wissen und gesellschaftlichen Veränderungen geprägt als jede andere historische Ära.

Es ist lange her, dass die Schule die Macht hatte, familiäre Werte zu bestimmen. Im Hinblick auf die Beziehungsqualität zwischen Erwachsenen und Kindern haben Familien eine Vorreiterrolle, während Schulen meist eine defensive Position einnehmen. Kinder sind heute nicht anders als in früheren Generationen. Der Unterschied liegt in unserem Wissen über die Natur von Kindern und damit unser aller Natur – unabhängig vom Alter.

Aus unserer Perspektive gibt es nur wenige erziehungsrelevante Faktoren, auf die wir uns derzeit konzentrieren müssen. Die meisten Aspekte, die von den Medien und in der Politik rege diskutiert werden, sind nicht viel mehr als heiße Luft.

Entscheidend sind folgende Faktoren:

- Pädagogik baut nicht mehr auf Gehorsam auf, aber es gibt eine große Unsicherheit bezüglich erfolgreicher Alternativen.
- Kinder protestieren offen dagegen, als Objekt gesehen zu werden.
- Ein erhöhtes Wohlbefinden und ein höheres Entwicklungspotenzial in Subjekt-Subjekt-Beziehungen.
- Die nachlassende Tendenz, Kindern die Schuld an schwierigen Beziehungen zwischen Erwachsenen und Kindern zu geben.
- Der Identitätsverlust der Schule als Inhaberin des Wissensmonopols.
- Die Pluralität unserer Gesellschaft.[1]

Ein gravierender Unterschied zu früheren Generationen ist, dass Kinder mit einem Selbstverständnis durch die Welt gehen, das ihnen früher fremd war. Sie drücken ihre Meinungen und Gefühle aus. Sie stellen Fragen, argumentieren und erwarten, dass man sie ernst nimmt. Was wir aber vor allem erreicht haben, ist, dass Kinder weitgehend ohne Angst vor Erwachsenen aufwachsen; allerdings häufig auch ohne Orientierungshilfe und ohne emotionale Verbundenheit mit Erwachsenen.

Gleichzeitig herrscht auf Erwachsenenebene viel Ratlosigkeit. Ein Versuch, damit umzugehen, sind das Kategorisieren und das Diagnostizieren von Kindern. Man beschäftigt sich intensiv mit der Frage, *warum* es mit Kindern so schwierig ist (und es *ist* häufig schwierig!), sucht aber selten herauszufinden, *wie* eine fruchtbare und befriedigende Zusammenarbeit mit genau diesen Kindern gelingen kann.

Auch Kinder sind verunsichert und verwirrt, wenn Erwachsene, die die Führung haben, nicht genau wissen, was sie mit ihrer Führungsrolle anfangen sollen, und sich überwiegend reaktiv verhalten. Viele dieser täglichen Konflikte werden nach wie vor als Machtkämpfe gesehen – eine Interpretation, die zu der Idee führt, dass Kinder zum Beispiel tyrannisieren oder die Sieger des Machtkampfes seien (weil »alles nach ihrer Pfeife tanzt«). In Wahrheit verlieren beide Seiten, wenn die Beziehung destruktiv ist, wie Christina Rucinski und ihre Kollegen sehr eindrucksvoll an über 500 Schülern und Schülerinnen der 3.–5. Klassenstufe dargestellt haben.[2]

Insgesamt erleben wir in der Schule häufig eine defensive Haltung, wenn es um die Lösung aktueller Probleme geht. Restriktionen, Regeln, Anti-Kampagnen (Kampagnen gegen Mobbing, gegen Essstörungen …) und weitere Methoden, die das Verhalten von Kindern steuern sollen, sind Versuche, die Dinge zum Besseren zu verändern.

➔ Kinder und ihr Verhalten zu verändern ist jedoch so ziemlich der einzige Weg, der garantiert nicht funktioniert.

Wir kennen viele Situationen, in denen das Verhalten von Kindern (und Erwachsenen) destruktiv, selbstzerstörerisch und sozial absolut nicht annehmbar ist. Wir wissen, dass es viele Situationen gibt, die für alle sehr schädlich sind und denen man ein Ende setzen muss. Aber wir sind sehr überzeugt, dass Regeln, Verbote und Strafen mit dem Ziel der Verhaltenssteuerung kein wirksamer und vor allem kein nachhaltig sinnvoller Weg sind. Alle diese Ansätze machen Kinder zu Objekten der Manipulation und Machtausübung von Erwachsenen. Außerdem sind sie defensive Strategien, also Gegenreaktionen auf das Verhalten der Kinder. In keiner Beziehung erreicht man mit defensiven Strategien konstruktive Ergebnisse.

Wenn Erwachsene in der Defensive sind …

- … verlieren sie den Zugang zu den eigenen Führungsqualitäten.
- … verlieren sie den Überblick/Weitblick für die Situation.
- … reduziert sich die Interaktion auf einen zermürbenden Machtkampf.
- … werden Kinder unsicher und verlieren das Vertrauen in die Führungsqualitäten der Erwachsenen.
- … verlieren sowohl Kinder als auch Erwachsene den Glauben an sich selbst.

Im pädagogischen Alltag sind die jeweiligen Lehrer*innen häufig auf sich allein gestellt; mit einer defensiven Haltung und Ratlosigkeit versuchen sie, einen Umgang zu finden. Er oder sie soll zeitgleich didaktische und fachliche Aspekte berücksichtigen, während neue strukturelle Anforderungen gestellt werden (z. B. Teamarbeit). Aber: Die Individualisierung eines kollektiven Problems ist nie hilfreich, weil sie den einzelnen Lehrer, die einzelne Lehrerin als »unfähig«, »schwierig« oder »nicht belastbar« hinstellt. Doch es ist auch eine Realität, dass der Einzelne einen neuen Wert und persönliche Umgangsformen damit ein neues Gewicht bekommen haben. Jeder Einzelne ist gefordert, seine persönliche Autorität aufzubauen.

BIRTHE

Birthe, eine sehr erfahrene und leidenschaftliche Dänischlehrerin, unterrichtet seit Langem wieder einmal eine 1. Klasse. Sie weiß, dass sie von einer 1. Klasse nicht das gleiche Lerntempo erwarten kann, wie sie es von den höheren Klassen gewohnt ist.

Nach den Winterferien wird ihr klar, dass die Kinder das Ziel nicht erreichen, das sie sich gesteckt hat. Sie gibt sich im Unterricht viel Mühe mit der Binnendifferenzierung; doch das hilft nur wenig. Für sie ist ihr beruflicher Wert untrennbar damit verbunden, dass die Kinder etwas lernen. Aus diesem Grund beginnt sie allmählich, an ihrem eigenen Wert zu zweifeln. Das führt dazu, dass sie so reagiert wie wir alle, wenn wir uns wertlos fühlen: Entweder ziehen wir uns frustriert in uns selbst zurück, werden selbstkritisch, depressiv und verlieren an Vitalität oder wir bringen unsere Verzweiflung in Form von Verärgerung und Aggression nach außen.

Birthe tut von beidem etwas. Sie überlegt, ob sie vielleicht zu alt für Erstklässler geworden ist, womöglich unter dem Burn-out-Syndrom leidet. Gleichzeitig klagt sie über die heutigen Kinder und ihre gestressten Eltern, die sich nicht richtig um die Erziehung ihrer Kinder kümmern usw. Beides bringt sie nicht weiter.

Im gleichen Maß, wie Birthe die Wahrnehmung abhandenkommt, als Lehrerin von Wert zu sein, verliert sie die Klarheit über ihre eigenen Grenzen und Bedürfnisse. Sie lässt viel mehr durchgehen, als sie eigentlich vor sich selbst verantworten kann. Das wirkt sich negativ auf ihre berufliche Integrität aus. Die Kinder ihrerseits merken, dass Birthe sich nicht sicher ist und dass sie eine undeutliche Vorstellung hat, wer sie als Lehrerin ist, was sie will und was nicht. Darauf reagieren sie mit Verunsicherung und Unruhe, und Birthes kritische, vorwurfsvolle Äußerungen und Beschwerden verletzen sie.*

Birthe ist eine fähige und erfahrene Lehrerin mit einer positiven und liebevollen Einstellung zu ihren Schüler*innen. Sie ist ein gutes Beispiel dafür, dass man weder psychisch nicht belastbar noch ein Problemfall sein muss, um mit Kindern Niederlagen zu erleiden. Viele Jahre lang ist sie mit ihrer beruflichen Kompetenz und ihrer rollenbedingten Autorität problemlos zurechtgekommen, jetzt wird sie auf ganz andere Weise gefordert.

Eine vergleichbare »Krise« hätte ebenso in ihrer Ehe oder in anderen wichtigen Beziehungen auftreten können, wo sie mit ihrer erlernten Einsatzbereitschaft und ihrem Ehrgeiz nicht mehr weitergekommen wäre. In dieser Hinsicht ist der Konflikt persönlich. Auf persönlicher Ebene braucht Birthe Hilfe von außen. Sie muss ihre Sicherheit wiedergewinnen und zugleich persönliche Autorität entwickeln, damit sie in Beziehung zu den Kindern ihrer Klasse treten kann. Diese Sicherheit kann sie nur in sich selbst finden – nicht in allgemeinen Einstellungen oder Meinungen anderer (Fach-)Leute.

Weder die eigene Kritik, sie sei eine schlechte Lehrerin, die keine 1. Klasse führen könne, noch die vermeintlich solidarische kollegiale Unterstützung, welche die Kinder von heute und deren Eltern als das Problem sehen, helfen ihr persönlich weiter. Erst durch supervisorische Begleitung erlebt sie, dass sich die Zusammenarbeit mit den Kindern in dem Maß verbessert, wie sie lernt,

---

* Die Namen aller Gesprächspartner*innen in diesem Buch wurden geändert.

wann und wie sie sich selbst ernst nehmen und dies auf eine relevante Weise in die wechselseitigen Interaktionen einbringen kann.

Systemisches Denken öffnet neue Perspektiven

Birthe ist als Kind und als Lehrerin in einer Schulkultur aufgewachsen, in der man versucht, Probleme mit Maßnahmen zu lösen, die einseitig auf Verhaltensänderungen der Kinder abzielen. Man lädt zum Elternabend ein und fordert die Eltern auf, ihre Kinder dazu zu bewegen, sich in der Schule anständig zu benehmen. Die Kinder sollen den Lehrer respektieren, man ernennt einen Vertrauenslehrer als Ansprechpartner für die Kinder oder bittet eine Schulpsychologin, die Klasse zu analysieren und der Lehrerin Feedback zu geben, was sie mit den Kindern tun kann.

Ein Problem dieser Maßnahmen ist, dass sie die systemischen Zusammenhänge außer Acht lassen. Schule/Bildung ist ein geschlossenes System. Alle Teile (einzelne Personen, Lehrpläne, räumliche Gegebenheiten und vieles mehr) sind miteinander vernetzt und verhalten sich in diesem System spezifisch zueinander. In anderen Systemen verhalten sich die einzelnen Personen gänzlich anders. Daraus folgt:

➔ Probleme oder Krisen müssen innerhalb des Systems gelöst werden.

ABER: Unterstützung und Veränderung auf Strukturebene oder allgemeine Maßnahmen helfen nachweislich nicht bei persönlichen und individuellen Problemen. So haben zum Beispiel Maßnahmen zur sozialen und emotionalen Unterstützung auf Klassenebene keine Auswirkung auf einen individuellen Konflikt zwischen Lehrer*in und Schüler*in bzw. auf die direkte Beziehungsqualität.[3]

Eine zweite systemische Weisheit ist, dass innere und äußere Veränderungen eng zusammenhängen und wir nur durch innere Veränderungen die Welt im Außen verbessern können. Wie Daniel Goleman und Peter Senge schön beschreiben, ist es wichtig, drei Fokuspunkte zu haben:

- Den Fokus auf uns selbst (Selbstwahrnehmung, Selbstführung, Emotionsregulierung, …).
- Den Fokus auf die anderen (Empathie, Kommunikation, Zusammenarbeit …).
- Und den Fokus auf die Systeme, die uns umgeben (Schule, Umwelt, Politik, größere Zusammenhänge …).

Außerdem, und das ist eine dritte wichtige systemische Einsicht, erschaffen lebende Systeme sich fortwährend neu und behalten dabei trotzdem ihre innewohnenden Kernmuster bei.

Um Konflikte und Herausforderungen im Schulsystem zu lösen, ist es hilfreich, sich die Kernaspekte systemischen Denkens vor Augen zu führen: Systemisch denken …

… heißt wissen, dass es keine einfachen und linearen Zusammenhänge in Systemen gibt.
… heißt größere Zusammenhänge suchen und verstehen wollen.
… beobachtet Muster, die sich über Zeit und Raum immer wieder neu selbst erschaffen.
… erkennt an, dass die Struktur eines Systems Verhalten evoziert.

... sucht neue Perspektiven, um das eigene Verständnis zu erweitern.
... sucht keine schnellen, oberflächlichen Lösungen.
... experimentiert mit Annahmen und Ideen.
... nutzt Muster des Systems auch zur Lösung.
... nimmt den Einfluss mentaler Erklärungsmodelle auf die aktuelle Situation und die sich entwickelnde Zukunft ernst.
... zieht in Betracht, dass Systeme immer nach innerer Balance streben. Veränderungen daher manchmal durch unerwartete Faktoren sabotiert werden können.[4]

Beziehungskompetenz ist eine individuelle, persönliche Kompetenz, die wir im Kontext des jeweiligen Systems entwickeln können. Sie wird immer in der Interaktion, also wechselseitig, entwickelt.

Birthes Beispiel zeigt auf struktureller Ebene auch auf, dass ein moderner pädagogischer Arbeitsplatz sowohl Zeit als auch Raum für persönliche Entwicklungsprozesse bieten muss. Persönliche Entwicklung (inklusive der dazugehörigen Krisen) muss als selbstverständlicher Teil beruflicher Entwicklung verstanden werden. Das stellt Anforderungen an Politik, Behörden, die jeweilige Schulleitung und auch an die Qualität der kollegialen Zusammenarbeit. In der Schule verschmelzen für Erwachsene und Kinder Persönliches, Lehren bzw. Lernen und Gesellschaftliches zu einem System.

Ein notwendiger Paradigmenwechsel

Es ist ein Merkmal von Systemen, dass sie darauf ausgelegt sind, sich selbst zu erhalten. Das führt im Schulkontext zum Problem, dass man in den Mustern der Vergangenheit stecken bleibt, wenn nicht grundlegend neu gedacht wird. Viele Innovationen und Initiativen sind nur das Altbewährte »in Grün«, weil die darunterliegenden Zugänge und Denkweisen über Bildung und Schule nicht neu gedacht und konzipiert werden.

Es ist keine Frage, dass die postmoderne Gesellschaft mit ihren Veränderungen, globalen Herausforderungen und einer historisch einzigartigen Wertepolarisierung es erforderlich macht, dass Menschen ein entwickeltes Selbstgefühl und persönliche Integrität brauchen. Erwachsene müssen für ihre eigenen Bedürfnisse einstehen und eine persönliche Autorität in allen Bereichen des Lebens entwickeln. Althergebrachte Orientierungshilfen wie Religion, gemeinsame gesellschaftliche und pädagogische Werte helfen nicht wirklich, die aktuellen Herausforderungen zu bewältigen.[5]

Ein weiteres Phänomen, das eng mit den systemischen Herausforderungen zusammenhängt, sind die tief verankerten Ideen, dass Beziehungen zum einen nicht beeinflussbar sind und zum anderen, dass es einen sehr hohen Energie- und Zeitaufwand braucht, auf der Beziehungsebene zu arbeiten.

Zur Veranschaulichung zwei aktuelle Aussagen von Lehrerinnen: »Aber wenn er mir einfach unsympathisch ist?«, und: »Ja klar ist die Beziehung wichtig, aber das ist so anstrengend, dass das mit einer Vollzeitstelle im Schulberuf nicht vereinbar ist. Das schaffen nur die Alleinstehenden, die sich reduzierte Stunden leisten können. Schauen Sie auf die Statistik – da sieht man es ganz deutlich.«

Pädagogische Forschung und Lehrerbildung haben bisher die Bedeutung der personenzentrierten Werte in der Unterrichtsarbeit unterschätzt. Wir reden hier von Werten wie Beziehung, Respekt und Empathie. Das ist wahrscheinlich eine Folge der Annahme, dass diese Werte wie offensichtliche und natürliche Elemente des Unterrichtens erscheinen. Sie wurden daher individuellen Persönlichkeitsmerkmalen von Lehrerpersonen zugeschrieben und nicht als Kompetenzen verstanden, die entwickelt werden müssen.

Eine Schlussfolgerung dieser Annahme ist, dass Lehrer*innen mit diesen manchmal herausfordernden Entwicklungsprozessen alleingelassen wurden und werden. Als ob es ein Tabu rund um personenbezogene Faktoren des Unterrichtens gäbe. Der zwischenmenschliche Bereich der Unterrichtsarbeit wird immer noch zu einem großen Teil als private Erlebensebene und persönliche Wertung des einzelnen Lehrers, der einzelnen Lehrerin verstanden. Das wiederum beschränkt die Möglichkeiten, an Qualität und Umfang der Beziehungskompetenz an Schulen zu arbeiten.[6]

Wir plädieren daher mit diesem Buch für einen grundlegenden Paradigmenwechsel in der pädagogischen Landschaft. Wir sind überzeugt, dass weder das frühere Ziel *Gehorsam* noch das aktuelle Ziel *Funktionieren* Erwachsenen wie Kindern gerecht wird, da beide damit *zum Objekt pädagogischen Handelns* werden. Das pädagogische Ziel, das im 21. Jahrhundert den gesellschaftlichen und persönlichen Anforderungen gerecht wird, ist *Verantwortung* – sowohl persönliche als auch soziale Verantwortung, wie wir in den nächsten Kapiteln ausführen werden. Steen Hildebrandt[7] bringt die Herausforderung pädagogischen Handelns sehr schön auf den Punkt:

> ➔ »Wir können die äußere Welt nicht ändern, ohne die innere Welt zu verändern.«

Es ist ganz klar: Innere Welten werden nicht durch Gehorsam und Manipulation verändert, sondern durch Begegnung, Vertrauen, Offenheit, Anerkennung und Mitgefühl, um nur einige Möglichkeiten zu nennen.

Unser Motiv für diesen Paradigmenwechsel ist sowohl psychologisch-existenziell als auch pädagogisch. Für uns sind die Begleitung und Unterstützung der individuellen psychischen und sozialen Entwicklung des Menschen das tiefer liegende Ziel allen pädagogischen Handelns. Dieser Paradigmenwechsel bietet auch die notwendige ethische Grundlage für die qualitative Verbesserung sozialer und persönlicher Interaktionen. Wir brauchen eine Ethik, die sicherstellt, dass professionelle pädagogische Beziehungen für alle vier involvierten Parteien – Lehrer*in, Kind, Eltern und Gesellschaft – zufriedenstellend und konstruktiv ablaufen. Das Wissen, dass das berufliche Wohlbefinden der Lehrer*innen sich direkt auf die Beziehungsqualität auswirkt[8], ist ein wichtiger Baustein dieser neuen Perspektive.

In folgender Tabelle haben wir einige ganz konkrete Fokuspunkte aufgelistet, an denen Veränderung und ein neues Denken sichtbar werden.

Bisher: Rollenbedingte Autorität	Neu: Persönliche Autorität
Machtausübung	Mitbestimmung
Disziplin	Verantwortung
Strenge/Distanz	Empathie/Fürsorge
Eindimensionale Kommunikation	Dialog
Fokus auf Verhalten	Fokus auf Beziehung
Korrigieren/Belehren	Begleiten/Führen
Wertend	Anerkennend
Einseitiger Respekt durch Angst und Strafe	Gegenseitiger Respekt durch Anerkennung und Mitgefühl
Subjekt-Objekt-Beziehung	Subjekt-Subjekt-Beziehung

Vielfach befinden sich Schulen heute in einer chaotischen Zwischenposition und versuchen erfolglos, diese zwei Denkrichtungen zu kombinieren. Sie wollen Disziplin mit Empathie und Mitbestimmung erreichen, fühlen sich aber mit der Idee, ehrliche Selbstverantwortung zu unterstützen, überfordert. Und wie wir alle fallen auch Lehrer*innen in vertraute Handlungsmuster zurück, wenn sie an Grenzen stoßen oder sich ohnmächtig fühlen. Damit kommen sie aber heutzutage nicht mehr wirksam bei den Schüler*innen an. Im Folgenden gehen wir ganz konkret auf die Möglichkeiten und Notwendigkeiten ein, diesen Paradigmenwechsel zu vollziehen und *Schule wirklich neu zu denken*. Wir sind an einer Schule interessiert, die sowohl Lehrer*innen als auch Schüler*innen als würdiger Lebens- und Entwicklungsraum dient.

Zwischen Druck und Angst

Bevor wir in Teil zwei dieses Buches relevante individuelle Faktoren beschreiben, wollen wir noch einige Gedanken zur gesellschaftlichen Dimension von Schule und dem Aufwachsen unser Kinder darlegen. Die aktuelle europäische Gesellschaft ist von sehr verunsichernden globalen Entwicklungen und gleichzeitig scheinbar unendlich vielen Möglichkeiten und Informationen beeinflusst. In jedem Land versucht die Politik, durch Maßnahmen im Außen innere Sicherheit zu vermitteln, erreicht aber mit diesen Versuchen auf individueller Ebene das Gegenteil – eine hohe Unsicherheit. Weitere, wichtige Erörterungen führen hier zu weit. Wir greifen nur einige Dynamiken heraus, die wir für die Interaktion Schule–Familie–Kind als relevant erachten.

Die Berufswelt ist von starkem Konkurrenzdruck, Angst vor Versagen und der Annahme geprägt, dass immer mehr und bessere Leistung notwendig ist. Auch der Umgang vieler junger Eltern und

Lehrer*innen mit den aktuellen Herausforderungen ist von einem starken Druck, Dinge richtig zu machen, bzw. einer Angst, etwas falsch zu machen, gekennzeichnet. Der Druck, Dinge zu verstehen, ist groß, aber es gibt auch ein hohes Harmoniebedürfnis. Die Idee, dass mehr und bessere Leistung zu Erfolg, Glück, letztlich zur Entspannung (Angstfreiheit) führt, hat sich auch auf die Familie ausgeweitet. Heutzutage kommen Eltern in die Beratung, weil ihre Kinder nicht mehr funktionieren, nicht, weil sie nicht gehorchen. Vor einiger Zeit fragte uns eine Mutter eines chronisch kranken Kindes, das zunehmend verhaltensauffällig wurde: »Was habe ich falsch gemacht, ich habe alles getan, was mir die Fachleute geraten haben und ich bin auch sehr leistungsorientiert. Was soll ich sonst noch machen?« Leistungsorientierung war in ihrem Lebenskonzept fast gleichzusetzen mit Erfolg und »funktionieren«. Selbstverständlich hat Leistung einen hohen und vielfach positiven Stellenwert, dennoch ist sie das Gegenteil dessen, was Kinder zur emotionalen und kognitiven Entwicklung brauchen. Unser Gehirn funktioniert nicht gut unter Druck. Angst und Unsicherheit lähmen und schränken unsere kognitiven und emotionalen Fähigkeiten ein. Unser Gehirn ist auf Kooperation, Anerkennung und Zuwendung programmiert.[9]

Gleichzeitig ist bei Eltern auch eine große Irritation da, dass gewaltfreie Erziehungsversuche nicht zu Respekt vor Erwachsenen geführt haben. Eltern erleben sich ihren Kindern gegenüber als hilflos und fragend und stehen gleichzeitig unter starkem Druck, nicht nur im Beruf, sondern auch in der Partnerschaft und in der Familie ihren eigenen oder den Bildern der anderen zu entsprechen, die in ihrer jeweiligen Sozialisierung vermittelt wurden oder von Wert sind. In diesem Sinne sind die Eltern von heute sehr vielfältig und ein Abbild unserer pluralistischen Gesellschaft. In der Schule sind wir mit Eltern konfrontiert, die enormen Wert auf gute akademische Leistungen legen, genauso wie mit Eltern, die mit der gleichen Überzeugungskraft für Waldschulen und spielzeugfreie Räume plädieren. Eltern, die von Lehrern erwarten, dass ihr Kind eine Einzelbegleitung braucht, stehen neben Eltern, die ihre Kinder zum Mobbing ermutigen, weil sie fürchten, dass sie sonst auf der Verliererseite sind. Für manche Eltern sind ihre Kinder ihr Lebensprojekt und andere vernachlässigen sie trotz materiellen Wohlstands.

Diese Liste ließe sich noch lange weiterführen. Unser Anliegen hier ist es, die Bandbreite der Herausforderungen aufzuzeigen, die uns als Lehrer*innen und Fachleute täglich beeinflusst. Jede und jeder von uns hat eigene Erfahrungen, Weltanschauungen und Ängste. Die Art, wie wir unsere Welt sehen, und das Maß, in dem wir uns handlungsfähig oder handlungsunfähig fühlen, leiten unseren Umgang mit Krisen, beeinflussen unsere Offenheit und beeinträchtigen oder stärken unsere Interaktionen. Wir sind Teil und Mitgestalter der Gesellschaft, in der wir leben. Wir alle können hier und da einen Blick »wie von außen« auf unsere Welt werfen, aber letztlich sind wir Mitgestalter. Und *wie* unser Einfluss beschaffen ist, zeigt sich an der Qualität unserer Interaktionen.

Die folgenden Gedanken und Anregungen unterstützen ein menschenwürdiges und beziehungsorientiertes Unterrichten, das die in uns Fachleuten vorhandenen Ressourcen zur Stärkung von Kooperation, kognitiver Leistungsfähigkeit und emotionaler Kraft nutzt, um ebendiese Fähigkeiten in Kindern zu entwickeln.

Gleichwürdigkeit und Individualität in der Schule

2 Die Integrität von Kindern und Lehrer*innen

Das natürliche Ziel der Kindererziehung und Pädagogik im 21. Jahrhundert besteht unserer Meinung nach darin, die persönliche Integrität des Individuums zu stärken. Die persönliche Integrität eines Neugeborenen umfasst seine Grundbedürfnisse und Grenzen. Im Laufe des Heranwachsens entwickelt sich die Integrität eines Kindes zu einer zunehmend komplexen Einheit, die ständig voranschreitet und sich verändert. Erwachsene, die für die persönlichen Bedürfnisse eines Kindes verantwortlich sind, haben daher einen starken Einfluss auf seine psychische Gesundheit und soziale Entwicklung.

Im folgenden Kapitel wird das Konzept der Integrität beschrieben und wir zeigen, wie die Integrität von Erwachsenen und Kindern im Schulalltag sichergestellt werden kann. Oft hängt die Beurteilung eines Fehlverhaltens von unserer Perspektive ab. Von jeher war es Kindern nicht erlaubt, sich Erwachsenen gegenüber respektlos zu verhalten, und auch heute noch wiegen verbale oder physische Angriffe auf Lehrer schwerer als Angriffe auf die Integrität von Kindern. Letztere sind meist subtiler, aber häufiger – eine Tatsache, die destruktiv auf Beziehungen zwischen Erwachsenen und Kindern wirkt, wie der OECD-Bericht[1] eindrucksvoll zeigt.

Innere und äußere Verantwortlichkeit

In psychologischen und pädagogischen Wörterbüchern wird Integrität als Intaktheit und unbeschädigter Zustand, als Vollständigkeit und Ganzheit, als Autonomie und Unverletzlichkeit eines Menschen definiert. Im Duden wird der Begriff als die Fähigkeit zu autonomem, ehrlichem Handeln beschrieben, das im Einklang mit persönlichen moralischen Prinzipien steht und zu persönlicher Autonomie führt. Das Wort an sich geht auf das lateinische *integritas* zurück, das Intaktheit und Ganzheit und somit Unversehrtheit bedeutet. Entsprechend verstehen wir unter der Integrität eines Menschen sein Gefühl von Ganzheit und sein Gleichgewicht zwischen innerer und äußerer Verantwortlichkeit.

Innere Verantwortlichkeit ist die Verantwortung des Individuums für sich selbst: für persönliche Grenzen, Bedürfnisse, Gefühle und Ziele. Es ist auch eine existenzielle Verantwortung für das eigene Leben auf der Grundlage der eigenen Einzigartigkeit trotz aller Ähnlichkeiten mit anderen Menschen.

➔ Aus der Tatsache, dass niemand mich besser kennen kann als ich mich selbst, ergibt sich die Notwendigkeit, die Verantwortung für mein eigenes Leben – ohne die Hilfe anderer – zu übernehmen.

Aus psychologischer Perspektive entwickelt sich die innere Verantwortlichkeit aus frühen emotionalen Wahrnehmungen und Erfahrungen. Die Qualität dieser Entwicklung ist in erster Linie von der Qualität der emotionalen Interaktion mit Eltern und Geschwistern abhängig.[2]

Äußere Verantwortlichkeit ist die Verantwortung, die das Individuum im Hinblick auf gesellschaftliche und kulturelle Werte sowie Wertesysteme, in denen es lebt, entwickelt. Diese basieren auf Verständnis und werden von außen bestimmt. Lange Zeit war es eine gesellschaftliche Notwendigkeit, sich den äußeren Werten und Bräuchen zu unterwerfen. Dies ermöglichte auch eine moralische Instanz, an der man sich orientieren konnte. Personen wurden in starke und schwache Charaktere unterteilt. Die starken waren diejenigen, die ihre eigenen Wahrnehmungen den kollektiven unterwerfen konnten. Wer das nicht konnte, wurde als schwach oder asozial angesehen.

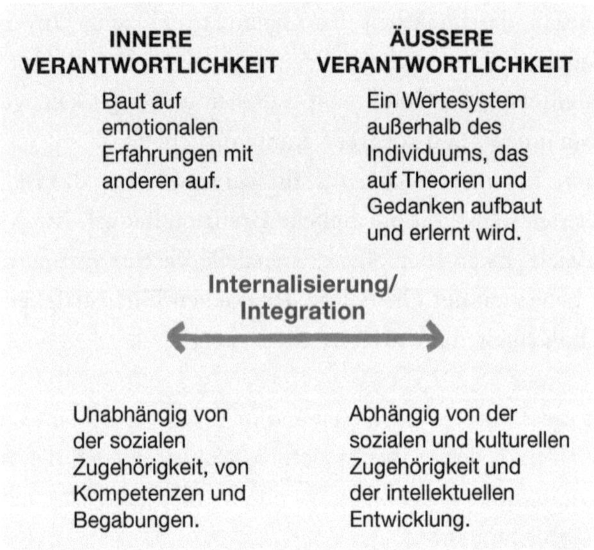

Mehr denn je sind wir gezwungen, uns eigene Meinungen zu bilden und eigenständig unser Leben in einen Kontext einzuordnen, während wir kontinuierlich versuchen, die Frage zu beantworten, wer wir sind. Natürlich können wir auch vorherrschende Wertesysteme übernehmen und unsere eigene Meinung auf externen Faktoren aufbauen, doch dann definieren andere, wer wir sind. In diesem Sinne ist Individualität ebenso eine persönliche Entscheidung wie Konformität. Daraus folgt:

→ Gehorsam ist zu einer persönlichen Entscheidung geworden. Er ist keine autoritäre Forderung und/oder gesellschaftliche Notwendigkeit mehr.

Um uns als vollständiger Mensch fühlen zu können, müssen wir unsere innere und äußere Verantwortlichkeit integrieren. Die Erfahrung persönlicher Integrität ist von der individuellen Wahrnehmung eines Gleichgewichts zwischen innerer und äußerer Verantwortlichkeit abhängig. Integrität ist damit keine fixe, vordefinierte Einheit, sondern eine Beziehung zu uns selbst, die sich idealerweise ständig weiterentwickelt und verändert.

Soziale Verantwortung ist die Verantwortung, die jeder von uns für andere Menschen hat. Sie unterscheidet sich von Kultur zu Kultur sehr stark und ist ein dritter Aspekt der persönlichen Verantwortlichkeit. Wir tragen innere und äußere Verantwortlichkeit in uns sowie soziale Verantwortung für die Menschen, zu denen wir in einer Beziehung stehen (und auch für die Menschheit als Ganzes). Unsere soziale Verantwortung für die Kinder, die wir unterrichten, ist vielgestaltig und beinhaltet Entscheidungen, die wir in Bezug auf die Kinder und die ganze Klasse treffen.

JOACHIM

Joachim, Klassenlehrer an einer weiterführenden Schule, nahm gegen Ende des Schuljahres wahr, dass die Anspannung zunahm und dass einige Kinder ein Problem mit einem anderen Lehrer zu haben schienen. Er nahm sich zuerst in der Stunde Zeit, die Klasse anzuhören und herauszufinden, was vor sich ging, und lud dann die Klassensprecher ein, ihm nähere Details zu nennen, bevor er mit dem Kollegen sprach und sie gemeinsam eine Lösung für das Problem fanden. Der jüngere Kollege hatte mehrfach aufgrund seiner vielfältigen Verpflichtungen und eigenen Überforderung Testtermine ohne Rücksprache mit den Schüler*innen verschoben und die Wünsche der Schüler*innen, ihre weiteren Termine zu berücksichtigen, als nicht relevant abgetan bzw. als Vermeidungsstrategie gesehen. Diese Interpretation seinerseits führte zu großem Unmut bei den Schüler*innen aufgrund der zeitlichen Überforderung und des Gefühls, nicht ernst genommen zu werden. Er hatte auch gesetzliche Fristen nicht beachtet.

Wäre Joachim als verantwortlicher Lehrer nicht aktiv geworden, hätten die Schüler*innen die Ungerechtigkeit einfach hinnehmen müssen, und die Situation, die bei einigen von ihnen eine Verschlechterung der Noten zur Folge hatte, hätte sogar Eltern dazu veranlassen können, rechtliche Schritte zu unternehmen.

Das Gefühl von Ganzheit

Der Prozess des Bewusstwerdens unserer Integrität kann mit der Arbeitsweise einer Maler*in verglichen werden. Die Künstler*in arbeitet mehrere Wochen, Monate oder gar Jahre an einem Gemälde, bevor sie das Gefühl hat, dass das Werk vollendet ist. Viele innere Prozesse des Abwägens und des Nachspürens sind dabei maßgeblich und externe Betrachter spielen nur eine untergeordnete Rolle. Aber jeder Außenstehende kann das Gemälde zu jedem beliebigen Zeitpunkt gut oder schlecht finden.

Wir alle durchlaufen ähnliche Prozesse. Unser Gemälde ist unser zwischenmenschlicher Raum. Wir streben danach, unsere Ausdrucksmöglichkeiten zu verfeinern. Und müssen uns zuerst ausdrücken, bevor wir die Qualität unseres Ausdrucks und den Grad der Übereinstimmung zwischen unserer inneren Wahrnehmung und unserer verbal-emotionalen Artikulation bewerten können. Andere Menschen können dabei eine Quelle der Inspiration sein, sie können uns unterstützen oder uns herausfordern, aber sie können nicht über uns urteilen. Dies gilt für Erwachsene, aber in großem Maß auch für Kinder: Der innere Prozess der Abgrenzung und Anpassung ist sowohl für die psychosoziale als auch für die moralische Entwicklung eines Kindes zentral.

Das Bewusstwerden unserer persönlichen Integrität geht einher mit der Fähigkeit, diesem Gefühl der Ganzheit auf verbaler, nonverbaler oder körperlicher Ebene Ausdruck zu verleihen. Der Prozess wird von dem Bedürfnis befeuert, dieses Gefühl zu erweitern, zu verfeinern und neu zu definieren. Doch verläuft dieser Prozess niemals gradlinig: Er wird durch Pausen unterbrochen, in denen das Gefühl, die persönliche Integrität gefunden zu haben, und das Gefühl, sie verloren zu haben, sich abwechseln. Im folgenden Beispiel hat das Kind seine persönliche Integrität verloren.

LEON

Leon behauptet oft: »Ich war es nicht.«

Das kann jede der folgenden Bedeutungen haben, die auf seine innere psychosoziale Entwicklung schließen lassen:

- Er hat wirklich nichts getan und will sich schützen.
- Er ist über sein eigenes Handeln so erschrocken, dass er nicht die Verantwortung dafür übernehmen kann.
- Oder er hat es eigentlich getan, aber nicht im Einklang mit seinem wahren Selbst. Leon kann die beiden Anteile in sich selbst gerade nicht unterscheiden oder zusammenbringen.

Diese Dynamik passiert in vielen alltäglichen Situationen, in denen zum Beispiel ein Fußball verschwunden ist oder ein Kind ein anderes verletzt. Was wirklich passiert ist, spielt eine untergeordnete Rolle und lässt sich allzu oft nicht zufriedenstellend klären. (Auf die Rolle der Wahrnehmung werden wir weiter unten noch ausführlicher zu sprechen kommen.) Aber wie das Kind auf die Situation reagiert, kann mit den Beziehungen innerhalb der Klasse und auch mit der Beziehung zu der Lehrer*in zu tun haben. Es ist in jedem Fall ein Versuch des Kindes, im Hier und Jetzt in einer kritischen Situation die eigene Integrität zu schützen. In Situationen wie diesen ist es sehr hilfreich, das Kind in seinem Dilemma zu sehen und nicht die faktische Ursachenklärung als Lösung misszuverstehen, da hierbei meist die Integrität verletzt wird. Zudem passiert in diesen Situationen häufig eine Verdrehung der Verantwortlichkeit.

Erwachsene sind wichtige Vorbilder für die moralische Entwicklung von Kindern. Aber für Eltern und Lehrer gilt seit Generationen eine Doppelmoral, die man so formulieren könnte: Wenn meine Beziehung zu (einer Gruppe oder Klasse von) Kindern gut ist, ist das mein persönlicher Erfolg bzw. der Erfolg meiner Erziehung. Wenn die Beziehung scheitert, ist es die Schuld der Kinder und ich als Lehrer*in stehe dem hilflos gegenüber. Kinder haben das schon immer durchschaut, wenn zum Beispiel schlechte Noten als Versagen der Klasse oder persönliches Versagen, aber nie als Hinterfragen der eigenen Unterrichtstätigkeit thematisiert werden. Aber sie konnten gegen diese Ungerechtigkeit, dass Erwachsene willkürlich ihrer Verantwortung aus dem Weg gehen, nichts tun.

Zwischenmenschliche Beziehungen folgen gut dokumentierten Mustern.[3] In Beziehungen zwischen Erwachsenen führt das Verweigern von Verantwortung durch den einen dazu, dass der andere die doppelte Verantwortung übernimmt. In Beziehungen zwischen Erwachsenen und Kindern erlebt das Kind zusätzlich zur Verantwortungsübernahme noch Schuld- und Schamgefühle. Schuldgefühle, Scham und eine indirekt auferlegte doppelte Verantwortung sind die drei wesentlichen Faktoren, die eine ausgeglichene Selbstwahrnehmung und Wahrnehmung der inneren Verantwortlichkeit verhindern. Die fehlende moralische Integrität von Erwachsenen, kombiniert mit der fehlenden Bereitschaft, Verantwortung für die Beziehung zu übernehmen, beeinflusst direkt die persönliche Integrität von Kindern.

Konstruktiver Ungehorsam

Kinder werden täglich sowohl in der Realität als auch in den Medien mit Erwachsenen konfrontiert, die ohne Integrität handeln. Darum brauchen Kinder Unterstützung, um sich selbst treu zu bleiben. Eine Möglichkeit besteht darin, mit Kindern reflexiv an diesem Thema zu arbeiten. Die klassische Literatur bietet wertvolle Beispiele dafür. Wenn wir beispielsweise Carlo Collodis *Pinocchio*[4] aus dem Jahr 1883 mit der Filmversion von Walt Disney aus dem Jahr 1940 vergleichen, stellen wir fest, dass die beiden Versionen eine sehr unterschiedliche moralische Agenda haben.

Im Original handelt die Geschichte von Pinocchio, der sich von der *extern* gesteuerten Marionette zu einem *intern* gesteuerten Menschen – mit anderen Worten, von einem gehorsamen zu einem verantwortungsvollen Kind – entwickelt.

Walt Disneys sprechende Grille, die Filmfigur Jiminy Cricket, verkörpert hingegen Pinocchios (schlechtes) Gewissen, das den Jungen jedes Mal, wenn er unabhängig handelt, daran erinnert, zu gehorchen. In der Originalgeschichte spielt die sprechende Grille nur eine untergeordnete Rolle. In der Disney-Version wurde ihr jedoch eine dominante Rolle als Moralist zugewiesen, der für äußere Verantwortlichkeit steht. Die Moral des Films lautet also, dass Kinder gut daran tun, die Erwartungen von Erwachsenen zu erfüllen. Und so wird Collodis eindrucksvolle Geschichte von der inneren Entwicklung eines Kindes auf moralisierende Pädagogik reduziert.

Mit zwei Jahren beginnen Kinder, sich mit dem lebenslangen Konflikt zwischen Integrität und Kooperation auseinanderzusetzen. Im Laufe des Heranwachsens tritt dieser Konflikt in der Beziehung zu den Eltern, in Kindergarten und Schule in unterschiedlicher Intensität immer wieder zutage. Pinocchios Geschichte regt an, über die Herausforderungen, die das Leben mit sich bringt, nachzudenken.

Interessanterweise ist Ungehorsam oft der erste Schritt eines Kindes in Richtung persönliche Integrität und innere Verantwortlichkeit. Der Ungehorsam von Kindern ist weder ein Ausdruck sozialer Unverantwortlichkeit noch ein absichtlicher Versuch, Erwachsenen ihre Macht zu nehmen. Vielmehr ist es ein reaktiver Versuch, intakt zu bleiben und die Authentizität und Integrität zurückzugewinnen, die erforderlich sind, um zur Beziehung zurückzukehren. Wie Erwachsene sich für kürzere oder längere Zeitspannen zurückziehen, um wieder zu sich zu finden, müssen auch Kinder sich auf sich selbst zurückziehen: Das ist ein emotionaler Prozess, durch den Menschen lernen, auf ihre innere Stimme zu hören, die ihnen sagt, ob und wie sie wieder in Kontakt treten können. Wie viel Zeit (und Energie) für den Rückzug und die Integration der Erfahrungen erforderlich ist, ist unterschiedlich. Die Zeitspannen reichen von wenigen Sekunden bis hin zu mehreren Monaten oder gar Jahren. Aber dank höherer emotionaler Flexibilität und Anpassungsfähigkeit brauchen Kinder dafür meistens weniger Zeit als Erwachsene.

Daher müssen wir aufhören, ungehorsame Kinder an unsere Erwartungen anzupassen, und anfangen, Kinder auf ihrem Weg zu einer Identität, deren Natur und Zielsetzung noch nicht bekannt sind, an die Hand zu nehmen.

→ Kinder brauchen auf dem Weg zu sich selbst erfahrene Begleitung.

Ob eine Gesellschaft Bestand haben kann, wenn alle ihre Mitglieder ungehorsam sind, ist eine rhetorische Frage, weil sie die persönliche und soziale Entwicklung des Individuums nicht berücksichtigt. Wir werden auch oft mit der Frage konfrontiert, ob Schulen oder Teams ohne Gehorsam funktionieren können. Unsere Antwort darauf lautet, dass durch das Zulassen von Ungehorsam tatsächlich eine konstruktive Entwicklung der beteiligten Personen und somit auch für Schulen als Ganzes ermöglicht wird.

Aufgrund der dialektischen Natur der Beziehung zwischen Individuum und Gruppe drücken sich sowohl Kinder als auch Erwachsene umso indirekter und verfälschter aus, je weniger Möglichkeiten sie zu offener Kommunikation haben. Das führt zu Aggression, schlechter Kommunikation und einem kollektiven Gefühl von Sinnlosigkeit, dem durch Regeln und Gehorsam nicht sinnvoll entgegengewirkt werden kann.

Die Qualität der Führung und wechselseitigen Interaktion, die Erwachsene einem Kind anbieten, ist von immenser pädagogischer Bedeutung. Eine schlechte Qualität geht mit dem Risiko einher, dass Kinder in anderen autoritären Gemeinschaften Zuflucht suchen, statt ihre innere Verantwortlichkeit zu stärken. Solche autoritären Gemeinschaften erscheinen attraktiv, weil ihre Normen von den vertrauten kulturellen und familiären Normen abweichen und die Leere auszufüllen scheinen, die Jugendliche im Kontakt mit Erwachsenen empfinden.

Auf die Frage, wo die Interaktion mit Erwachsenen gescheitert ist, antworten Jugendliche und junge Erwachsene immer dasselbe:

Sie haben nicht erlebt, was es heißt, gesehen, gehört oder ernst genommen zu werden. Diese drei Beziehungsqualitäten stärken sowohl Kinder als auch Erwachsene mehr als Zurechtweisung, Verbote und Einschränkung.

Im folgenden Beispiel erzählt ein 19-jähriger junger Mann, der in einem Kinderheim aufgewachsen ist, was passiert, wenn Erziehung von Gehorsam und seichter Moral geprägt ist und damit kein Interesse an persönlicher Verantwortung oder Integrität gegeben ist:

HENRIK

»Wir haben gelernt, zu schweigen. Falls ich je von der Polizei verhört werden sollte, werde ich kein Wort sagen. Ich weiß, wie man sich äußerem Druck widersetzt.«

Im Jugendheim war Henrik dafür bekannt, aggressiv zu reagieren. Er verlor immer dann die Beherrschung, wenn er eine Missetat nicht zugeben wollte. Die Einrichtung versammelte als pädagogische Maßnahme alle betroffenen Jugendlichen und setzte den jungen Mann kollektiv unter Druck. Wenn das keine Wirkung zeigte, wurde er mit sechs oder sieben Pädagog*innen konfrontiert, die ihn drängten, sein Fehlverhalten zuzugeben. Er beschrieb seine Erfahrung so: »Ich hatte irgendwann genug von diesem Spiel und fand heraus, wie ich mich verhalten musste, um es zu beenden. Es war ganz einfach: Ich musste nur ihre Regeln befolgen oder meinen Fehler eingestehen. So entkam ich. Aber in unserer eigenen Welt, in unserer geheimen Gemeinschaft, taten wir, was wir wollten. Die Pädagogen fanden es nie heraus, weil keiner von uns es verraten hätte.«

Die Pädagogik und die Methoden des Kinderheims lehrten Henrik also nicht mehr als eine neue Variante der »Cleverness«, die er ohnehin schon besaß.

Diese Geschichte ist kein Beispiel dafür, wie ein junger Mann mit einer gefestigten Integrität sein Bedürfnis nach Eingliederung in die Gesellschaft verleugnete, sondern sie zeigt, wie die Gesellschaft ihm die Möglichkeit verweigerte, ein Teil von ihr zu werden.

Gehorsam als Methode

Es gibt die tief sitzende Überzeugung, dass Lehrer und Lehrerinnen erfolgreich sind, wenn die Kinder tun, was man ihnen sagt. Über Generationen hinweg war Gehorsam das Ideal, wie das Grimmsche Märchen *Das eigensinnige Kind* [5] sehr drastisch zeigt:

> »Es war einmal ein Kind eigensinnig und tat nicht, was seine Mutter haben wollte. Darum hatte der liebe Gott kein Wohlgefallen an ihm und ließ es krank werden, und kein Arzt konnte ihm helfen, und in kurzem lag es auf dem Totenbettchen. Als es nun ins Grab versenkt und die Erde über es hingedeckt war, so kam auf einmal sein Ärmchen wieder hervor und reichte in die Höhe, und wenn sie es hineinlegten und frische Erde darüber taten, so half das nicht, und das Ärmchen kam immer wieder heraus. Da mußte die Mutter selbst zum Grabe gehen und mit der Rute aufs Ärmchen schlagen, und wie sie das getan hatte, zog es sich hinein, und das Kind hatte nun erst Ruhe unter der Erde.«

Wenn wir eine solche Art der Interaktion mit Kindern verhindern wollen, dann darf die Führung durch Erwachsene nicht auf dem basieren, was zu einem gegebenen Zeitpunkt (kulturell, religiös, moralisch oder rechtlich) akzeptabel oder inakzeptabel ist. Auf diesen Grundlagen fehlt immer die persönliche und authentische Qualität der Integrität. Es gilt dagegen:

➔ Wenn Erwachsene sich ihren eigenen persönlichen Erfahrungen und Grenzen sowie ihrem Potenzial verpflichtet fühlen, stärkt es wesentlich die Integrität des Kindes.

So vermitteln Erwachsene Kindern ein Gefühl für gesellschaftliche Werte und das, was sie ihnen persönlich bedeuten. Aber wenn Lehrer*innen oder Eltern sich weigern oder nicht in der Lage sind, ihre zentrale Führungsrolle im Umgang mit Kindern zu erfüllen, führt dies zu antisozialem Individualismus und sozialer Isolation.

Es wäre ein Quantensprung, wenn der gesunde und natürliche Drang der Kinder, sich selbst und ihre Interaktionsweisen zu entdecken, nicht mehr mit Scham und Schuld beantwortet werden würde. Scham und Schuld sind zwei existenzielle Faktoren, die selbstzerstörerisches Verhalten auslösen und auch die Hauptursache destruktiven Sozialverhaltens sind.

Integrität und Kooperation – ein existenzieller Konflikt

Der Drang, sich selbst in Beziehung zu anderen zu entdecken, ist nicht nur in der Kindheit etwas Gesundes und Natürliches. Er ist die Grundbedingung der menschlichen Existenz, die besungen, gepriesen und beschrieben wird, seit Menschen begonnen haben, sich auszudrücken. Der Konflikt zwischen dem Bedürfnis, für die eigene Integrität zu sorgen, und dem Wunsch, als wertvolles Mitglied von Gruppen anerkannt zu werden, ist ein wichtiger Prozess der psychosozialen Entwicklung der Kinder sowie im persönlichen und beruflichen Reifungsprozess der Erwachsenen.

Die Politik nennt diesen Konflikt einen Konflikt zwischen dem Individuum und der Gesellschaft; die Psychologie beschreibt ihn als einen Konflikt zwischen Individualität/Autonomie und Konformität. Aufgrund unserer Beziehungsperspektive verwenden wir die Begriffe *Integrität* und *Kooperation*. Sie beschreiben treffend, wie sich der Konflikt im Inneren des Individuums anfühlt.

Im Folgenden erklären wir die zugrunde liegende Dynamik, wie sie sich bei Kleinkindern zeigt. Dieser existenzielle Konflikt prägt von Anfang an die Beziehungsmuster jedes Einzelnen und gibt Aufschluss über die Beziehungsmuster, die sich im Laufe des Lebens entwickeln.

Integrität: Kleinkinder kommunizieren ihre persönlichen Grenzen durch Laute und Gesten.[6] Ihre körperliche und psychische Entwicklung hängen von der Fähigkeit ihrer Eltern und anderer Bezugspersonen ab, diese Signale zu verstehen und entsprechend zu handeln. Kleinkinder können weder die Missachtung ihrer grundlegenden Bedürfnisse noch die Überschreitung ihrer Grenzen durch Erwachsene verhindern. Schwere Missachtung und schwere oder wiederholte harmlosere Überschreitungen beeinträchtigen oder verhindern eine gesunde Entwicklung. Aber mit zunehmenden motorischen Fähigkeiten und verbaler Ausdrucksfähigkeit steigt auch die Fähigkeit, sich selbst zu schützen. Oft lernen Kinder allerdings, mit dem Verhalten ihrer Hauptbezugspersonen zu kooperieren. Ihre Kooperation zeigt in diesem Fall, dass das kindliche Bedürfnis, die Beziehung zu seinen Bezugspersonen zu erhalten, größer als seine Fähigkeit ist, sich vor Grenzüberschreitungen zu schützen.

Kooperation: Die Kooperationsfähigkeit eines Kindes zeigt sich in seiner Neigung, das sichtbare Verhalten, aber auch innere Haltungen seiner Eltern zu imitieren. Sie umfasst verbale, körperliche, soziale sowie bewusste und unbewusste Muster. Nach unserer Beobachtung imitieren Kinder häufig das Verhalten *eines* Elternteils. Kooperation als Kind beinhaltet auch den Drang und die Fähigkeit, persönlichen Kontakt herzustellen. Das ist eine Fähigkeit, die Menschen von Geburt an besitzen, wie die Säuglings- und Bindungsforschung[7] gezeigt haben.

Es ist in diesem Zusammenhang wichtig, die folgenden zwei Begriffe voneinander abzugrenzen: *Kooperation* bedeutet nicht *Konformität*, auch wenn die Fähigkeit zur Konformität eine wesentliche Komponente der Kooperationsfähigkeit ist.

Kooperationsfähigkeit und -bereitschaft bilden die Grundlage für die individuelle persönliche Entwicklung und die Entwicklung von Überlebensstrategien. Wie wir noch ausführlicher erläutern werden, handelt es sich hierbei um *unbewusste Verhaltensmuster*, die es einem Kind ermöglichen, seine persönliche Integrität zu schützen, ohne die Beziehung zu relevanten Bezugspersonen zu beschädigen.

Kooperation beschreibt den aktiven Teil des Beziehungsaufbaus, der am deutlichsten erkennbar ist, wenn *spiegelverkehrte* Kooperation stattfindet. Wenn wir Kinder beobachten, deren Mütter nicht in der Lage sind, aktiv und empathisch präsent zu sein, stellen wir fest, dass ungefähr die Hälfte entsprechend dem Verhalten der Mutter kooperieren, das heißt, sie imitieren es: Diese Kinder werden zunehmend passiv und beginnen, ihre Bedürfnisse sowie ihre Frustration zu unterdrücken. Auf den ersten Blick werden sie oft fälschlich als »pflegeleicht« angesehen. Aber bei genauerem Hinsehen bemerken wir Resignation. Die zugrunde liegende Botschaft lautet: »Ich sehe/erlebe, dass du nicht für mich sorgen kannst, deshalb versuche ich so wenig wie möglich zu fordern.« Wenn wir diesen traurigen Aspekt und seine langfristigen Konsequenzen ignorieren, verwechseln wir kindliche Kooperation mit der Erfüllung unserer Erwartungen oder Forderungen als Erwachsene.

Andere Kinder reagieren in derselben Situation mit auffälliger

Aktivität – in scheinbarem Widerspruch zu dem, was ihre Eltern erwarten. Sie bringen ihre Entbehrung und Frustration verbal und körperlich zum Ausdruck. Im Gegensatz zu den erstgenannten Kindern klammern sich diese Kinder an ihre Mütter. Sie scheinen in den Mutterleib zurückkriechen zu wollen, um eine Beziehung herzustellen. Die kooperative Botschaft hinter ihrem Verhalten lautet: »Ich erkenne, dass du nicht mit mir interagieren kannst, und übernehme daher die notwendige Arbeit.«

Wie schon erwähnt, zeigen beide Verhaltensmuster hohe soziale Kompetenz, aber mit sehr unterschiedlichen sozialen, emotionalen und existenziellen Konsequenzen auf beiden Seiten sowie für die Beziehung. Wenn sie verstanden werden, sind sie ein echtes Geschenk für Erwachsene.

Der Schweregrad der Konsequenzen ist von externen Faktoren abhängig, zum Beispiel davon, ob die Eltern Hilfe und Unterstützung in ihrem sozialen Netz erhalten oder ob und in welchem Maß die Kinder ihre unbewussten Überlebensstrategien ändern oder anpassen. Generell lässt sich sagen, dass introvertierte und außergewöhnlich anspruchslose Kinder im Vorschulalter wenig dazu neigen, ihre Strategie zu ändern. Oft zeigt sich ihr innerer Konflikt erst in der Pubertät, wenn ihr selbstzerstörerisches Verhalten deutlicher zutage tritt. Aktive und extrovertierte Kinder zeigen gelegentlich eine Neigung, aufzugeben. Aber meistens lenken sie durch mehr Aggression die Aufmerksamkeit auf ihren Konflikt. Wegen ihrer Sehnsucht nach einer verantwortungsvollen Subjekt-Subjekt-Beziehung ist ihr Risiko, als Problem, »Klient« oder Sündenbock objektifiziert zu werden, deutlich höher.

Im Schulkontext können sich Kinder mit einem gesunden und starken Selbstgefühl mit der Tatsache abfinden, dass viele Lehrer*innen nicht authentisch an ihnen als Person interessiert sind. Aber den meisten Kindern fällt das schwer, und so kooperieren manche direkt und verwenden all ihre Energie auf den Versuch, die

Erwartungen zu erfüllen. Am Ende ihrer Schulzeit haben sie ein gutes Benehmen und ein geringes Selbstgefühl entwickelt. Andere kooperieren spiegelverkehrt und bestehen auf ihrem Recht, sie selbst zu sein. Meistens entwickeln sie einen »schlechten« Charakter und ein ebenso geringes Selbstgefühl.

Die oben beschriebenen und andere, ähnliche Phänomene erfordern einen neuen und sensiblen Blick auf die Sozialkompetenz von Schülerinnen und Schülern. Gängige Definitionen, Diagnosen und Beschreibungen sind zu hinterfragen; es gilt, hinter die Fassade des kindlichen Verhaltens zu blicken. Bislang zeigen professionelle Systeme eine starke Tendenz, fast ausschließlich auf die (an ihrem Verhalten ablesbare) Überlebensstrategie von Kindern statt auf die zugrunde liegenden existenziellen Dilemmas zu reagieren. Wenn wir uns darüber im Klaren sind, dass die inhärente Kooperationsfähigkeit und -bereitschaft von Kindern die Zusammenführung der Bedürfnisse der Gruppe und des Individuums erleichtern, und zwar in einem Maß, das wir nie für möglich gehalten hätten, ist es sinnvoll, diese Perspektive zu integrieren, wie wir in den nächsten Kapiteln zeigen werden.

Kooperation mit dem Unsichtbaren

Es wäre einfach, wenn wir alle Phänomene benennen könnten, die sich nachteilig oder gar destruktiv auf die (direkte oder spiegelverkehrte) Kooperation der Kinder auswirken. Genau wie Eltern verstärken oder lindern auch Lehrer den Schmerz eines Kindes, und manchmal sind sie die Hauptursache für den Schmerz.

Aber die Bestimmung dieser Phänomene ist nicht einfach, weil Kinder nicht nur mit dem bewussten Verhalten von Erwachsenen kooperieren., sondern auch mit Verhaltensmustern und inneren Überzeugungen, deren sich Erwachsene nicht bewusst sind. Bei den meisten von uns machen solche Muster mehr als die Hälfte unseres Verhaltens aus. Sie beinhalten alle unbewussten Gedanken, Gefühle und Interaktionen sowie das, was Daniel Stern als *Repräsentationen*[8] bezeichnet.

Kurz gesagt sind Repräsentationen die Aspekte des Erwachsenenverhaltens, die zum Nicht-Ich gehören und die Ergebnisse sowohl erfolgreicher als auch gescheiterter Kooperation mit den eigenen Eltern sind. Kinder kooperieren mit beiden Seiten des Erwachsenenverhaltens, das heißt sowohl mit den offensichtlichen Aspekten des *Ichs* als auch mit den Aspekten, die das *Nicht-Ich* repräsentieren. Wenn die Beziehung vom *Nicht-Ich* des Erwachsenen dominiert wird, werden Kinder deutlich unsicherer.

Deshalb warnen wir davor, Eltern Ratschläge zu geben, die theoretisch fundiert und sinnvoll sein können, aber nicht auf die unsichtbaren Gegebenheiten dieser spezifischen Beziehung abgestimmt sind. Selbst allgemein anerkannte Ratschläge, die aber nicht die konkrete Realität der spezifischen Beziehung berücksichtigen, bergen das große Risiko, das Nicht-Ich des Erwachsenen und somit die Unsicherheit des Kindes zu verstärken.

→ Kinder haben eine starke Wahrnehmung der Realität und empfinden die Repräsentationen von Erwachsenen als nicht authentisch.

In einer Familie, in der beide Eltern in ihrer Herkunftsfamilie gelernt haben, ihre Gefühle zu verbergen, und deshalb eine gewisse innere Abstumpfung entwickelt haben, haben die Kinder beispielsweise zwei Möglichkeiten, mit der Situation umzugehen: Zum einen können sie direkt kooperieren und ein emotionales Verhalten ohne Höhen und Tiefen entwickeln. An dieser Strategie werden sie auch dann festhalten, wenn sie von ihren Eltern direkt aufgefordert werden, ihre Gefühle zu äußern. Zum andern können sie spiegelverkehrt kooperieren und im Alltag ein sehr emotionales

Verhalten zeigen, selbst wenn ihre Eltern das Gegenteil fordern. Wenn es zwei Kinder in der Familie gibt, kooperiert oft eines davon (oft das ältere) so, wie es der Familiencode vorsieht, während das andere spiegelverkehrt kooperiert. Eltern verstehen das gegensätzliche Verhalten ihrer Kinder meist nicht, da ja beide in derselben Umgebung aufwachsen.

Wissenschaftler können mithilfe von Videoaufzeichnungen einige Aspekte dieses zwischenmenschlichen Universums erfassen und Bild für Bild untersuchen.[9] Aber wir anderen müssen angesichts all dessen, was wir niemals wissen werden, demütig sein. Alles, was wir tun können, ist, unser Bestes zu versuchen, um die Qualität dessen, was wir beeinflussen können, zu verbessern und somit die sogenannte Beziehungskompetenz in professionellen Beziehungen zu erhöhen.

Die Macht, zu definieren

Erwachsene sind mit demselben Konflikt zwischen Integrität und Kooperation konfrontiert, auch wenn er sich auf andere Weise zeigt. Das ist wichtig, um die Polarisierung zu verstehen, die oft im fachlichen Diskurs auftritt. Meist ergreift in Fachgesprächen eine Seite für das Kind Partei, während die andere die Perspektive der Eltern einnimmt.

Sowohl Kinder als auch Eltern müssen jeden Tag eine Reihe mehr oder minder schwieriger Konflikte bewältigen. Die existenzielle Relevanz hängt bei Erwachsenen und Kindern von der persönlichen Bewertung des Inhalts ab, aber die Erwachsenen haben die *Definitionsmacht*. Die norwegische Pädagogin und Forscherin Berit Bae[10] beschreibt, dass diese historisch entwickelte Macht die Entscheidung beinhaltet, ob ein Konflikt mit einem Kind oder gar der Konflikt eines Kindes wichtig oder unwichtig, notwendig oder nicht notwendig, richtig oder falsch ist.

ANNA

Anna (5) wurde in der Vorschule für einen pädagogischen Film befragt.[11] Die Journalistin fragte sie: »Anna, was, glaubst du, ist das Schlimmste daran, dass Erwachsene im Kindergarten alle Entscheidungen treffen?«

Anna dachte gründlich nach und antwortete dann: »Dass wir nicht wütend sein dürfen.«

»Aber stimmt das wirklich, Anna? Dürfen Kinder im Kindergarten nicht wütend sein?«

Wieder dachte Anna eine Weile nach und sagte dann: »Na ja, … man darf schon wütend sein, … aber nur, wenn man einen guten Grund dafür hat, … und die Erwachsenen entscheiden, ob der Grund für das Wütendsein gut ist oder nicht – das ist für mich das Schlimmste.«

Das ist eine perfekte Beschreibung der Definitionsmacht. Die betroffenen Erzieher*innen haben wahrscheinlich die weitverbreitete, aber illusionäre Vorstellung, dass Kinder soziale Intelligenz entwickeln, wenn man sie den Unterschied zwischen richtig und falsch lehrt, statt sie ihn durch Führung der Erwachsenen erfahren zu lassen.

Aber es ist nicht die Macht an sich, die Kindern das Gefühl verweigert, gesehen und gewürdigt zu werden, sondern es ist die *prozessbezogene Macht.* Die Macht an sich entscheidet zum Beispiel darüber, ob ein Kind ein Eis oder irgendetwas anderes, das es sich wünscht, bekommt. Die Macht entscheidet auch über Abläufe in der Schule. Diese Macht ist Teil der Führung des Erwachsenen und ist eine Tatsache, mit der Kinder klarkommen. Erst die *prozessbezogene Macht* belastet das Kind, denn sie interpretiert das Verlangen des Kindes als unverantwortlich, illoyal, unangemessen oder als Zeichen von Verwöhnung. Auch wenn Kinder sich manchmal ausdrücken, als ob sie recht haben oder ihren eigenen Willen durchsetzen wollen, geht es ihnen – wie Erwachsenen auch – in erster Linie darum, in einer Situation, in der sie wissen, dass sie von der Entscheidung des anderen abhängig sind, ernst genommen zu werden.

Einer der wichtigsten Indikatoren für das Wahrnehmen und Verstehen existenzieller Untertöne in Konflikten ist die unmittelbare Reaktion des Kindes in der spezifischen Situation. Ein psychisch gesundes Kind kann damit umgehen, dass sein Verlangen nicht innerhalb weniger Minuten erfüllt wird. Wenn der Konflikt nach dieser Zeitspanne nicht beigelegt ist, hat der Erwachsene entweder nicht klar genug seine Entscheidung zum Ausdruck gebracht oder seine prozessbezogene Macht missbraucht – oft trifft beides zu. Dann geht es nicht mehr um das Eis, sondern um die Beziehung. Der Konflikt hätte sich ebenso gut an einer Meinungsverschiedenheit über Kleidung, die Teilnahme des Kindes an einer Gruppenarbeit oder die Hausaufgaben entzünden können.

Unsere klinische Erfahrung hat uns gezeigt, dass Kinder sich in existenziellen Konflikten mit ihnen nahestehenden Erwachsenen meist für Kooperation entscheiden, statt für ihre Integrität zu kämpfen. Das wird auch von der Bindungs- und Beziehungsforschung bestätigt: Alles deutet auf eine Tendenz zur Kooperation statt zum Schutz der eigenen Integrität hin[12]. Die Gesamtheit der Erfahrungen eines Kindes mit Kooperation und Integrität hat daher einen starken Einfluss auf die Qualität späterer privater und sozialer Beziehungen.

Kooperation und Flexibilität

Die vorherrschende Tendenz, Kooperation statt Integrität zu wählen, ist eine wichtige menschliche Stärke und ermöglicht soziale und kulturelle Flexibilität sowie Anpassungsfähigkeit. In Dänemark geborene Kinder verhalten sich innerhalb weniger Monate wie dänische Kinder. Kinder französischer Eltern, die nach Dänemark gezogen sind, zeigen Eigenschaften beider kultureller Profile. Dank ihrer inhärenten Flexibilität können sich Kinder in den unterschiedlichsten Umgebungen sozialisieren, ohne den Kontakt zur Realität zu verlieren. Ein normales, gesundes Kind bewältigt auch den Wechsel vom Leben in einer Kernfamilie zum Leben in zwei neuen Familien ohne schwerwiegende Anpassungsprobleme. Und es kann auch ohne Schwierigkeiten mit einer oder mehreren Gruppen von Großeltern und mit dem Übergang von einer Betreuungsart zur anderen oder vom Kindergarten zur Schule umgehen. Der Erfolg des Anpassungsprozesses ist nicht davon abhängig, wie groß die Unterschiede sind, sondern von der Fähigkeit der Erwachsenen, die persönliche Integrität des Kindes zu würdigen und zu schützen. In Situationen, in denen die Integrität des Kindes ignoriert oder verletzt oder seine Kooperationsfähigkeit überbeansprucht wird, treten Anpassungsprobleme auf. Solche Probleme entstehen fast nie aus fehlender Anpassungsfähigkeit oder -bereitschaft des Kindes, sondern sind meist das Ergebnis einer zu hohen Anpassung, die dann zu inneren Spannungen führt.

Wie Lehrer*innen kooperieren

Wie bereits erwähnt, neigen auch Erwachsene dazu, jenseits ihrer eigenen Bedürfnisse zu kooperieren. Lehrer*innen sind oft Menschen, deren positive Haltung gegenüber Kindern sie dazu bewegt, ihre eigene Integrität und ihr Wohlbefinden zu opfern, um anderen zu dienen. Sie finden sich im Laufe ihres Berufslebens mit verletzendem Verhalten von Vorgesetzten und Kolleg*innen sowie schweren Übergriffen von Kindern ab – stets in der Hoffnung, einer guten Sache zu dienen. Das tief verwurzelte Muster, übermäßig zu kooperieren und sich selbst abzuwerten, birgt das ständige Risiko, immer wieder aufs Neue Opfer von Übergriffen auf die eigene Integrität zu werden. Das hat nicht nur negative persönliche und berufliche Auswirkungen für die Lehrperson selbst, sondern führt auch dazu, dass sie diesbezüglich ein schlechtes Vorbild für Kinder und jüngere Kolleg*innen sind.

→ Das Phänomen der Kooperation von Lehrer*innen muss als Beziehungsproblem verstanden werden.

Andernfalls mündet es oft in moralischer Empörung und Schuldzuweisungen, sobald Schmerz oder Frustration unerträglich werden. Denn wenn unser Bedürfnis, unseren eigenen Interessen nachzugehen, und unser Bedürfnis nach Kooperation nicht im Gleichgewicht sind, wird es schmerzhaft und anstrengend. Wir alle kennen diesen Schmerz in unterschiedlichem Maß. Kinder wie Erwachsene, die mit Dingen kooperieren, welche im Widerspruch zu ihrer inneren Verantwortlichkeit stehen, drücken diesen Konflikt durch antisoziales Verhalten aus. Kindern fehlt die nötige Erfahrung und Einsicht, um sich gut von der Gruppe zu distanzieren. Deshalb brauchen sie erwachsene Führung und Unterstützung. Aber auch Erwachsene haben manchmal ähnliche Defizite und brauchen daher ebenfalls Unterstützung und liebevolle Leitung durch Kolleg*innen (mehr dazu im Kapitel 11: Fach-persönliche Entwicklung). Die meisten von uns geben das Kooperieren erst auf, wenn unsere Integrität so lange verletzt worden ist, dass wir unsere letzte Energie zu ihrem Schutz aufbringen. Dieser Rückzug wird oft als antisozial oder egoistisch wahrgenommen, spiegelt aber in Wahrheit beides: sowohl unsere soziale Kompetenz als auch unsere Fähigkeit, uns zu schützen. Je gesünder unser Selbstgefühl und somit die Beziehung zu unserer inneren Verantwortlichkeit, desto weniger dramatisch sind die Ungleichgewichte. Kinder und

Jugendliche können noch nicht gleichzeitig gut für sich selbst *und* für die soziale Gruppe sorgen. Aber auch vielen Erwachsenen fällt dies schwer. Es ist aber eine Entwicklung, für die es nie zu spät ist und die auch mit 40 oder 50 Jahren noch nachgeholt werden kann.

Integrität und pädagogische Ethik

Persönliche Integrität ist das wichtigste Element der professionellen Beziehungsethik. Zum einen ist die persönliche Integrität eines Kindes immer wichtiger als das jeweilige Erziehungsziel. Zum anderen darf aufgrund von Erziehungskonzepten, -regeln oder -methoden niemals die persönliche Integrität eines Kindes verletzt werden oder eine bewusste Überschreitung persönlicher Grenzen stattfinden. Und wenn die Integrität von Lehrer*innen verletzt wird, dann brauchen sie Hilfe und Unterstützung, um ihre Beziehungskompetenz weiterzuentwickeln. Um Hilfe zu bitten ist auch eine Form, seine persönlichen Grenzen zu schützen. Diese Art von Unterstützung[13] sollte Teil der Schulkultur sein.

Anhand der folgenden Beispiele zeigen wir, dass die Integrität eines Kindes sehr vielfältig verletzt werden kann. Manches wird in pädagogischen Kontexten geduldet.

ELISABETH

Eine 7. Klasse fühlte sich von ihrem Mathematiklehrer oft schlecht behandelt und versteckte die gesamte Kreide, um ihn zu ärgern. Der Lehrer bemerkte den Streich sofort und rief Elisabeth an die Tafel, um eine Aufgabe zu lösen. Elisabeth war nicht sehr selbstsicher und aus persönlichen Gründen zu diesem Zeitpunkt sehr verletzlich. Sie wandte sich verzweifelt an den Lehrer und sagte, dass sie nicht schreiben könne, weil keine Kreide da sei. Daraufhin wurde der Lehrer wütend, und Elisabeth befeuchtete zitternd vor Angst ihre Fingerspitze und begann, an die Tafel zu schreiben. Sie konnte die Aufgabe korrekt lösen, aber als sie fertig war, war die Hälfte ihrer Berechnungen nicht mehr sichtbar. Der Lehrer gab ihr triumphierend eine schlechte Note und schickte sie mit der Bemerkung, wie ungewöhnlich dumm und hässlich sie sei, an ihren Platz zurück.

Elisabeth war niedergeschmettert. Ihre beste Freundin wusste, dass sie es niemals wagen würde, ihrer Mutter von dem Zwischenfall zu erzählen. Also berichtete sie ihn ihrer eigenen Mutter, die sich sofort an den Rektor wandte. Nach einem kurzen, ausweichenden Gespräch speiste er die besorgte Mutter mit der sehr deutlichen Aussage ab, dass es sich hier zwar um einen unglücklichen Zwischenfall gehandelt habe, man es aber ansonsten mit einem sehr kompetenten Lehrer zu tun habe.

Das ist ein Beispiel für bewussten Machtmissbrauch, während das nächste Beispiel eine »Tyrannei der Vernunft« ist.

CAMILLA UND FREDERIK

Dieser Dialog findet in einer Vorschule statt.

Lehrerin: »Camilla, was ist los?«

Camilla: »Er hat mir meinen Stift weggenommen.«

Lehrerin: »Stimmt das, Frederik? Hast du Camillas Stift genommen?«

Frederik: »Ich will diesen Stift! Camilla ist ein dummes Mädchen!«

Lehrerin: »Aber Frederik, was ist denn heute mit dir los? Du weißt doch, dass wir solche Sachen hier nicht sagen.«

Frederik: »Sie sind auch dumm, das ist mein Stift und ich will jetzt damit zeichnen!«

Lehrerin: »Ich will, dass du jetzt nett bist, Frederik. Du bist doch sonst nicht so gemein … hast du unseren lieben Frederik daheim vergessen? Du weißt, dass wir immer teilen und dass wir einander nicht anschreien. Gib jetzt bitte Camilla den Stift zurück. Du kannst ihn später haben, nicht wahr, Camilla?«
Frederik: »Sie sind dumm, ihr seid alle dumm!«
Lehrerin: »Nein, Frederik, hier ist niemand dumm. Camilla hat gerade versprochen, dir später den Stift zu geben.«

Zwei Tage später berichtete Frederiks Mutter den Lehrer*innen unter Tränen, dass sie an dem betreffenden Morgen die Fassung verloren und ihren Sohn geohrfeigt habe, weil sie wegen einer Kleinigkeit wütend gewesen sei. Frederik hatte an diesem Tag allen Grund, zu glauben, dass die ganze Welt dumm sei, und die süßliche Anweisung seiner Lehrerin, wie man Konflikte löst, war das Letzte, was er brauchte.

Die Beobachtung der Lehrerin, dass der »liebe Frederik« fehle und durch jemand anderen ersetzt worden sei, war zutreffend. Dennoch gab sie ihren Moralvorstellungen den Vorrang vor ihrer Empathie. Das macht das Ergebnis ihrer Vorgehensweise ethisch zweifelhaft. Kinder zeigen meistens durch unmittelbare Reaktionen auf, wo ihre Integrität verletzt wurde. Sie machen ihren Schmerz dadurch sichtbar. Je jünger sie sind, desto weniger verbale Möglichkeiten haben sie. Und die Logik der Vernunft holt das Kind nicht in seinem emotionalen Konflikt ab.

Mit Kindern darüber zu sprechen, wie sie sich verhalten sollen, ist weder während eines Konflikts noch danach hilfreich. Die einzige Botschaft, die durch solche Belehrungen vermittelt wird, ist, dass das Kind als Person fehl am Platz ist. Dadurch wird langfristig sogar das irrationale Verhalten verstärkt und verlängert.

3 Selbstgefühl – herausfinden, wer ich bin

Kinder werden heutzutage häufig als disziplinlos bezeichnet. Wenn damit gemeint ist, dass sie unter bestimmten Bedingungen und in Bezug auf Regeln und Leitlinien undiszipliniert sind, ist dies sicherlich zutreffend. Aber es ist nicht korrekt, zu behaupten, dass ihnen die Fähigkeit und Bereitschaft zur Disziplin fehlen. Man denke nur an Schach- und Karateklubs und all die anderen Gruppen und Vereine, die die Fähigkeit der Kinder zur Disziplin belegen. Der Unterschied zwischen Kindern früherer Generationen und heutigen Kindern betrifft nicht ihre generelle Fähigkeit, sich an Vorgaben zu halten, sondern ihre nachlassende Bereitschaft, in die von ihnen erwartete Disziplin ohne Hinterfragen einzuwilligen.

Die meisten Kinder kommen problemlos mit der Tatsache zurecht, dass sie keinen Einfluss darauf haben, ob sie zur Schule gehen müssen oder nicht. Ihre Offenheit gibt Schulen und Lehrkräften die Chance, eine Beziehung aufzubauen, die die Kinder einlädt, auch ein inneres *Ja* zu finden. Seit mehreren Generationen gibt es auf erwachsener Ebene eine Weigerung oder zumindest Zurückhaltung, autoritäre Regeln und Pflichten zu akzeptieren, ohne sie zu hinterfragen. Jeder braucht das Gefühl, respektvoll behandelt und als gleichberechtigt gesehen zu werden, um der von ihm erwarteten Disziplin von ganzem Herzen zustimmen zu können. So hat sich die Situation ins Gegenteil verkehrt:

➔ Heute ist Disziplin von dem Respekt abhängig, den eine Autoritätsperson dem Einzelnen entgegenbringt. Früher war sie vom Respekt des Einzelnen vor der Autorität abhängig.

Wenn es Kindern an Selbstdisziplin – der Fähigkeit zum Formulieren persönlicher und objektiver Ziele und zur Verfolgung dieser Ziele mit Freude und Frustrationstoleranz – fehlt, ist die Situation komplexer. Aber auch das ist keine Frage fehlenden Gehorsams. Wenn wir genauer hinschauen, stellen wir fest, dass es diesen Kindern oft an Selbstwertgefühl fehlt.

In früheren Generationen waren Selbstdisziplin und die Fähigkeit, persönliche Ziele zu verfolgen, selten von einem gesunden Selbstgefühl und damit verbunden einem guten Selbstwertgefühl begleitet. Die Entwicklung dieser Qualitäten war durch das allgemeine Ziel motiviert, *etwas* zu werden oder eine bestimmte Rolle auszufüllen, beispielsweise die eines Offiziers oder Zimmermanns, einer Hausfrau, des Ernährers einer Familie oder eines Geschäftsmanns. In Kombination mit dem einseitigen Fokus der Schulen auf der Vermittlung von Wissen und Fakten produzierten diese gesellschaftlichen Ambitionen und familiären Anforderungen ein Heer von Menschen, die tatsächlich *etwas* wurden, aber oft etwas, mit dem sie sich nicht wohlfühlten.

Heutige Werte suchen das Gleichgewicht zwischen gesellschaftlichen und persönlichen Zielen, oder anders ausgedrückt, zwischen den Zielen, *etwas* zu werden und *jemand* zu werden. Schulen wollen Kinder mit dem Wissen für das Leben ausstatten, und elterliche Ambitionen sind eher existenzieller als gesellschaftlicher Natur. Aus der Perspektive des persönlichen Wohlbefindens ist das ein großer Schritt in die richtige Richtung.

Dennoch sehen wir viele Kinder, denen ein gesundes Selbstwertgefühl fehlt, was unserer Meinung nach durch zwei Faktoren beeinflusst ist: zum einen die absichtliche Störung oder Vernachlässigung der Integritätsentwicklung von Kindern, zum anderen die Tendenz, die Erfüllung kindlicher Wünsche zur Regel zu machen. Kinder, die so aufwachsen, müssen nicht herausfinden, *wer* sie – jenseits unmittelbarer Gelüste und der Frustration darüber, nicht das Gewünschte zu bekommen – sind und *was* sie als Person ausmacht. Ihre temporären Frustrationsgefühle entwickeln sich leicht zu tiefer gehender Frustration und inneren Zweifeln. Zweifel, wer man ist, stehen persönlichen Zielen im Weg und lassen Kinder Erleichterung in kurzlebigen, oberflächlichen und materiellen Zielen suchen. Das liegt nicht daran, dass sie als Person oberflächlich sind, sondern dass sie keine Gelegenheit hatten, mit ihren tieferen Bedürfnissen in Berührung zu kommen und *ein gesundes Gefühl für sich selbst* zu entwickeln.

Im Folgenden gehen wir dem Erleben des Selbst und dem eigenen Umgang damit nach. Dabei werden die Begrifflichkeiten Selbstgefühl, Selbstwertgefühl, Selbstvertrauen und Selbstbewusstsein oft verwirrend und gleichbedeutend verwendet. Hinzu kommt, dass die Übersetzung aus dem Englischen oft mit anderen Konnotationen verbunden ist. Aus diesem Grund widmen wir uns zunächst den Unterschieden zwischen den verschiedenen Begriffen.

Selbstgefühl – Selbstwertgefühl – Selbstvertrauen

Selbstgefühl ist etwas anderes als *Selbstwert* und *Selbstvertrauen.* Um kurz zu sagen, was wir im folgenden Abschnitt noch genauer erläutern werden: Selbstgefühl bedeutet ganz einfach, ein Gefühl für uns selbst zu haben. Ein gesundes Selbstgefühl bedeutet, eine realistische, differenzierte und wohlwollende Beziehung zum Wissen über uns selbst zu haben. Wir wollen wissen, wer und was wir sind, und gestehen uns und anderen zu, dass diese Suche nach uns selbst ein Prozess ist, in dem wir uns auch mal irren können. Menschen, die über ein gesundes Selbstgefühl verfügen, können immer wieder zu sich selbst zurückkommen und sich sagen: »Okay, das ist, was die anderen denken, aber was denke ich eigentlich selbst darüber?« Deswegen ist Selbstgefühl eine ganz wichtige Fähigkeit, die heute wichtiger ist als je zuvor.

Bislang ging es statt um das Gefühl für sich selbst, also um Selbstgefühl, meist um *Selbstvertrauen*, das Eltern und Lehrer bei Kindern oder Jugendlichen zu stärken versuchten. *Selbstvertrauen* und *Selbstwertgefühl* werden auch häufig mehr oder weniger gleichbedeutend verwendet. Das Ziel war und ist, das Selbstvertrauen des Kindes zu stärken, um das Lernen zu fördern. Was Sinn macht, denn Selbstvertrauen bezieht sich auf das, was eine Person kann und wie sie ihre Kompetenzen verbessern kann. Wenn wir an Menschen mit einem hohen Maß an Selbstvertrauen denken, sind das meistens berühmte Sportler*innen, Schauspieler*innen, Politiker*innen usw. Sie sind voller Selbstvertrauen, also voll Vertrauen in ihre Fähigkeiten, aber das heißt nicht, dass sie ein Gefühl für sich selbst besitzen, also für das, was ihnen wirklich guttut. Wenn ein Mensch etwas *gut kann*, heißt das noch lange nicht, dass es ihm *guttut oder gut geht.*

Das Gefühl für uns selbst – ein existenzielles Thema

Im Folgenden wechseln wir zwischen *Selbstgefühl* und *Selbstwertgefühl*, je nachdem ob der Fokus auf dem Wahrnehmen oder der zugemessenen Bedeutung liegt. Für unsere Überlegungen spielen vor allem das Gefühl für sich selbst und der wohlwollende Umgang mit sich selbst die zentralen Rollen. Zwischen Integrität und Selbstgefühl besteht ein enger dialektischer Zusammenhang. Erwachsene, die bewusst die persönliche Integrität eines Kindes fördern und seine Versuche, sich selbst zu entdecken und zu definieren, respektieren, bieten ideale Voraussetzungen für die Entwicklung eines gesunden Selbstgefühls im Laufe des Heranwachsens. Dies wiederum ist eine wesentliche Voraussetzung für die Fähigkeit, sich mit der inneren Verantwortlichkeit zu verbinden. Wenn ein Kind eine intakte Integrität und ein gesundes Selbstgefühl besitzt und in fruchtbaren Beziehungen zu Erwachsenen steht, erfolgt dieser introspektive Prozess intuitiv und dauert nur eine Sekunde. Aber wenn eine oder mehrere dieser drei Bedingungen nicht gegeben sind, kann der Prozess mehrere Minuten, Monate oder gar Jahre in Anspruch nehmen.

Was kann man tun, um das eigene Selbstgefühl zu entwickeln und zu stärken?

Die Antwort lautet: in Übereinstimmung mit der eigenen Integrität handeln. Diese Antwort wirkt ironisch, denn wir können Beziehungen aufbauen, die uns Unterstützung, Inspiration und Herausforderungen bieten, aber die Entwicklung gesunden Selbstwertgefühls ist ein persönlicher und einsamer Prozess.

Es ist einfacher, das Selbstgefühl und seinen Einfluss auf Beziehungen zu verstehen, wenn wir uns das Selbstgefühl als zweidimensionales Phänomen mit einem *quantitativen* und einem *qualitativen* Aspekt vorstellen:

Die *quantitative Dimension* des Selbstgefühls beschreibt, in welchem Maße und wie gut wir uns selbst kennen. Einfach ausgedrückt, ist es das, *was* wir sehen, fühlen und spüren, wenn wir nach innen schauen. Wir nehmen Aufregung, Trauer, Gedanken, Stimmigkeit und vieles mehr wahr. Diese Fähigkeit, nach innen zu schauen, ist von Mensch zu Mensch und in unterschiedlichen Lebensphasen sehr unterschiedlich und hängt zu einem großen Ausmaß von frühen Erfahrungen und von dem Erleben des Gesehenwerdens ab, wie wir weiter unten noch ausführen werden. Sie kann sehr beeinträchtigt sein, wenn wir schwerwiegende traumatische Erlebnisse gehabt haben.[1] Die Entwicklung der quantitaven Dimension des Selbstgefühls wird somit durch die wachsende Selbstwahrnehmung unterstützt.

Bei der *qualitativen* Dimension geht es hingegen darum, *wie* wir mit dem umgehen, was wir über uns selbst wissen. Ob wir zum Beispiel mitfühlend, abwertend oder ignorierend mit dem umgehen, was wir sehen und spüren.

EIN KIND WILL NICHT ESSEN

Stellen wir uns die Interaktion zwischen einem Kleinkind und seiner Mutter vor, die ein Mittagessen zubereitet hat und ihr Kind füttern will. Das Kind weigert sich zu essen, indem es den Kopf senkt, das Gesicht vom Löffel abwendet und die Lippen zusammenpresst. Für die Weigerung des Kindes kann es viele Gründe geben: Das Kind könnte zwar hungrig, aber noch nicht wach genug sein, um seinen Appetit wahrzunehmen. Es könnte hungrig sein, aber den Geruch des Essens nicht mögen. Es hat vielleicht gerade keine Lust auf Interaktion oder hat bei der letzten Mahlzeit eine schlechte Erfahrung gemacht. Auf jeden Fall widerstrebt dem Kind die Situation. Es sendet klare Signale an seine Mutter. Sein Verhalten zeigt alle Eigenschaften, die zum Erhalt einer gesunden Beziehung erforderlich sind. Das Verhalten ist …

… persönlich – es drückt die aktuellen Gefühle des Kindes aus.
… sozial – es nimmt aktiv Bezug auf das aktuelle Geschehen in der Beziehung.

... und authentisch – es ist klar, ehrlich und steht im Einklang mit den Gefühlen des Kindes.

Als Reaktion beginnt die Mutter, sich Sorgen zu machen. Zuerst bleibt sie ruhig und sagt: »Okay, Schatz, essen wir etwas. Du hast den ganzen Tag noch nichts gehabt ... Mami weiß, dass du hungrig sein musst.« Aber das Kind weigert sich immer noch. Die Mutter wird immer unruhiger und erhöht den Druck auf das Baby. Da sie ihr Kind nicht ernst nimmt, fehlt ihrer Interaktion in dieser Situation die Fähigkeit, das Verhalten des Kindes zu deuten.

Möglicherweise ist ihre Sorge, die sich in ihrem Gesichtsausdruck zeigt, persönlich und authentisch, aber sie kann auch von der Vorstellung kommen, wie eine gute, verantwortungsvolle Mutter handeln sollte. Aber das wissen wir nicht, weil sie sich nicht persönlich ausdrückt. Ihre Worte beschreiben nicht ihr persönliches Empfinden, sondern ihre Fantasie in Bezug auf die Bedürfnisse und Gefühle des Kindes. Ihr gesamter Ausdruck ist autoritär und unsozial. Das geschieht, weil sie nicht in einen Dialog eintritt, der sowohl ihre eigenen Bedürfnisse und Grenzen als auch die ihres Kindes berücksichtigt. Sie erschafft in sich eine eigene Realität und verhält sich entsprechend. Und so wird aus ihren liebevollen, fürsorglichen Absichten autoritäres und unpersönliches Verhalten.

Wenn dieser Konflikt keine Ausnahme, sondern einer von vielen ist, wird das Kind bald in eine tiefe existenzielle Krise geraten und zwischen dem Versuch, seine eigene Integrität zu schützen, und der Anpassung an die Bedürfnisse und Wünsche der Mutter hin und her gerissen sein. Es wird bald entweder beginnen, direkt zu kooperieren und damit die eigenen Grenzen übergehen, indem es sich dem Wunsch der Mutter beugt, obwohl es nicht essen will.

Oder es wird spiegelverkehrt kooperieren, indem es heftig um seine Integrität kämpft und das Essen grundlegend verweigert.

In beiden Fällen ist das Selbstgefühl des Kindes betroffen. Ein Kind, das direkt kooperiert, muss sein Gefühl, nicht hungrig zu sein, ignorieren und durch die Fantasie der Mutter, dass es hungrig sein muss, ersetzen. Das Kind fühlt sich durch die Mimik der Mutter und ihren eindringlichen, besorgten, fordernden, schmerzlichen oder gar drohenden Tonfall gedrängt, die Gefühle der Mutter ernster zu nehmen als seine eigenen. Und das wird noch dadurch verstärkt, dass die Mutter sich zu freuen scheint, wenn das Kind seine Integrität aufgibt.

Ein Kind, das *spiegelverkehrt kooperiert,* ist bald nicht mehr auf die Frage konzentriert, ob es hungrig ist oder nicht. Mahlzeiten werden dann mit Verwirrung, Angst und dem Gefühl, festzustecken, assoziiert. Früher oder später wird das Kind aufhören, seine Integrität zu schützen, und stattdessen gegen das autoritäre Verhalten der Mutter ankämpfen. Ironischerweise wird sich die erste Annahme der Mutter, dass das Kind hungrig sein muss, bewahrheiten, was das Kind noch mehr beunruhigt und die Fantasie der Mutter bestärkt. Genau wie bei der direkten Kooperation verliert das Kind die Verbindung zu seinem eigentlichen Appetit und orientiert sich mehr an den Gefühlen der Mutter als an seinen eigenen.

Die zugrunde liegende Botschaft direkt kooperierender Kinder lautet: »Ich esse, weil meine Mutter beunruhigt ist«; die Botschaft spiegelverkehrt kooperierender Kinder lautet: »Ich esse nicht, weil meine Mutter beunruhigt ist.« Die quantitative Dimension des Selbstgefühls wird in beiden Fällen unvermeidlich beschädigt, sobald die Gefühle der Mutter relevanter als die des Kindes sind. Genauso wird die qualitative Dimension in beiden Fällen beeinträchtigt, wenn auch aus anderen Gründen. Bei der direkten Kooperation lernen Kinder, den Gefühlen der Mutter mehr Bedeutung als ihren eigenen beizumessen, und hören schließlich auf, sich selbst ernst zu nehmen. Bei der spiegelverkehrten Kooperation halten Kinder ihre eigene Integrität fälschlicherweise für die Ursache des Konflikts mit der Mutter und entwickeln daher Schuldgefühle.

Der quantitative und qualitative Verlust von Selbstgefühl passieren in konkreten Situationen wie dieser Unstimmigkeit über den Appetit des Kindes. Diese Verluste geschehen in Augenblicken, die Daniel Stern als Gegenwartsmomente bezeichnet.[2] Da Kinder letztlich an ihre Eltern glauben und auf sie angewiesen sind, findet eine Verstärkung statt. Deshalb verlieren sie den Glauben an ihre eigenen Gefühle und Wahrnehmungen, bevor sie den Glauben an ihre Bezugspersonen aufgeben. Nur im Falle schwerer, fortgesetzter Übergriffe verlieren Kinder neben dem Glauben an sich selbst auch den Glauben an ihre Eltern.

Das quantitative Selbstgefühl

Beginnen wir mit einem Beispiel, das zeigt, wie die Liebe und Fürsorge der Eltern die Entwicklung *quantitativen Selbstgefühls* beeinträchtigen kann:

MARIA

Ein Vater und seine kleine Tochter gehen im Wald spazieren: »Maria, schau: Das ist ein Gewölle – das spucken Eulen aus, nachdem sie gefressen haben.«

»Schau mal da oben! Siehst du das Bündel Zweige im Baum? Das ist ein Bussardnest, wo er seine Jungen versorgt.«

»Oder schau mal da! Siehst du die Schnecke? Das ist eine Weinbergschnecke, und sie ist essbar. Aber man kann sie nicht vom Boden essen; man muss sie erst sauber machen und kochen – dann schmeckt sie sehr lecker.«

»Maria, schau: Das ist eine Tanne, sie sieht wie ein Christbaum aus. Erinnerst du dich an unseren Christbaum? Und das ist eine Kiefer. Die Kiefer hat längere Nadeln als die Tanne. Siehst du das?«

Der Eifer, mit dem dieser Vater seine Tochter über die Natur belehrt, hat einen starken Einfluss auf die Entwicklung ihres Selbstgefühls. Wenn er sich etwas mehr zurücknehmen könnte, könnte Maria selbst Dinge aufheben, ihrem Vater Fragen stellen oder ihre eigenen Fantasie zu dem, was sie sieht, entwickeln. Sie könnte selbst nach oben schauen und sich fragen, was die Ansammlung toter Zweige mitten in der grünen Baumkrone zu bedeuten hat, und vielleicht um eine Erklärung bitten. Sie könnte Freude daran haben, ihren Vater auf die langhaarige Tanne hinzuweisen oder die große Schnecke zu berühren und herauszufinden, was es ist.

Aber in diesem Fall sind Marias Aufmerksamkeit und ihre Chance, sie zu nutzen, gefährdet. Sie erhält keine Gelegenheit, ihren eigenen Rhythmus dabei zu finden, auf die Natur, ihr inneres Erleben oder ihren Vater zu achten. Das Verhalten ihres Vaters und ihre Liebe zu ihm drängt sie, ihm ihre gesamte Aufmerksamkeit zu schenken. Dadurch wird er zum Filter, durch den sie die Welt wahrnimmt. Maria lernt viel über die Natur, aber nicht über sich selbst, ihre eigenen Beobachtungen und Fantasien und ihr eigenes Bedürfnis nach zusätzlichen Informationen. Ihre Fähigkeit, zu reflektieren und Fragen zu stellen, wird vernachlässigt. Vielleicht übernimmt Maria die Begeisterung ihres Vaters für die Natur oder auch nur sein Wissen; aber ihre Aufmerksamkeit wird vielleicht zu verwirrt und beeinträchtigt sein, um die Leidenschaft für die Natur oder das Wissen zu erhalten.

Dasselbe gilt für Lernprozesse in der Schule, die sich nur auf den Inhalt und nicht auf das Aufkommen persönlichen Interesses und persönlicher Fragen konzentrieren. Fragen zu stellen und zu reflektieren sind wichtige Prozesse für die Entwicklung quantitativen Selbstgefühls und für die Fähigkeit, etwas über die Welt außerhalb der eigenen Person zu lernen.

Die Bedeutung des Selbstgefühls als starkes Fundament für das Lernen ist ein wichtiger Grund dafür, den Fokus des Unterrichts von der Vermittlung von Informationen und vom Lernen auf die Wahrnehmungsweise der Schüler zu verlagern. Das obige Beispiel steht nicht notwendigerweise für eine ernste oder regelmäßig wiederkehrende Situation in Marias Leben. Aber es illustriert eine typische Interaktion zwischen Erwachsenen und Kindern und wird durch die Tendenz, Kinder nicht mehr allein oder mit anderen Kindern spielen zu lassen, ohne von Erwachsenen überwacht, belehrt oder unterhalten zu werden, verstärkt.

Quantitatives Selbstgefühl entwickelt sich ein Leben lang. Je länger wir leben, desto mehr lernen wir über uns selbst. Erwachsene können und müssen Kinder bei der Entwicklung des Selbstgefühls unterstützen, indem sie ihnen helfen, sich selbst besser kennenzulernen. Da unser Selbstgefühl und unsere Haltung zu uns selbst starke Auswirkungen auf unsere Beziehungen und unser Verhalten haben, sind wir überzeugt, dass sowohl Lehrer als auch alle anderen psychosozialen Fachkräfte laufend ihr eigenes Selbstgefühl und ihre innere Verantwortlichkeit prüfen müssen, um Verantwortung für mögliche nachteilige Auswirkungen auf ihre beruflichen Beziehungen übernehmen zu können.

Das qualitative Selbstgefühl

Wie bereits erwähnt, beschreibt die qualitative Dimension des Selbstgefühls, *wie* wir mit dem umgehen, was wir über uns selbst wissen. Wie wir über uns denken, kann sich auf viele verschiedene Arten zeigen:

- Ich bin nicht gern in großen Gruppen; ich bin nicht normal.
- Ich platze mit allem heraus, das mir in den Sinn kommt; das ist peinlich.
- Ich habe kurze Beine und kleine Brüste; ich hasse meinen Körper.
- Ich werde nervös, wenn ich eine neue Gruppe Kinder kennenlerne ; das halte ich für peinlich und unprofessionell.
- Ich bin dominant und werfe mir das vor.
- Ich komme mir dumm vor, weil ich nicht gut in Rechtschreibung bin.
- Ich habe ein starkes Bedürfnis, zu reden, schäme mich aber dafür, so viel Raum einzunehmen.

Auf diese Selbstwahrnehmungen (was ich von mir selbst weiß) folgt eine negative Bewertung dieser Aspekte (wie ich das beurteile, was ich von mir weiß). Alle sind Ausdruck eines geringen Selbstwertgefühls.

Nun könnte man annehmen, ein gesundes Selbstgefühl entwickle sich durch das Gegenteil: (Selbst-)Lob und positive Bemerkungen über uns selbst. Doch Urteile und Bewertungen schaden, denn Lob ist das Gegenteil von Kritik und ebenfalls ein urteilender innerer Dialog. Um ein gesundes und dynamisches Selbstgefühl zu entwickeln, müssen wir die Bewertung durch *Anerkennung* ersetzen. Die Bedeutung dieser Anerkennung für das Selbstgefühl wird in der Forschung derzeit unter dem Begriff Selbstmitgefühl erforscht.[3]

Ob wir zum Bewerten oder zum Anerkennen neigen, wird in erster Linie durch unsere frühen Beziehungen zu unseren Betreuungspersonen bestimmt. Negative Selbstbewertungen sind niemals authentisch; sie sind innere Repräsentationen einer von anderen formulierten persönlichen Kritik, wie Stern und Fonagy detailliert ausführen.[4] Ein geringes qualitatives Selbstwertgefühl und die daraus resultierende Schwierigkeit, sich mit seiner eigenen persönlichen Integrität und inneren Verantwortlichkeit zu verbinden, hindern uns daran, konstruktive und persönliche Ziele zu setzen sowie das Leben und die Kooperation mit anderen als wertvoll und befriedigend wahrzunehmen. Menschen mit einem gut entwickelten Selbstgefühl sind leicht an ihrer natürlichen Autorität, ihrem authentischen Profil und ihrer nüchternen und annehmenden Haltung gegenüber sich selbst erkennbar.

Ein wenig entwickeltes und abwertendes Selbstgefühl zeigt sich von Mensch zu Mensch in unterschiedlicher Weise und löst auch unterschiedliche Reaktionen aus. Die beiden Kategorien »introvertiert« und »extrovertiert« können helfen, diese Reaktionen zu verstehen. Es folgen einige Beispiele:

Introvertierte Menschen leiden häufig unter Schüchternheit, sozialen Ängsten und verschiedenen Formen und Stadien der Depression. Sogenannte *ruhige* Mädchen und Jungen mit geringem Selbstwertgefühl entwickeln oft Essstörungen und Suizidgedanken. Manchmal versuchen sie tatsächlich, sich das Leben zu nehmen. Die Gesellschaft reagiert auf Introvertiertheit meist mit Sympathie, Fürsorge, Unterstützung, Lob oder Ähnlichem.

Extrovertierte Menschen werden oft so wahrgenommen, dass sie ständig Bestätigung suchen, sich ständig mit dem *Größten, Teuersten* oder *Besten* beschäftigen, andere aggressiv kritisieren, jede Art Fehler und Verantwortung von sich weisen oder in ständiger Konkurrenz stehen. Im Gegensatz zu introvertierten Menschen sehen sich extrovertierte oft mit Kritik und Ablehnung konfrontiert.

Ein weiterer wichtiger Unterschied besteht darin, dass es einfacher zu sein scheint, introvertierte Menschen in eine rationale Unterrichtsbeziehung einzubinden, als extrovertierte. Aber die Erfahrung zeigt, dass es ebenso schwierig ist, ihnen in Bezug auf ihr geringes Selbstwertgefühl zu helfen. Während introvertierte Menschen ihre Probleme sehen und davon überzeugt sind, dass eine Lösung unmöglich ist, leugnen extrovertierte, überhaupt ein Problem zu haben. Was alle Manifestationen geringen Selbstwertgefühls gemeinsam haben, ist das Erleben, nicht das wahre Selbst zeigen zu können, weil man sein Leben in ausgeliehenen Kostümen lebt.

Je besser es gelingt, die Integrität eines Kindes zu schützen und ihm zu helfen, sich selbst kennenzulernen, desto besser sind seine Chancen, ein gesundes Selbstgefühl und einen stärkenden Umgang damit zu entwickeln.

Selbstvertrauen – eine Frage der Kompetenz

Während *Selbstgefühl* ein existenzielles Konzept beschreibt, beschreibt der Begriff *Selbstvertrauen* die Art, wie wir uns zu unseren eigenen Kompetenzen und Fähigkeiten in Bezug setzen. Die Qualität unseres Selbstvertrauens wird durch unsere geistige, körperliche und kreative Leistung bestimmt. Je besser wir etwas können, desto größer unser Selbstvertrauen – in dem jeweiligen Bereich. Je mehr Bereiche es gibt, in denen wir gut sind, desto größer unser Gesamtselbstvertrauen. Die Forschung im letzten Jahrhundert zum Thema Lob und seinen Implikationen hat eine weitere wichtige Facette eröffnet: Bereits früh in der professionellen Pädagogik wurde Lob zu DEM relevanten Erziehungsinstrument, aber im Gegensatz zur verbreiteten Vorstellung beeinflusst Lob das Selbstvertrauen, trägt aber nicht zur Entwicklung eines gesunden Selbstgefühls bei.

Im letzten Jahrhundert wurde das psychologische Konzept des Selbstwertgefühls oftmals mit Selbstvertrauen verwechselt. Diese Verwirrung führte dazu, dass die beiden Begriffe als Synonyme verstanden wurden und dass die bevorzugte Methode zur Stärkung des Selbstwertgefühls fälschlicherweise im Lob gesehen wurde. Es führte auch dazu, dass Eltern, Lehrer*innen und Psychotherapeuten*innen Kindern (und unsicheren Erwachsenen) Selbstwertgefühl geben wollten, indem sie ihr Selbstvertrauen stärkten. Das Ergebnis sehen wir in den vielen Menschen mit großem Selbstvertrauen (Siegertypen), aber ohne oder mit geringem Selbstgefühl. Die offenkundigsten sind die vielen Leistungsträger mit geringer emotionaler und sozialer Intelligenz.

Eine der weitreichendsten Konsequenzen dieses Missverständnisses ist, dass Kinder mit aufgeblasenem Ego, aber geringem Selbstgefühl und kaum innerer Verantwortlichkeit erzogen wurden. Man vermutet im aufgeblasenen Ego die Hauptursache für die Unfähigkeit von Kindern, kleine Enttäuschungen oder Niederlagen zu überwinden, und die aus solchen kleinen Frustrationen resultierende starke Aggression. Und Wissenschaftler*innen und die Öffentlichkeit wundern sich über die Tatsache, dass Jugendliche, die ihre Mitschüler*innen und Lehrer*innen verletzen oder gar umbringen, oft als »normale, gut angepasste Kinder aus stabilen Familien« wahrgenommen werden, die vielleicht eine »Tendenz zur Introvertiertheit« hatten, aber nie irgendwelche Probleme gemacht haben.[5]

Eines der grundlegenden Konzepte der *Leistungspsychologie* besteht darin, dass Erfolg zu Erfolg führt oder zumindest mit höherer Wahrscheinlichkeit zu Erfolg als zu Niederlagen führt. Die pädagogische Psychologie und angewandte Pädagogik haben dieses Prinzip verinnerlicht und verwenden »tägliche kleine Erfolge« als pädagogischen Schlüssel zur Wiederherstellung des Selbstvertrauens vernachlässigter Kinder. Das bringt wenig Erfolg, weil die betroffenen Kinder hauptsächlich unter mangelndem Selbstgefühl leiden.

Der wichtige Unterschied zwischen Selbstgefühl und Selbstvertrauen zeigt sich in den Möglichkeiten der Unterstützung:[6]

Methode		**Ziel**
Anerkennung	→	Selbstgefühl
Lob und Kritik	→	Selbstvertrauen

Das heißt nicht, dass es nicht auch wichtig ist, das Selbstvertrauen in bestimmten Bereichen zu fördern und sich darüber zu freuen. Aber in Bereichen, wo kein direkter Zusammenhang zwischen Selbstgefühl und Selbstvertrauen besteht, kann die Betonung des Selbstvertrauens zu einer Vernachlässigung der emotionalen Seite führen. Das ist auch bei der Förderpädagogik ein Thema, wo der Fokus oft auf Intelligenz, Entwicklung und Leistung sowie Verhalten der Kinder liegt.

Der Unterschied zwischen Selbstgefühl und Selbstvertrauen lässt sich folgendermaßen darstellen:

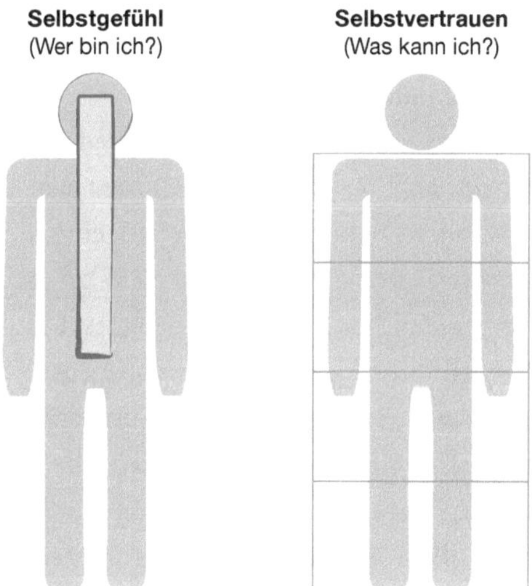

Selbstgefühl gibt uns *interne* Maßstäbe, die es ermöglichen, auf Erwartungen, Anforderungen, Versuchungen etc. zu reagieren. Es hilft uns, Entscheidungen zu treffen, hinter denen wir stehen, und uns selbst ernst zu nehmen. Selbstvertrauen ist dagegen ein *ex-*

terner Rahmen, auf den wir uns stützen. Selbstvertrauen ist nicht oberflächlicher oder weniger substanziell als Selbstgefühl; es handelt sich einfach um unterschiedliche Dimensionen, die daher keinen Vergleich zulassen und nicht direkt zusammenhängen.

Kinder bringen ihre existenziellen Dilemmas oder ihr Leid selten offen zum Ausdruck, weshalb ihre Probleme oft ignoriert oder trivialisiert werden. Meistens zeigen diese sich in psychosozialen Signalen und psychosomatischen Symptomen oder Lernschwierigkeiten. (Aber nicht alle Lernschwierigkeiten lassen sich auf existenzielle Probleme zurückführen!)

Die Beziehung eines Kindes zu sich selbst ist die Grundlage sozialer und kognitiver Leistung, und diese Beziehung muss von Lehrern und Eltern unterstützt werden.[7] Wir wissen, dass dies im Widerspruch zum pädagogischen Schwerpunkt auf Leistung und Effizienz steht, der in allen uns bekannten Schulkulturen gesetzt wird. Daher brauchen Schulen neue Parameter zur Förderung des Selbstgefühls von Kindern.

Zur Stärkung des Selbstvertrauens von Kindern (und Erwachsenen) sind *objektives* Lob und Kritik erforderlich. Im Alter von fünf oder sechs Jahren haben Kinder bereits eine nüchterne Einschätzung des elterlichen Lobs entwickelt. Den meisten ist bewusst, dass unberechtigtes oder übertriebenes Lob ihrer Eltern einfach ein Zeichen ihrer Liebe ist. Aber von Lehrer*innen erwarten sie objektives und gerechtfertigtes Lob und ebensolche Kritik. Musik-, Mathematik- und Sportlehrer sowie alle anderen tragen gleichermaßen zur Entwicklung eines gesunden Selbstvertrauens von Kindern bei. Ihre Aufgabe besteht darin, dem Kind ehrlich zu sagen, wenn es eine gute Leistung gezeigt hat oder was noch verbesserungswürdig ist. Und mit dem Kind abzustimmen, wie sie zusätzlich den Lernprozess des Schülers unterstützen können.

Das hilft Kindern auch, von Zeit zu Zeit ihre schulischen, beruflichen und persönlichen Ziele neu zu bewerten. Manchmal ist das enttäuschend und macht sie unglücklich. Das ist eine unvermeidliche Tatsache. Lehrer*innen und Eltern können unterstützen und Empfehlungen geben, aber der Schmerz eines Kindes muss ernst genommen werden, auch wenn er aus der Sicht der Erwachsenen irrelevant erscheinen mag. Wenn Kindern beispielsweise bewusst wird, dass ihr Traum, ein Elitestudent oder Popstar zu werden, unerreichbar ist, müssen sie nicht mit Lob für ihre mathematische Begabung getröstet werden, sondern brauchen Trost wegen des geplatzten Traums.

DIALOG 1: RUNE

Rune (5. Klasse) war ein durchschnittlicher Schüler, hatte aber Lernschwierigkeiten, insbesondere beim Lesen. Selbst die einfachsten Texte für die 1. Klasse stellten für ihn eine große Herausforderung dar. Dieses Handicap machte es ihm schwer, in der Schule zurechtzukommen. Außerdem hatte Rune starke Aggressionen entwickelt, weshalb er sich im Eifer des Gefechts oft danebenbenahm. Er zerstörte Sachen, schlug Mitschüler und zeigte sich gegenüber Erwachsenen störrisch, wenn er ihren Erwartungen nicht entsprechen wollte oder konnte. Seine Lehrer*innen bemühten sich sehr, ihm zu helfen, insbesondere durch Stärkung seines Selbstvertrauens. Wenn er beim Lesen nervös wurde und wenig erfolgreich war, versuchten sie ihn oft zu trösten, indem sie etwas sagten wie: »Rune, denk doch an all die anderen Dinge, die du gut kannst: Du kannst Höhlen bauen, du bist sehr geschickt mit deinen Händen und du kannst dir Spiele ausdenken, die viel Spaß machen. Siehst du: Jeder kann irgendwas gut.«

Immer wenn Rune seine inneren Kämpfe durch Taten oder Worte zum Ausdruck bringt und diese oder ähnliche Reaktionen erhält, wird er mit einer überwältigenden Flut von Gefühlen und Erfahrungen allein gelassen. Er erhält kein relevantes Feedback auf den unmittelbaren Ausdruck seines inneren Konflikts und daher kaum eine Chance, sein Selbstgefühl zu entwickeln. Er bekommt keine Reaktionen, die ihm helfen, einen Weg zu finden, mit seinen Konflikten in Berührung zu kommen. Es überrascht daher nicht, wenn sich seine Frustration in Abwehrmechanismen zeigt. Sein Schutzmechanismus ist eine emotionale Überreaktion als Reaktion auf den Mangel an Anerkennung.

Um Rune zu helfen, diese schwierige Seite in sich selbst zu erkennen, sich darauf einzustellen und sie in seine Identität zu integrieren, braucht er andere erwachsene Reaktionen. Sobald wichtige Bezugspersonen anfangen, auf Runes offene Frustration zu reagieren, kann er lernen: Wenn wir mit Menschen in ähnlichen Situationen einen gezielten Dialog führen, erleben wir, dass deren tatsächliche Bedürfnisse an die Oberfläche kommen.

Der folgende Dialog mit Rune zeigt, wie ein solcher Prozess angestoßen werden kann:

DIALOG 2: RUNE

»Rune, ich kann mir vorstellen, dass es schwierig und ermüdend für dich ist, im Unterricht zu sitzen und nicht so gut wie andere lesen zu können.« Er antwortete sofort: »Nein, ist es nicht, weil ich weiß, dass ich andere Dinge gut kann.« Dass seine Antwort so schnell kam, ließ Zweifel daran aufkommen, dass es sich um seine eigene Antwort handelte – es wirkte fast so, als ob er automatisch geantwortet habe. Deshalb fuhren wir fort: »Ach so. Ich hatte nur an einen Jungen gedacht, den ich vor Kurzem in einer anderen Schule getroffen habe. Er ging wie du in die 5. Klasse und hatte Schwierigkeiten beim Lesen. Er hat mir gesagt, wie wütend er auf sich selbst und auf seine Klassenkameraden ist, weil ihnen alles so leichtfällt …«

Während wir weiter von dem anderen Jungen berichteten, sahen wir, dass Rune sich allmählich selbst darin erkannte. Sein Interesse wurde geweckt, und er hörte aufmerksam zu. Vielleicht erhielt er gerade zum ersten Mal Gelegenheit, über das zu sprechen, was ihm das Leben so schwer macht. Bei unserem ersten Gespräch hörte er einfach nur zu, aber schon bei unserer zweiten Begegnung ließ er sich aktiver darauf ein und fragte: »Haben Sie inzwischen mit dem anderen Jungen geredet?«

In diesem Fall war das der Anfang einer Reihe von Gesprächen, bei denen Rune schließlich die Worte fand, um seine Erfahrungen beim Lesen zu beschreiben. Rune fing an, zum Schulpsychologen zu gehen, nachdem er Symptome entwickelt hatte. Es wäre sinnvoller gewesen, wenn diese Gespräche den täglichen Unterricht ergänzt hätten, sobald erste Schwierigkeiten auftraten.

Sobald Lehrer lernen, mit Kindern in ähnlichen Situationen so zu kommunizieren, dass sie ein Gefühl für deren Probleme bekommen, entdecken sie, wie schmerzlich es sein muss, sich Tag für Tag mit derselben schwierigen Aufgabe herumzuschlagen. Dann erkennen sie, dass es nicht darum geht, Kinder wie Rune deswegen zu einem Psychologen zu schicken, denn der psychologische Abwehrmechanismus ist kein individuelles Problem von Rune – es ist ein Problem in der Beziehung zu seinen Lehrern. Darum ist es sinnvoller, Lehrern psychologisches Fachwissen und Supervision zu geben, wodurch sie in die Lage versetzt werden, mit den Kindern im Schulalltag produktiv und effektiv über ihre Probleme zu sprechen, die schwierigen Gefühle der Kinder auszuhalten und so deren Entwicklung von Selbstvertrauen und Selbstgefühl zu fördern.

Trotz der schwachen Verbindung zwischen Selbstvertrauen and Selbstgefühl bewältigen die meisten von uns die schulischen und beruflichen Herausforderungen hauptsächlich oder ausschließlich auf der Basis von Selbstvertrauen. Aber das ist kein Grund, sich mit dieser Situation zufriedenzugeben.

Selbstbewusstsein – ein gesellschaftliches Phänomen

Das wachsende Selbstbewusstsein von Kindern gibt Anlass zur Freude und Faszination, aber oft auch zur Verärgerung.

Während Selbstgefühl, wie bereits erwähnt, ein existenzielles Thema und Selbstvertrauen eine Frage der Kompetenz ist, verstehen wir *Selbstbewusstsein* als gesellschaftliches Phänomen. Nach unserem Verständnis beschreibt es das Phänomen, dass Kinder keine Mauerblümchen mehr sind und nicht mehr versuchen, sich unsichtbar zu machen. Sie verhalten sich, als ob sie ein gottgegebenes Recht hätten, so viel Raum einzunehmen, wie sie brauchen.[8] Selbstbewusstsein ist ein kollektives Phänomen und steht in keinem Zusammenhang mit dem Selbstgefühl oder Selbstvertrauen des einzelnen Kindes. Tatsächlich besteht meist ein deutlicher Unterschied zwischen dem privaten, persönlichen Universum des Kindes und der Art und Weise, wie es sich der Welt präsentiert.

Es gibt viele gesellschaftliche Facetten dieser Entwicklung (zum Beispiel sich zeigen über mediale Präsenz und in sozialen Netzwerken), aber wir wollen uns auf einen bestimmten Aspekt konzentrieren, der oft übersehen wird und der einen starken Einfluss auf unsere Beziehungen hat. Lange Zeit gab es einen breiten Konsens, dass Kinder nur reden sollten, wenn sie gefragt wurden. Diese Einschränkung betraf alle Wünsche und Bedürfnisse von Kindern, ob klein – wie der Wunsch nach einer Süßigkeit oder einem Spielzeug – oder bedeutsam, wie der Wunsch, gehört und gewürdigt zu werden. Sowohl Familien als auch Schulen hielten sich an dieses ungeschriebene Gesetz und erwarteten von Kindern, dass sie sich entsprechend verhielten. Heute ist es für Kinder eine Selbstverständlichkeit, ihre Wünsche und Bedürfnisse zum Ausdruck zu bringen, und auch Erwachsene halten es für selbstverständlich. Aber diese Erwartung hat immer noch ihre Grenzen. Während die Bitte um Taschengeld, einen Roller oder neue Kleider ein selbstverständlicher Teil des Familienlebens ist und auch in der Schule darüber diskutiert werden kann, ob die Hausaufgaben bis Montag erledigt werden müssen, werden die grundlegenden, existenziellen Bedürfnisse immer noch verschwiegen. Kindern fehlen immer noch die Mittel und Möglichkeiten, ihre *persönlichen* Bedürfnisse auszudrücken. Das liegt zum einen an ihrer Loyalität gegenüber ihren Eltern, zum anderen, und das ist vielleicht noch relevanter, an einem grundlegenden Zweifel daran, dass sie das *Recht* haben, sich auf eine persönliche Weise auszudrücken. Familientherapeutische Sitzungen sind voll von Beispielen für Kinder, die vorsichtig ihre wahren Bedürfnisse formulieren, während ihre Eltern überrascht sind, dass sie es nicht schon früher getan haben.

Das *gesellschaftliche* Selbstbewusstsein von Kindern hat einen eher unverhofften Aufschwung erlebt. Aber dieses Phänomen hat die Entwicklung eines gesunden Selbstgefühls auf existenzieller Ebene oder besserer Möglichkeiten, sich persönlich auszudrücken, nicht erleichtert.

4 Persönliche Verantwortung

In diesem Kapitel geht es um die Fähigkeit und Bereitschaft des Einzelnen, Verantwortung zu übernehmen …

… für Schutz und Entwicklung der persönlichen Integrität,
… für das eigene Verhalten,
… für die eigenen Entscheidungen.

Unabhängig von äußeren Umständen (die durch politische, kulturelle und religiöse Aspekte eingeschränkt sein können) bestimmt der Grad unserer persönlichen Verantwortungs- und Entscheidungsfähigkeit im Wesentlichen unsere individuelle Wahrnehmung von Lebens- und Beziehungsqualität. Wir stehen immer wieder vor der Herausforderung, Entscheidungen für oder gegen uns selbst zu treffen. Und lassen uns davon leiten, in welchem Maß wir uns der Prozesse bewusst sind und/oder in welchem Maß wir emotionale, geistige oder psychische Widersprüche wahrnehmen.

Der Faktor persönliche Verantwortung hat einen starken Einfluss auf unsere Beziehungskompetenz, weil persönliche Verantwortung sowohl eine Interventionsmöglichkeit als auch ein pädagogisches Ziel ist. Persönliche Verantwortung erhöht die Qualität aller Beziehungen und gewährleistet die Entwicklung verantwortungsvoller Gemeinschaften, in denen keine Unterdrückung und Demütigung stattfindet.

Die persönliche Verantwortung von Kindern

Lehrpersonen und andere Expert*innen scheuen oft davor zurück, Kindern zusätzlich zu dem, womit sie ohnehin schon belastet sind, Verantwortung zu übertragen. Wir teilen diese Auffassung, wenn es um Kinder geht, die in ihren Familien schon ein ungewöhnlich hohes Maß an sozialer Verantwortung (zum Beispiel für ihre Eltern) übernommen haben. Aber Kinder von suchtkranken, psychisch kranken oder einfach nur inkompetenten Eltern leiden nicht unter der persönlichen Verantwortung, die sie übernehmen müssen, sondern unter der übergroßen sozialen Verantwortung. Die äußerst ernste Folge davon ist, dass diese Kinder daran gehindert werden, zu lernen, wie sie persönliche Verantwortung übernehmen und somit ihre persönliche Integrität schützen können. Kinder, die ein Übermaß an sozialer Verantwortung übernehmen müssen, können lernen, ohne elterliche Unterstützung zurechtzukommen, aber das ist eine völlig andere Fähigkeit.

Kinder in belasteten Familien sollten nicht über einen längeren Zeitraum elterliche oder sonstige soziale Verantwortung übernehmen. Andernfalls halten sie diese Verantwortung unbewusst für ein grundlegendes Merkmal ihrer Existenz und ihres Verhaltens. Selbst nach der Befreiung von dieser Last werden sie mit einem selbstzerstörerischen Gefühl übermäßiger Verantwortung allein gelassen, was ihnen Lebensenergie raubt und sich auf zukünftige Beziehungen auswirkt.

Das einzige wirksame Mittel zur Schaffung eines gesunden existenziellen und sozialen Gleichgewichts besteht in der Stärkung der *persönlichen* Verantwortung eines Kindes. Dazu ist (besonders in den ersten acht bis zehn Jahren) eine unterstützende Umgebung erforderlich, in der persönliche Entscheidungen anerkannt und gefördert werden und in der vom Kind erwartet wird, dass es die Verantwortung für das eigene Verhalten übernimmt. Dies ist auch in hohem Maße davon abhängig, wie erwachsene Bezugspersonen die persönliche Integrität des Kindes wahrnehmen und fördern.

Wie entwickeln Kinder persönliche Verantwortung?

Bis zum Alter von sechs Jahren können Kinder lernen, die Verantwortung für persönliche Dinge wie Hunger, Geschmack, Nähe, Distanz zu Erwachsenen, Wahl der Freunde, Kleidungsstil, Frisur, musikalischen Geschmack etc. zu übernehmen. Später entwickeln sie zudem ein Verantwortungsgefühl für Taschengeld, Hausaufgaben, Zubettgehen und Aufstehen, religiöse und politische Zugehörigkeit, Bildung, Liebesbeziehungen, Erotik etc. Diese kurze Liste ist unvollständig, genügt aber, um zu verdeutlichen, dass das Spektrum der persönlichen Entscheidungen, für die Kinder Verantwortung übernehmen können, vielfältig ist und mit ihrer psychischen Entwicklung wächst.

Zwischen dem Alter eines Kindes und seiner Bereitschaft, die Verantwortung für bestimmte Aufgaben zu übernehmen, besteht ein enger Zusammenhang. Kinder unterscheiden sich in dieser Hinsicht sehr stark. Ein weiterer großer Einfluss geht von der elterlichen Fähigkeit, soziale Verantwortung zu übernehmen, aus, die die Entwicklung persönlicher Verantwortung bei ihrem Kind fördern oder hemmen kann. Die im Folgenden beschriebene Situation ist ein sehr offenkundiges Beispiel dafür, wie dieser Prozess im Alltag stattfindet und wie abhängig die Kinder von der entsprechenden Umgebung sind.

LIV

Eine Freundin kommt zu Besuch, um Liv, das Neugeborene, zu sehen. Sie legt das Baby, das die Fremde vorsichtig betrachtet, auf ihren Schoß. Wie es die meisten Erwachsenen tun würden, beginnt sie einen spontanen Dialog mit dem Kind. Sie hält Liv etwa dreißig Zentimeter von sich weg, sodass beide sich in die Augen sehen können. Sie öffnet ihre Augen weit, spielt mit einer übertriebenen Mimik und spricht mit höherer Stimme als sonst: ›Hallo, mein Kleiner‹ – Pause – ›Wer bist du denn?‹ – Pause – ›Du bist so süß!‹ – Pause – ›Hallo, ich bin Anna‹ – Pause – ›Hallo‹ – und so weiter.

Immer, wenn die Erwachsene eine Pause macht, reagiert das Kind, indem es Blickkontakt sucht und seine Arme und Beine bewegt. Liv versucht, Annas Mimik und Lippenbewegungen nachzuahmen. Vielleicht versucht sie sogar, zu lächeln. Irgendwann dreht Liv ihr Gesicht zur Seite und signalisiert so, dass sie eine Pause braucht oder genug hat.

Indem sie eigenständig Kontakt suchen oder ihn beenden, übernehmen Babys Verantwortung für ihr nuanciertes Bedürfnis nach Kontakt und ihr Gefühl dafür, wie lange sich der Kontakt gut anfühlt.

Wenn Erwachsene nicht sensibel genug sind, um die Bedürfnisse und Grenzen des Kindes hinter diesen (an sich sehr klaren) Signalen zu erkennen, und damit die Integrität des Kindes nicht respektieren, entsteht ein Konflikt zwischen Integrität und Kooperation. Kleinkinder geben meistens ihre Integrität auf, um die Erwartungen relevanter Erwachsener zu erfüllen, und werden im Kontakt zunehmend passiver. Aber manche beginnen auch, um ihre Integrität zu kämpfen. In beiden Fällen ist es schwierig, eine enge und harmonische Beziehung herzustellen. Je älter Kinder werden, desto deutlicher können sie sich abgrenzen und ihre Integrität schützen – sofern sie unter gesunden Bedingungen aufwachsen und nicht vernachlässigt werden.

Die dialektische Natur der Verantwortung

Zwischen der persönlichen Verantwortung eines Kindes einerseits und der sozialen Verantwortung Erwachsener andererseits besteht ein dialektischer Zusammenhang.

In den meisten Kulturen drücken Erwachsene Liebe und Fürsorge für Kinder aus, indem sie die volle Verantwortung für deren Bedürfnisse übernehmen. Dadurch ist das Überleben der Kinder sichergestellt, aber im Rahmen dieser Verantwortung müssen Erwachsene Kindern auch Raum für persönliche Verantwortung geben. Durch das Gewähren dieses Raums wird die soziale Verantwortung Erwachsener um eine Facette erweitert, die Kindern die Möglichkeit gibt, Schritt für Schritt das Übernehmen von Verantwortung für ihr eigenes Leben zu lernen. Mit anderen Worten: Eltern müssen lernen, sensibel für die Art ihres Kindes zu werden, Verantwortung für sich selbst zu übernehmen. Aber auch die Schule muss wo möglich die persönliche Verantwortung jedes einzelnen Kindes ernst nehmen und zulassen. Es ist wichtig, die Selbstverantwortung der Kinder in dem Maße anzuerkennen, wie Erwachsene dazu in der Lage sind und wie sie ihre Macht loslassen können.

Zwei wichtige Kompetenzen überschreiten die Fähigkeiten eines Kindes und müssen in der Hand der Erwachsenen bleiben: die Verantwortung für die Qualität der Beziehungen zu Erwachsenen und die Pflege dieser Beziehungen.

Wenn ein Kind beispielsweise morgens aufsteht und den Wunsch hat, zu Hause zu bleiben, konfrontiert es Eltern mit einer Entscheidung auf mehreren elterlichen Verantwortungsebenen:

- Verantwortung gegenüber der Schule,
- Verantwortung gegenüber ihrem eigenen Arbeitgeber,
- Verantwortung für die Bedürfnisse und das Wohlergehen des Kindes,
- Verantwortung, das Kind ernst zu nehmen,
- Verantwortung für ihre eigenen persönlichen Grenzen und Bedürfnisse,
- Verantwortung/Macht, Entscheidungen zu treffen.

In der Kindererziehung neigen viele Erwachsene dazu, in Gegensätzen statt in Alternativen zu denken. In obigem Beispiel könnte das bedeuten, dass der Gedanke, dass die Schule nicht vernachlässigt werden darf, der Vorstellung, dass das Kind selbst entscheiden darf, ob es zur Schule gehen will, gegenübergestellt wird. Das Prinzip, das dieser verbreiteten Denkweise zugrunde liegt, ist einfach, aber nicht sehr angebracht.

Bei diesem Beispiel geht es hauptsächlich darum, dass das Kind offensichtlich etwas beschäftigt, das Aufmerksamkeit und Würdigung erfordert. Elterliche Verantwortung zu übernehmen bedeutet, Entscheidungen *entsprechend den Bedürfnissen des Kindes* statt im Namen des Kindes zu treffen. Und dazu ist ein Dialog mit dem Kind erforderlich.

Führen die Eltern mit ihrem Kind ein Gespräch zum Beispiel über seinen Schulalltag, dann begleiten sie es, während es lernt, Entscheidungen nicht nur auf der Grundlage aktueller Gefühle und Wünsche zu treffen, sondern auch andere relevante Faktoren zu berücksichtigen. Außerdem lernen die Erwachsenen mehr darüber, wer ihr Kind wirklich ist, und werden sich anderer fundierter Alternativen bewusst, statt einfach Regeln zu befolgen. Regeln fördern weder bei Kindern die Entwicklung persönlicher Verantwortung oder die Fähigkeit, qualifizierte Entscheidungen zu treffen, noch lehren sie Erwachsene, Macht so vorsichtig wie möglich auszuüben.

Der Grad der Unversehrtheit der persönlichen Integrität und der Stabilität des Selbstgefühls hat einen starken Einfluss darauf, wie ein Kind seine Bedürfnisse und Grenzen kennenlernt und sich selbst erlaubt, sie auszudrücken. Folglich wird das Leben des Kindes von einer dialektischen Beziehung zwischen drei zentralen Aspekten des Selbst geprägt:

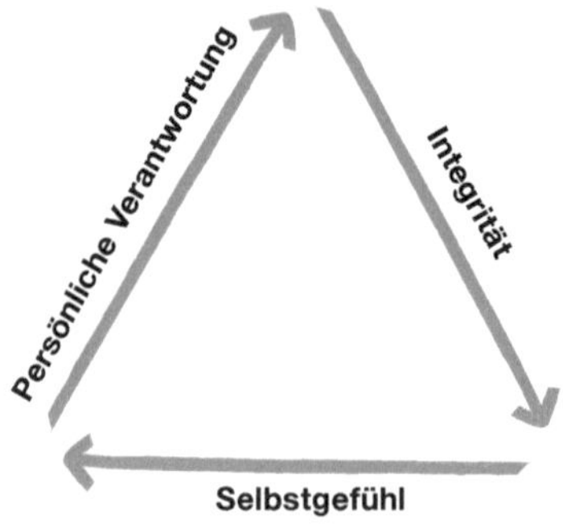

Lehrer*innen lassen sich unserer Erfahrung nach in zwei Gruppen einteilen: Eine Gruppe ist der Meinung, dass die persönliche Verantwortung eines Kindes nicht spezifisch unterstützt werden muss, solange es in der Lage ist, sich an Erwartungen anzupassen. Die andere Gruppe setzt sich aktiv dafür ein, die Entwicklung persönlicher Integrität zu unterstützen. Lehrpersonen der ersten Kategorie sind bei vielen Kindern oft allem Anschein nach erfolgreich. Aber es gibt immer Kinder, die früher oder später die Kooperation aufgeben. Unsere Erfahrung sowie die aktuelle Forschung[1] zeigen, dass von der zweiten Haltung alle Beteiligten am meisten profitieren: der Erwachsene, das Kind und ihre Beziehung.

PER

Pers Lehrer (in der 8. Klasse) wollte unter vier Augen mit ihm sprechen. Nachdem er mehrere Themen angesprochen hatte, sagte er: »Hör mal, Per, ich möchte auch mit dir über deine Hausaufgaben reden. Ich glaube einfach, dass du nicht genug tust und dass die Ergebnisse nicht gut genug sind, wenn man bedenkt, was du tatsächlich weißt. Ich möchte gern wissen, was du selbst darüber denkst.«

Per: (offensichtlich verlegen) »Ja, ich weiß … und ich verspreche, mich mehr anzustrengen.«

Lehrer: »Mir gefällt nicht, wie du mich anschaust, als ob du mich enttäuscht oder belogen hättest.«

Per: (ohne Blickkontakt herzustellen) »Ich weiß nicht … Es fällt mir einfach schwer, mich hinzusetzen und meine Hausaufgaben zu machen, wenn ich nach der Arbeit im Laden nach Hause komme.«

Lehrer: (bleibt auf der Interaktionsebene[2]) »Okay, reden wir später über deine Hausaufgaben, Per. Aber ich wüsste gern, warum es dir so schwerfällt, mit mir darüber zu sprechen.«

Per: »Na ja, Hausaufgaben muss man eben machen, nicht wahr? Sie sagen, dass wir die Hausaufgaben machen müssen.«

Lehrer: »Ja, das stimmt, weil es gut wäre, so viel wie möglich zu lernen, solange ihr zur Schule geht. Aber in deinem Alter reicht es nicht, die Hausaufgaben zu machen, weil der Lehrer es will. Ich möchte zwar, dass du deine Hausaufgaben machst, aber noch besser wäre es, wenn du deine eigenen Entscheidungen triffst und dazu stehst. Ich glaube nicht, dass es gut ist, wenn du hier vor mir sitzt wie ein kleiner Junge, der etwas aus dem Geldbeutel seiner Mama gestohlen hat.«

Per: »Wie meinen Sie das?«

Lehrer: »Nun, ich hätte gern, dass du mir zum Beispiel sagst, dass du jeden Nachmittag im Laden arbeitest und hinterher meistens beschließt, keine Hausaufgaben zu machen – denn du bist es doch, der das jeden Tag entscheidet, oder nicht?«

Per: »Ja, aber wenn ich das sage, werden Sie wütend auf mich.«
Lehrer: »Du kannst das Risiko eingehen, mich wütend zu machen, wenn du deine Hausaufgaben nicht machst. Die Leute im Laden wären auch wütend, wenn du deine Arbeit nicht machst. Stimmt's? Aber ich halte es für wichtiger, dass wir einander in die Augen sehen können und dass du deine Würde nicht aufs Spiel setzt. In meinem Fall geht es nur um Arbeit, in deinem Fall um dein Leben.«
Per: (verunsichert, weil er es gewohnt ist, kritisiert zu werden, und die Angewohnheit entwickelt hat, Konfrontationen zu vermeiden): »Ich weiß nicht, was Sie damit sagen wollen …«
Lehrer: »Ja, ich glaube, es ist schwer zu erklären, aber ich werde dir einen Vorschlag machen: Was wäre, wenn du vom Laden nach Hause kommst und mit dir selber ein Gespräch beginnst, oder warte mal, das könntest du sogar machen, bevor du nach Hause kommst. Dann triffst du eine Entscheidung ohne dumme Ausreden. Du könntest zu dir sagen: ›Heute mache ich keine Hausaufgaben‹ oder ›Heute will ich meine Hausaufgaben machen‹. Wenn du beschlossen hast, die Hausaufgaben nicht zu machen, will ich, dass du es mir am nächsten Tag sagst. Sag einfach: ›Ich habe gestern entschieden, meine Hausaufgaben nicht zu machen.‹ Was hältst du davon?«
Per: »Aber was ist, wenn Sie trotzdem wütend werden?«
Lehrer: »Manchmal werde ich wütend werden und manchmal nicht. Das ist egal, solange du anfängst, deine eigenen Entscheidungen zu treffen – ohne dich deswegen schlecht zu fühlen!«
Per: »Das ist nicht so einfach …«
Lehrer: »Ja, ich weiß. Darum wünschte ich auch, wir hätten diese Unterhaltung schon viel früher geführt. Also, bist du dabei?«
Per: »Ja, ich werd's versuchen.«
Lehrer: »Wenn du entscheidest, es ›zu versuchen‹, entscheidest du nicht wirklich, es zu tun. Willst du es tun oder nicht?«
Per: »Ja, ich will es tun.«
Lehrer: »Okay. Falls du deine Meinung änderst, wenn du nach Hause kommst, sag mir Bescheid.«

Per: »Sind wir jetzt fertig?«
Lehrer: »Ich bin fertig. Und du?«
Per: »Ich auch.«

Dieser Dialog ist ein gutes Beispiel für einen Lehrer, der sich auf zwei wichtige Aspekte in Pers Leben konzentriert: seine Arbeit für die Schule und seine Unfähigkeit, persönliche Entscheidungen würdevoll zu treffen. Per wird von seinem Wissen nicht profitieren, solange seine Beziehung zu Autoritäten davon geprägt ist, mehr zuzusagen, als er einhalten kann. Diese Art der Interaktion wird sich auch auf Beziehungen zu Freunden, Partnern und zukünftigen Kindern auswirken.

Die Übung, die der Lehrer vorschlägt, zeigt einen grundlegenden menschlichen Mechanismus:

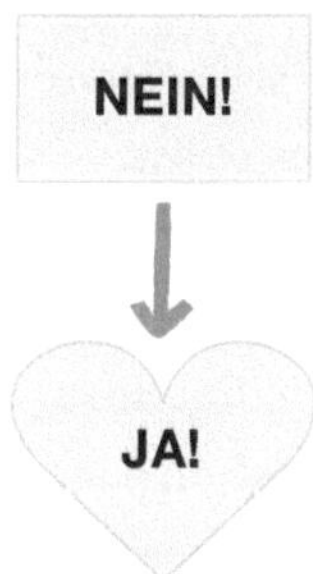

Wenn Menschen, die uns sehr wichtig sind, unser Nein! nicht akzeptieren, fällt es uns schwer, von ganzem Herzen Ja! zu sagen. Wenn sie nicht die Chance und nötige Anerkennung erhalten, senden Kinder wie Per durch ihr Verhalten weiter das Signal Nein!, und zwar umso aggressiver, je mehr sie sich unter Druck gesetzt fühlen. Der Mangel an persönlicher Würde und das zunehmende schlechte Gewissen führen dann zu einem Gefühl von Wertlosigkeit, was wiederum Aggressionen auslöst. Ob er seine Aggression nur verbal oder auch physisch ausdrückt und/oder die Schule abbricht, ist noch von vielen anderen Faktoren abhängig. Deshalb ist es sehr wichtig, dass der Lehrer in obigem Beispiel den existenziellen Themen Vorrang vor der schulischen Leistung des Kindes gibt. Sein Ziel ist es, Pers Einsatz für die Schule zu verbessern und gleichzeitig das Gefühl der Gleichwürdigkeit in der Beziehung wiederherzustellen.

Natürlich können verantwortungsvolle Lehrer nicht ihre berufliche Integrität ignorieren und Kindern wie Per zusagen, dass sie ihre Hausaufgaben ignorieren können. Aber sie können sehen, dass Kinder, die häufig »Ja, natürlich, ich werde es versuchen« und »Ja, aber …« antworten und ihre Zusagen nie einhalten, zuerst lernen müssen, ohne schlechte Gefühle (in Bezug auf sich selbst) Nein! zu sagen. Für Erwachsene gilt dasselbe: Wenn eine Weigerung, gesellschaftliche Erwartungen zu erfüllen, nicht auf einem echten Ja zu den eigenen Bedürfnissen basiert, wird daraus am Ende ein aggressives und selbstzerstörerisches Nein sowohl zur Gesellschaft als auch zu uns selbst.[3]

Eine häufig vorkommende pädagogische Intervention besteht darin, zu versuchen, Per zu *motivieren*, indem man ihm die Bedeutung von Hausaufgaben für seine schulische Laufbahn und Zukunft sowie mögliche Konsequenzen erklärt oder gar mit kurzfristigen Strafen droht und vielleicht die Eltern bittet, die Haltung der Schule zu unterstützen und eine (geteilte) Verantwortung für die Hausaufgaben ihres Kindes zu übernehmen. Aber durch diese Strategien werden nicht nur Intelligenz und Wissen eines 14-Jährigen unterschätzt, sondern ihm wird auch das Gefühl gegeben, in noch stärkerem Maße fehl am Platz und gedemütigt zu sein, als es bisher schon der Fall war. Außerdem zeigen diese Arten von Strategien normalerweise nicht viel Wirkung, sondern geben lediglich Lehrern das Gefühl, verantwortungsvoll zu handeln.

Tatsächlich stehen die schulischen Anforderungen nicht im Widerspruch zu Pers Bedürfnissen. Denn:

➔ Schulen sollen dazu beitragen, dass die Schüler und Schülerinnen aktive Verantwortung für ihr eigenes Lernen übernehmen.

Aber Per braucht dringend Führung durch einen Erwachsenen, der ihm den Weg zu seinem eigenen Selbst und zu seiner persönlichen Verantwortung zeigen kann. Pers Bedürfnisse wiegen deshalb schwerer als die Anforderungen der Schule, weil die Nichterfüllung dieser Bedürfnisse weitaus schwerwiegendere Folgen für seine Zukunft hat als für seine Leistungen in der Schule.

Kinder mit besonderem Förderbedarf und ihre persönliche Verantwortung

Kinder mit besonderem Förderbedarf, sei es in pädagogischer, psychologischer, körperlicher, motorischer oder medizinischer Hinsicht, konfrontieren uns immer wieder mit der existenziellen Tatsache, dass sie ständig persönliche Unterstützung brauchen, um persönliche Integrität und Verantwortung zu entwickeln und zu erhalten. Diese existenzielle Art der Unterstützung muss alle Unterstützungsangebote, die ein Kind erhält, ergänzen, damit die Hilfe wirksam sein kann.

In vielen Fällen gibt es wichtigere Themen als Hausaufgaben oder andere schulische Aktivitäten. Manchmal betrifft die persönliche Verantwortung, die wir auch als existenzielle Verantwortung bezeichnen, sogar das unmittelbare Überleben eines Kindes, wie das folgende Beispiel zeigt:

ELLI

Elli (13) besuchte eine Förderschule und litt an einer seltenen Erbkrankheit, an der sie sterben konnte. Aber die richtige medizinische Behandlung und eine entsprechend angepasste Lebensweise sorgten dafür, dass sie viele Jahre mit ihrer Krankheit würde leben können. Elli hatte Lernschwierigkeiten. Sie war in vielerlei Hinsicht eine schwierige Schülerin. Aber die Rektorin hatte ein gutes Verhältnis zur ihr. Eines Tages verschlechterte sich Ellis Gesundheitszustand, und sie wurde ins Krankenhaus eingeliefert. Nach mehreren Tagen in der Klinik sagte sie ihren Eltern und Ärzten, dass sie sterben wolle. Alle versuchten sie davon zu überzeugen, dass sie weiterleben müsse und dass die Welt ganz anders aussehen würde, wenn sich ihr Zustand erst einmal verbessert habe. Als Reaktion darauf verweigerte Elli die Nahrungsaufnahme. Ihre Angehörigen und Freunde versuchten alles, um sie zum Essen zu bewegen – aber vergebens. Die Pflegekräfte baten sogar den Küchenchef der Klinik, Elli zu besuchen und nach ihren Lieblingsspeisen zu fragen.

Elli sprach gern über ihre Lieblingsspeisen, weigerte sich aber, sie zu essen. Sie nahm schnell ab. Alle gerieten in Panik. Eines Tages fragte ihre Psychologin sie, ob es jemanden gebe, mit dem sie wirklich gern sprechen wolle. Das Mädchen nannte die Rektorin, die ihre Eltern sofort um Hilfe baten. Ellis Angehörige und Freunde vertrauten darauf, dass die pädagogische Kompetenz der Lehrerin dazu beitragen würde, sie von ihrem Todeswunsch abzubringen.

Die Rektorin fühlte sich durch die enorme Verantwortung, die ihr übertragen wurde, unter Druck gesetzt. Und sie war in Versuchung, dieselbe Strategie wie Eltern und Pflegepersonal zu verfolgen und Elli davon zu überzeugen, dass ihre Entscheidung, sterben zu wollen, falsch sei. Sie hoffte, sie zum Weiterleben motivieren zu können, aber auf dem Weg ins Krankenhaus erinnerte sie sich selbst daran, ihre eigenen Gefühle nicht überhandnehmen zu lassen und sich stattdessen auf Ellis existenzielle persönliche Verantwortung zu konzentrieren.

Ihr Besuch war ziemlich kurz, aber direkt nach ihrem Eintreffen hatten sie einen entscheidenden Dialog:

Lehrerin: »Elli, man hat mir gesagt, dass du sterben willst. Ist das wahr?«

Elli: »Ja, ich will nicht mehr leben.«

Lehrerin: »Elli, ich will dir sagen, dass ich unglaublich traurig wäre, wenn du sterben würdest. Ich wünschte, ich könnte etwas tun oder sagen, das dich dazu bewegt, weiterleben zu wollen. Aber ich höre, was du sagst, und ich weiß, dass du es ernst meinst. Darum bin ich hier, um dich zu unterstützen, wenn du willst.«

Elli: »Ich will einfach nur sterben.«

Lehrerin: »Ich respektiere das, auch wenn es mir schwerfällt.«

Die Lehrerin berichtete Elli dann, was sich in der Klasse getan hatte, seit sie in die Klinik eingeliefert worden war.

Lehrerin: »Elli, ich gehe jetzt, aber zuvor möchte dich noch um einen großen Gefallen bitten. ...Willst du deine Eltern bitten, mich anzurufen, bevor du stirbst?«

Elli: »Ja, das mache ich.«

Etwa 24 Stunden später begann Elli wieder zu essen, und ihr Gesundheitszustand verbesserte sich schnell. Bald wurde sie entlassen. Nachdem Elli 13 Jahre lang das Objekt besorgter Eltern, Ärzte, Lehrer, Psychologen und Sonderpädagogen gewesen war, die zu wissen gemeint hatten, was am besten für sie sei, und damit die Verantwortung für ihr Leben übernommen hatten, übernahm Elli endlich ihre persönliche Verantwortung.

Ihre Geschichte zeigt, dass ein Kind in ihrer Situation und ihrem Zustand nicht mehr als ein zehnminütiges Gespräch mit einer Erwachsenen braucht, die bereit ist, ihre eigene persönliche Verantwortung zu akzeptieren. Einer Erwachsenen, die das Kind dabei unterstützt, die Verantwortung für sein eigenes Leben statt für seinen Tod zu übernehmen, indem sie seinen Kampf um Integrität anerkennt.

Elli steht stellvertretend für viele Kinder, die sich aufgrund einer Krankheit, einer Behinderung, einer geistigen Entwicklungsstörung oder abweichenden Verhaltens auf Objekte der liebevollen, wohlmeinenden und manchmal relevanten (sozialen) Verantwortung von Eltern und Experten reduziert sehen. Diese sind oft zu sehr damit beschäftigt, herauszufinden, was das Beste für das Kind ist, um die Folgen ihrer Überbehütung auf das Kind als Person zu sehen. Selbst wenn Kinder wie Elli existenzielles Unbehagen signalisieren, indem sie ihren Problemen eine psychosoziale Dimension hinzufügen, werden sie oft übersehen. Statt diese geplagten Kinder ernst zu nehmen, werden noch mehr Expert*innen hinzugezogen, und die Erwachsenen werden immer besorgter und hilfloser.

Kinder kooperieren, solange sie können. Aber wenn ihre Betreuungspersonen sich nur darum sorgen, wie sich das Leben des Kindes durch pädagogische Unterstützung verbessern lässt, ohne sich des Preises bewusst zu sein, den das Kind für die Anpassung zahlt, bleiben dem Kind nur zwei Möglichkeiten:

1. Das Kind kann seine persönliche Integrität völlig aufgeben. Kinder, die das tun, sind meist leicht zu handhaben, weshalb Erwachsene sie mögen, solange sie klein sind. Aber sobald sie in die Pubertät kommen und Erwachsene wollen, dass sie unabhängig handeln und im Alltag eigene Entscheidungen treffen, wird die Situation schwierig.

2. Das Kind kann auch heftig für seine Integrität und persönliche Verantwortung kämpfen. Aber das ist selten befriedigend.

Wenn den Bezugspersonen nicht bewusst ist, dass sie die persönliche Verantwortung des Kindes unterstützen und ihm Raum zum Wachsen lassen müssen, wird der Kampf des Kindes *für* sich selbst zu einem Kampf *gegen* Erwachsene und ihre Hilfe.

Unabhängig von der Reaktion des Kindes müssen wir uns darüber im Klaren sein, dass liebevolle elterliche oder pädagogische Verantwortung auch als kränkend oder unterdrückend erlebt werden kann.

Oft müssen Eltern daran erinnert werden, dass sie ebenso kooperieren wie ihre Kinder. Angesichts ihrer besonderen Situation fühlen sie sich abhängig und nehmen Spezialist*innen ernst. Das führt dazu, dass die Kooperationserwartung von Spezialist*innen als Notwendigkeit, selbst im eigenen Zuhause der Expertenmeinung zu folgen, missverstanden wird. Viele Eltern leiden unter nagenden Schuldgefühlen und kompensieren sie, indem sie die Rolle des *Helfers* oder der *Helferin* einnehmen.[4]

Persönliche und soziale Verantwortung als Grundlage für Führungskompetenz

Wie bereits beschrieben, ist die Entwicklung persönlicher Verantwortung bei Kindern (und Teenagern) von der Führungskompetenz ihrer Eltern und Lehrer*innen abhängig und davon, in welchem Maß die Erwachsenen in der Interaktion mit ihnen persönliche und soziale Verantwortung übernehmen. Wenn sie von Erwachsenen umgeben sind, die nicht bereit oder in der Lage sind, eine Führungsrolle zu übernehmen, verlieren sie ihren Glauben an die Führung durch Erwachsene und geraten in ein existenzielles und soziales Vakuum. Während kleinere Kinder Erwachsene brauchen, die die Führung übernehmen, brauchen ältere Kinder Eltern und Lehrpersonen, die eine passivere Rolle als Begleiter*in und Berater*in einnehmen.

Führung, die die Bedürfnisse des Kindes, die Beziehung und pädagogische Ziele ernst nimmt, umfasst folgende Kompetenzen:

Führung

- Authentizität
- Interesse
- Anerkennung
- Teilhabe
- Entscheidungsfähigkeit
- Konfliktfähigkeit
- Empathie

Authentizität

Der Begriff Authentizität beschreibt die Fähigkeit und Bereitschaft, persönliche Gedanken, Wahrnehmungen, Werte, Ziele und Grenzen offen auszusprechen und im Einklang mit der eigenen Integrität zu handeln.

Authentizität wird manchmal mit der Fähigkeit verwechselt, seinen eigenen Gefühlen treu zu bleiben, aber tatsächlich ist es komplexer. Natürlich hilft das Ernstnehmen persönlicher Gefühle und bietet eine Grundlage für Authentizität, aber wir müssen uns darüber im Klaren sein, dass nicht alle Gefühle per se authentisch sind, wie wir noch anhand eines Beispiels für Unsicherheit zeigen werden. Manche Gefühle sind Repräsentationen, manche leiten sich von unserer Einstellung zum Leben ab, andere spiegeln »ältere«, kulturell oder in unserer Kindheit erworbene Gefühle wider. Außerdem ist es, wie Murray Bowen[5] aufgezeigt hat, keine gute Idee, sein Verhalten ausschließlich von Gefühlen bestimmen zu lassen.[6]

Interesse

Interesse ist in diesem Kontext das Interesse daran, wer das Kind ist. Es beinhaltet die Fähigkeit, Kinder in ihrer eigenen Realität zu sehen. Eltern sind per definitionem an ihren Kindern interessiert, und Lehrer interessieren sich für die Kinder, mit denen sie arbeiten. Aber paradoxerweise verstehen es nur wenige Erwachsene, ihr Interesse durch das Anstoßen sinnvoller Gespräche zu zeigen – Gespräche, die sich nicht leer anfühlen wie zum Beispiel die Frage, wie es in der Schule war.

Das Interesse von Lehrern an einem Kind beschränkt sich oft auf das derzeitige Verhalten oder die Leistung, es sei denn, das Kind wirkt unübersehbar traurig. Alle anderen Gefühle scheinen ausschließlich die Anwendung wertender und definierender Sprache zu aktivieren.

Anerkennung

Anerkennung beinhaltet die Verbalisierung und emotionale Bestätigung dessen, was der Erwachsene in einem Kind sieht. Es bedeutet, Worte zu finden für Dinge, die der Erwachsene in der aktuellen Situation über das Kind herausgefunden hat. Diese Facette oder Erkenntnis muss nach Möglichkeit mit denen eigenen Worten des Kindes oder, falls ihm die Worte fehlen, durch empathische Sprache bestätigt werden.[7]

Teilhabe

Sobald Erwachsene den Gefühlszustand, die Bedürfnisse, Vorlieben und Abneigungen, Träume und Ziele etc. eines Kindes verstanden haben, liegt es in ihrer Verantwortung, dieses Wissen so weit wie möglich in die Beziehung einfließen zu lassen. Dadurch wird sichergestellt, dass Kinder das Gefühl, ernst genommen zu werden, sowie ein Zugehörigkeitsgefühl entwickeln. Wenn Erwachsene Kinder nicht in Entscheidungen in Bezug auf die Zukunft einbeziehen, müssen sie sie nach Möglichkeiten fragen – oder anerkennen, dass es keine Möglichkeit gibt. Selbst unter solchen Umständen können sich Kinder ernst genommen fühlen.

Entscheidungsfähigkeit

Natürlich liegen die meisten Entscheidungen in der Verantwortung der Erwachsenen. (Eine Ausnahme bilden Entscheidungen im Rahmen eines demokratischen Prozesses oder Entscheidungen, die offenkundig von einem einzelnen Kind oder einer Gruppe von Kindern getroffen werden können.) In Schulen bedeutet das, dass Lehrer und Lehrerinnen Entscheidungen aufgrund ihrer Erfahrung, ihres Wissens und ihrer Verantwortung treffen und sich eingestehen müssen, dass dabei oft nicht alle betroffenen Kinder einbezogen werden, was zu verschiedenen Konflikten führen kann.

Konfliktfähigkeit

Konflikte sind ein fester Bestandteil aller gesunden Beziehungen. In Situationen, in denen die Führung eines Erwachsenen im Widerspruch zu den Wünschen oder Bedürfnissen eines Kindes steht, ist es wichtig, dem Kind die Zeit zu geben, die es braucht, um seine Frustration zu verarbeiten. Manche Kinder brauchen mehr Zeit, andere weniger. Indem sie ihnen diese Zeit zugestehen, geben Lehrer*innen ihnen die Möglichkeit, ihre persönliche Würde zu wahren und die Fähigkeit zu entwickeln, Entscheidungen von Erwachsenen zu akzeptieren. Wenn wir Kinder zwingen, uns zuzustimmen, mag durch die Zustimmung zunächst der Eindruck entstehen, dass unsere Autorität gewürdigt werde, aber auf lange Sicht wird sie dadurch untergraben.[8]

Um die Beziehungsdynamik besser zu verstehen, unterscheiden wir zwischen Konflikten und Problemen. Bei einem *Konflikt* geht es um unterschiedliche Meinungen oder Bedürfnisse. Dabei kann es sich sowohl um einen Konflikt zwischen Personen innerhalb einer Beziehung als auch um einen inneren Konflikt eines Individuums handeln. *Probleme* sind eine Anhäufung zusammengehöriger Konflikte, die nicht oder zumindest nicht ausreichend gelöst wurden. Nach diesem Verständnis sind Konflikte ein natürlicher und notwendiger Bestandteil von Beziehungen und des Lebens, während Probleme die Qualität der Beziehungskompetenz zeigen.

Empathie und Mitgefühl

Wie wir weiter unten noch ausführlicher beschreiben, bedeutet Empathie die Bereitschaft und Fähigkeit, sich in die Einstellungen und Gefühle anderer Menschen einzufühlen und zu denken. Es ist eine angeborene Fähigkeit, die aber des Willens und bewussten Einsatzes bedarf, die andere Person so anzunehmen, wie er oder sie ist.[9] Empathie und Mitgefühl werden als Herzqualitäten beschrieben und beinhalten Wohlwollen und den Respekt einer anderen Person gegenüber. Diese Qualitäten eines Lehrers oder einer Lehrerin machen gerade beim Führen und Entscheiden einen wesentlichen Unterschied für das Erleben des Kindes.

Die persönliche Verantwortung von Erwachsenen

Persönliche Verantwortung ist die Bereitschaft, die Verantwortung für die eigenen Erwartungen, Grenzen und Verhaltensmuster zu übernehmen. Durch das Vorbild Erwachsener werden Kinder sowohl direkt als auch indirekt beeinflusst. Schulen und die Interaktion mit Kindern leiden darunter, dass die Gehorsamskultur pädagogische Haltungen Erwachsener wie die folgenden gefördert hat:

- Meine Erwartungen sind gerechtfertigt.
- Mein Verhalten ist unfehlbar, und wenn es das ausnahmsweise nicht ist, dann liegt es daran, dass die Kinder mich provoziert haben. Und das liegt nicht in meiner Verantwortung.
- Meine Grenzen sind durch institutionelle Regeln definiert. Wenn sie übertreten werden, liegt es nicht in meiner Verantwortung, sondern ist den Kindern oder Eltern zuzuschreiben, die sie übertreten.

Heute würden nur noch wenige Lehrer*innen den obigen Aussagen uneingeschränkt zustimmen. Und dennoch prägen sie immer noch die Schulkultur und -normen sowie ihre tägliche Arbeit und zeigen sich, wenn sie in Frustration über Übergriffe und Enttäuschungen feststecken. Auch wenn ihr Ansatz in diesen Fällen altmodisch wirken mag, sind die Übergriffe und Enttäuschungen, die die Lehrenden erleben, nicht weniger ernst zu nehmen als die der Kinder.

Kinder fühlen sich mit gutem Grund ungerecht behandelt, wenn sie von Erwachsenen für deren destruktives Verhalten verantwortlich gemacht werden und gleichzeitig damit umgehen müssen, für ihr eigenes Verhalten verantwortlich gemacht zu werden. Wenn sie es wagen, sich zu verteidigen oder mit Formulierungen wie »Ich habe nicht angefangen!« oder »Sie war schuld!« ihre Verantwortung abzustreiten versuchen, werden sie von Erwachsenen meist an ihre (persönliche) Verantwortung für ihr Handeln erinnert. Noch vor ein oder zwei Generationen wussten Kinder, dass für Erwachsene und Kinder unterschiedliche moralische Standards galten und dass es keinen Sinn hatte, dagegen zu protestieren. Aber heute entlarven Kinder Doppelmoral und wehren sich dagegen – meist durch verantwortungsloses Verhalten nach dem Motto: »Wenn Erwachsene das können, kann ich es auch.« Aber wenn Lehrer*innen die Verantwortung für ihr eigenes Verhalten und Fehlverhalten übernehmen, dann wächst auch die persönliche und soziale Verantwortung der Kinder.

Das Verantwortungsgefühl der Kinder entwickelt sich am besten, wenn sie mit Erwachsenen zu tun haben, die Verantwortung praktizieren und nicht nur davon reden und die Verantwortung von Schuldzuweisung unterscheiden können.

Scham und Schuld

Über Generationen hinweg war Schuldzuweisung[10] eine Erziehungsmethode. Neben der Tatsache, dass Probleme/Konflikte inakzeptabel waren, führte dies zu der impliziten Erwartung, dass jemand die Schuld tragen muss. Wenn es nicht die Kinder sind, muss ich es sein. Natürlich teilen wir alle Verantwortung und sind deshalb manchmal gemeinsam für bestimmte Entwicklungen im Leben verantwortlich, aber Schuldzuweisungen sind kein hilfreicher Ansatz.

ERIK

Wenn Eriks Lehrer wütend wird und eine gemeine, sarkastische Bemerkung macht, heißt das nicht, dass alles, was von diesem Zeitpunkt an passiert, dem Lehrer angelastet werden kann. Aber der Lehrer kann den Schaden, den Erik, ihre Beziehung und sein eigenes Selbstbild erlitten haben, wiedergutmachen, indem er die volle Verantwortung für seine Äußerung übernimmt: »Hör mal, Erik, tut mir leid, was ich gestern zu dir gesagt habe. Ich war wütend und hab die Kontrolle verloren. Bitte entschuldige! … Gibt es etwas, das du mir sagen willst?«

Jüngere Kinder fühlen sich fast ausnahmslos für das Fehlverhalten von Erwachsenen verantwortlich, auch wenn sie deren Verhalten unfair finden. Dies lässt ab dem Schulalter nach. Aber alle Kinder zeigen ähnliche Reaktionen auf Übergriffe von Lehrer*innen. Sie distanzieren sich geistig und emotional von der betreffenden Person, was wiederum den Aufbau einer fruchtbaren Kooperation und Kontaktaufnahme erschwert.

Dem liegt ein offenkundiges Muster zugrunde: Es ist die Aufgabe einer Lehrperson, Kinder zu führen und ihre persönliche, geistige und soziale Entwicklung zu fördern. Aber das setzt auch die Bereitschaft und Offenheit der Kinder voraus. Diese Bereitschaft und Offenheit sinkt mit jedem emotionalen Übergriff, den Kinder im Lauf der Zeit erleben. Daraus wird dann ein Teufelskreis. Die Reaktion der Distanzierung ist spezifisch für pädagogische Beziehungen. Im Falle von Übergriffen durch die Eltern neigen Kinder zu Unterwerfung und Schuldgefühlen.

➔ Persönliche Verantwortung lässt sich in einem Satz zusammenfassen: Alles, was ich sage und tue, ist ein Teil von mir und liegt daher in meiner eigenen Verantwortung.

Diese offensichtliche Tatsache bedeutet nicht, dass Lehrkräfte immer verantwortungsvoll und ausgeglichen handeln können. Aber sie zeigt, warum es nicht sinnvoll ist, Kinder zu tadeln und die Verantwortung weiterzugeben, indem man erklärt, weshalb man überreagiert hat oder das eigene Verhalten rechtfertigt, wenn man sich provoziert, wütend oder unzufrieden fühlt.

KLASSENPARTY

Die 6. Klasse hatte für den Freitag eine kleine Party vorbereitet. Schon montags waren die Schüler unruhig und lachten und schwatzten darüber. Die Klassenlehrerin hat den Vormittag mit ihnen verbracht und unterrichtete die letzte Stunde. Plötzlich hatte sie genug: »Jetzt seid mal still und hört zu! Ich habe genug von eurer Schwätzerei und ich will kein Wort mehr über die Party hören. Ich bin hier, um meine Arbeit zu tun, und die besteht darin, euch zu unterrichten, was heute noch gar nicht möglich war. Ich will, dass ihr euch jetzt alle zusammenreißt und euch auf den Test konzentriert, den ihr nächsten Donnerstag schreibt. Und ich will, dass ihr das JETZT SOFORT tut!«

Die Lehrerin brüllte, so laut sie konnte. An ihrem Hals zeigten sich rote Flecken, und ihre Augen funkelten vor Zorn. Zweifellos überschritt die Unruhe in der Klasse ihre Grenzen.

Einige Kinder erschraken, einige waren geschockt und andere empfanden Mitleid – und diese natürlichen Reaktionen sind in Ordnung. Etwas ältere Kinder erleiden durch einen solchen Ausbruch keinen Schaden. Aber wenn der Zorn der Lehrerin dazu führt, dass Kinder sich gedemütigt, lächerlich gemacht oder in irgendeiner anderen Weise verletzt fühlen, wird dadurch ihre Position als Lehrerin geschwächt. Wenn sie ihre Grenzen markiert, indem sie die Bedürfnisse der Kinder missachtet, verliert sie ihre Glaubwürdigkeit.

Sicher hätte die Lehrerin nicht die gewünschte Wirkung erzielt, wenn sie ihre authentische Frustration hinter einem freundlichen, bedauernden Appell versteckt hätte. Das hätte ihre Glaubwürdigkeit genauso beeinträchtigt wie Übergriffe. Persönliche Verantwortung beinhaltet authentischen Respekt vor den Bedürfnissen und Grenzen der Kinder sowie vor den eigenen persönlichen Bedürfnissen und Grenzen.

Die persönliche Autorität der Lehrer*in

Lehrer und Lehrerinnen, die sich im Umgang mit Kindern unsicher fühlen, leiden häufig an einem inneren Konflikt zwischen Authentizität und Rollenerwartungen. Früher gaben ihnen ihr Status als Erwachsener und ihre Rolle als Expert*in eine fast unbegrenzte Macht, in ihren beruflichen Beziehungen Inhalte, Prozesse, Bedingungen und Konsequenzen zu definieren – jedenfalls, solange sie nicht gegen Gesetze verstießen. Diese rollenbasierte Autorität ist in der Interaktion mit Eltern und Kindern heute nicht mehr relevant. Heute ist *persönliche Autorität* erforderlich.

→ Persönliche Autorität entwickelt sich mit der Fähigkeit und Bereitschaft, in beruflichen Beziehungen authentisch zu sein.

Authentisch zu sein bedeutet, im Einklang mit beruflichen und persönlichen Werten, beruflichem Engagement, Selbstgefühl und innerer Verantwortlichkeit zu handeln.[11]

In welchem Maße einzelne Lehrer*innen authentisch reagieren und sich dabei wohlfühlen können, wenn sie sich selbst zeigen, ist sehr unterschiedlich und von der persönlichen Entwicklung abhängig. Die Erfahrung zeigt, dass es nicht genügt, nur zehn Prozent der Zeit authentisch zu handeln und sich dabei wohlzufühlen. Andererseits wäre es falsch, zu erwarten, dass Lehrer*innen 95 Prozent der Zeit ihre moralischen Konzepte und Erwartungen im Blick haben, ein gut entwickeltes Selbstgefühl besitzen und sich ihrer inneren Verantwortlichkeit bewusst sind.

Authentizität und persönliche Autorität interagieren eng miteinander. Im Laufe ihres Berufslebens durchläuft jede Lehrer*in Phasen, in denen Zweifel an die Stelle der Entschlossenheit treten, ein Gefühl der Unsicherheit überwiegt, aus Defiziten Überschüsse werden und das Bedürfnis nach Innenschau und Reflexion größer als der Wunsch nach verantwortungsvollem, extrovertiertem Handeln ist. In solchen Situationen fühlt es sich an, als ob das eigene Selbstgefühl der Vergangenheit angehört. Alle diese Erfahrungen sind ein fester Bestandteil der Arbeit und persönlichen Entwicklung von Lehrer*innen. Sie fühlen sich oft gezwungen, schwierige und verletzliche Gefühle zu verbergen, weil sie fürchten, sie könnten ihre Autorität untergraben. Aber Verleugnung ist nur eine von vielen Möglichkeiten, mit Tatsachen umzugehen. Die Realität, mit allen dazugehörigen Gefühlen und Emotionen, ist selten an sich ein Problem. Aber unsere Art, mit der Realität umzugehen, kann Probleme schaffen.

Unsicherheit – ein wohlbekanntes Gefühl

Interessanterweise wird gerade durch die Versuche, Unsicherheit zu verstecken oder zu kompensieren, die eigene persönliche Autorität geschwächt. Nähe geht verloren, wenn wir persönliche Probleme aus Beziehungen heraushalten. Auf den ersten Blick scheint es naheliegend, dass das Gefühl der Unsicherheit selbst und nicht die Art, damit umzugehen, die Beziehung schwächt. Aber das stimmt nicht, denn es ist ein Unterschied, ob wir uns unsicher fuhlen (oder wissen, dass wir unsicher sind) und damit umgehen können, oder ob wir uns vom Gefühl der Unsicherheit beherrschen lassen..

Das Gefühl der Unsicherheit ist derselbe Ausgangspunkt. Aber wir gehen mit diesem Gefühl unterschiedlich um. Manche sind davon überwältigt und ihre Unsicherheit beeinflusst ihr gesamtes Bewusstsein. Sie reagieren mit motorischer Unruhe, wirken hilflos und können nicht mehr klar denken. Sie scheinen mit ihrer Unsicherheit eins geworden zu sein. Andere reagieren mit Passivität, und wieder andere ziehen sich aktiv aus Beziehungen zurück. Diese persönlichen Muster spiegeln wider, was in früheren Beziehungen zum Wiedererlangen der Sicherheit beigetragen hat.

Sich von Gefühlen der Unsicherheit überwältigen zu lassen und zum Opfer dieser Gefühle zu werden, führt in Beziehungen zwischen Erwachsenen und Kindern oft zu Verwirrung und Unbehagen. Wenn der betroffene Erwachsene ihnen sehr nahesteht, reagieren Kinder oft mit Mitgefühl und Fürsorge. Andere reagieren indirekt, indem sie sich mehr oder weniger aus der Beziehung zurückziehen. Alle Kinder spüren aktiv ihren eigenen Mangel an Sicherheit und reagieren darauf, indem sie für sich selbst und den Erwachsenen sorgen. In größeren Gruppen haben Kinder allerdings weniger Möglichkeiten, persönlich zu reagieren; sie drücken ihre Unsicherheit auf unterschiedliche Weise aus, die aber fast immer die Beziehung zum Lehrer beeinträchtigt.

Statt zuzulassen, dass die durch die Unsicherheit des Lehrers wachsende Unsicherheit der Kinder überhandnimmt, können wir im Verhalten der Kinder ein wichtiges Signal sehen, eine Pause einzulegen und uns genauer anzuschauen, was das Signal in dieser konkreten Situation bedeuten könnte. Ein einfaches Beispiel wäre, wenn wir die Antwort auf eine Frage nicht wissen. Wir können uns verunsichern lassen und uns dumm fühlen – oder wir können zugeben, dass wir die Antwort nicht kennen, aber sie gerne herausfinden wollen. Mit anderen Worten sind wir dann unsicher in Bezug auf die Antwort, aber sicher in Bezug darauf, wie wir mit dieser Unsicherheit umgehen wollen. Dieser gleiche Mechanismus trifft auch auf viel weitreichendere Verunsicherungen im Schulalltag zu.

Wenn wir nicht unsere *Gefühle sind*, sondern *Gefühle haben*, mit denen wir einen Umgang suchen, wirkt sich das positiv auf unsere Beziehungen zu Kindern aus. Kinder erhalten dadurch die Chance, Erwachsene zu erleben, die mit denselben Unsicherheiten zu kämpfen haben wie sie selbst, aber wissen, wie sie damit umgehen können. Das entspannt und beruhigt Kinder.

Außerdem fördert und verstärkt dieser Ansatz auch andere Qualitäten, die die persönliche Autorität unterstützen:

- Der Ansatz ist authentisch und steht im Einklang mit der inneren Stimme, die uns sagt: Ich fühle mich unsicher und wünschte, dass dieses Gefühl aufhören würde. Die lähmende Wirkung der Unsicherheit ist nicht wirklich ein authentisches Gefühl. Passivität ist eine erlernte Strategie für den Umgang mit Unsicherheit.
- Unsicherheit anzuerkennen unterstützt auch das Selbstgefühl. Herauszufinden, was uns verunsichert, hilft uns beispielsweise, mehr über uns selbst (die quantitative Dimension) zu erfahren. Und das Annehmen der Unsicherheit und einen Umgang damit zu finden fördern die qualitative Dimension des Selbstgefühls.
- Es verbessert auch zwischenmenschliche Beziehungen und die Gruppendynamik, wenn wir offen zeigen, dass es natürlich ist, sich seiner selbst oder seiner Handlungen nicht immer sicher zu sein.
- Und nicht zuletzt zeigt es Kindern, dass Erwachsene Menschen sind, mit denen sie sich identifizieren können und auch auf dieser Ebene interagieren können. Dadurch steigen sowohl die Qualität der Beziehung als auch das Selbstgefühl der Kinder.

Dieser authentische Ansatz hängt nicht davon ab, wie sich Unsicherheit zeigt. Es gibt auch nicht eine spezifische Art, auf Unsicherheit oder Aufregung zu reagieren, und eine andere, beispielsweise mit geringem Selbstgefühl umzugehen. Wir müssen unseren eigenen Weg finden. Aber um es einfach auszudrücken:

→ Wir besitzen unsere Gefühle, nicht umgekehrt.

Es macht uns verletzlicher, wenn wir uns von unseren Unsicherheiten distanzieren oder eine Kluft zwischen uns und unserer beruflichen Rolle entstehen lassen. Aber auf der anderen Seite bedeutet Unsicherheit zu zeigen und zu akzeptieren nicht Unverletzlichkeit. Kinder, Eltern, Vorgesetzte oder Kollegen können immer – absichtlich oder unabsichtlich – beleidigend oder grenzüberschreitend reagieren, wenn wir persönliche Schwächen zeigen. Die Frage ist, wie wir mit dieser Tatsache umgehen wollen. Es ist eine Entscheidung, ob wir es als Herausforderung und als Teil unserer beruflichen Entwicklung sehen oder als etwas, das wir vermeiden wollen. Und ebenso können wir entscheiden, unsere persönliche Autorität zu stärken oder das wenige zu erhalten, das davon übrig geblieben ist.

Nur wenige Menschen lernen im Lauf ihres Lebens, verantwortliche authentische Reaktionen zu zeigen. Und selbst Lehrpersonen, die sich dessen bewusst sind, reagieren spontan. Wenn man wütend wird, wenn man etwas bedauert oder fürchtet, ist das eine Tatsache. Man fühlt, was man fühlt, und bringt es an einem bestimmten Punkt in einer spezifischen Beziehung zum Ausdruck. Wie die aktuellen Gefühle ausgedrückt werden, ist vielleicht nicht authentisch, aber sie sind dennoch ein Produkt dieser Beziehung. Der mögliche destruktive Einfluss spontaner Gefühlsausbrüche kann entweder innerhalb der Beziehung oder in der Supervision direkt bearbeitet werden.

Destruktiver Einfluss ist dabei nicht mit *negativem* Einfluss gleichzusetzen. Destruktiver Einfluss bedeutet, dass die persönliche Integrität einer anderen Person beschädigt wird. Negative Einflüsse sind von Zorn, Bedauern oder Zurückweisung geprägt, die unvermeidliche, aber konstruktive Teile jeder Beziehung sind. Alle als negativ bewerteten Gefühle (was individuell sehr unterschiedlich ist) können vorübergehend ein Ungleichgewicht oder ein Zerwürfnis oder Angst vor den Konsequenzen bewirken. Aber sie sind nicht negativ im Sinne von *schlecht* oder *destruktiv* für ein Individuum oder eine Gruppe. Im Gegenteil, sie sind Rauchzeichen, die die Aufmerksamkeit auf Umstände lenken, die gewürdigt und verarbeitet werden müssen.

Lange Zeit wurden negative Gefühle, besonders in der Berufswelt, als unbequem oder geradezu unpassend gesehen. Erwachsene durften nur dann negative Gefühle zeigen, wenn ihre Reaktion durch das Verhalten der Kinder *objektiv* gerechtfertigt war. Aber die selektive Kontrolle über Gefühle bewirkt Widerstand und Angst aufseiten der Kinder; sie bewirkt nicht die Autorität des Lehrers.

Es erfordert kein umfangreiches Training oder voll entwickelte Persönlichkeiten, um Authentizität erfolgreich mit persönlicher Autorität zu kombinieren, sondern *die Bereitschaft zu einem fortlaufenden Entwicklungsprozess.* Die starke Wirkung einer Kombination aus Authentizität und professioneller Autorität ist nichts Neues: Wir alle haben Lehrer und Lehrerinnen erlebt, die eine natürliche Autorität zu besitzen schienen. Natürliche Autorität ist nicht angeboren, sondern entsteht aus der Kombination aus Kindheitserfahrungen und einem leidenschaftlichen beruflichen Engagement. Aufgrund der großen Erfahrung, die wir heute besitzen, wissen wir, dass die meisten Menschen persönliche Autorität erlernen können.

5 Mit sich selbst verbunden sein

Wie bereits erwähnt, sind viele Kompetenzen und persönliche Qualitäten tief mit unserem Selbstgefühl und unserer Fähigkeit, im aktuellen Kontakt präsent zu sein, verbunden. In diesem Kapitel wollen wir näher auf die spezifischen Facetten der Verbindung mit sich selbst und die Möglichkeiten der Regulierung eigener Emotionen eingehen.

Selbstwahrnehmung

Aus unserer therapeutischen Arbeit wissen wir, dass die Fähigkeit, die eigene Selbstwahrnehmung, die Selbstachtung und das Selbstgefühl zu vertiefen und sich in Beziehungen persönlich auszudrücken, viel zu einer gesunden Entwicklung der persönlichen Integrität und damit des Wohlbefindens beiträgt. Diese Fähigkeiten sind für unsere existenzielle und soziale Lebensqualität ebenso wichtig, wie es die Fähigkeit, über Meinungen zu diskutieren und für persönliche Themen einzutreten, für die Entwicklung intellektueller und demokratischer Prozesse ist.

Viele Lehrer*innen sehen diesen persönlichen Ansatz eher skeptisch. Sie befürchten, dass das Psychologisieren und der Fokus auf das Selbst in der Schule egozentrische Haltungen fördert. Diese Skepsis ist jedoch unbegründet: Je weniger ein Mensch in der Lage ist, mit persönlichen Konflikten und Dilemmas umzugehen oder sie auszudrücken, desto stärker die Neigung zu selbstzerstörerischem oder antisozialem Verhalten und damit zur Vermeidung dynamischer zwischenmenschlicher und sozialer Beziehungen. Das Verhalten wird dann nicht durch Integrität und innere Verantwortlichkeit, sondern durch das Chaos und den Schmerz bestimmt, den destruktive Beziehungen zwischen Erwachsenen und Kindern hinterlassen. Das oft als Ichbezogenheit bezeichnete Phänomen ist fast immer das Ergebnis von Situationen, in denen *wichtige Bezugspersonen*[1] nicht für das Ich des Kindes gesorgt haben.

Deshalb ist Ichbezogenheit notwendig. Wie bereits beschrieben, entwickelt sich das Selbstgefühl mithilfe der Selbstwahrnehmung emotionaler, körperlicher und kognitiver Prozesse. Wenn es schwierig ist, sich mit den eigenen Gefühlen und Empfindungen zu verbinden, ist dies oft auf frühere Erfahrungen zurückzuführen, bei denen das Ich von Eltern oder Betreuungspersonen nicht gesehen oder versorgt wurde. Der damit verbundene Schmerz und damit die Fähigkeit, sich selbst ganz zu spüren, wird abgespalten. Manchmal ist es dann sinnvoll, professionelle Hilfe in Anspruch zu nehmen, um wieder zu lernen, sich mit den persönlichen Gefühlen zu verbinden.

Definition:
Selbstwahrnehmung ist die Fähigkeit, seine eigenen Gefühle, körperlichen Empfindungen und Gedanken und ihren Einfluss auf die eigenen Reaktionen zu erkennen.

Dies beinhaltet auch eine nüchterne, akzeptierende/anerkennende Betrachtung des eigenen Ichs und den Willen und Wunsch, kontinuierlich daran zu arbeiten.[2] Dazu kommt noch, dass Kinder die Fähigkeit zur Empathie, Gegenwärtigkeit und Bewusstheit gegenüber anderen nur entwickeln können, wenn sie das in direktem Kontakt mit Erwachsenen erleben.[3]

Tore zum Selbst

Für eine differenziertere Verbindung zum Selbst verwenden wir in Schulen seit etwa zwölf Jahren das nachstehende Pentagramm-Modell.[4] Es wurde auch bei einem Lehrer-Schulungsprogramm[5] eingesetzt und hat relevante Wirkungen gezeigt. Ein teilnehmender Lehrer hat es so formuliert: »… mein Ansatz in Bezug auf den Dialog und Beziehungen zu anderen Menschen hat sich durch die Teilnahme an diesem Projekt deutlich verändert. Ich habe viel mehr mentale Ressourcen zur Verfügung …«

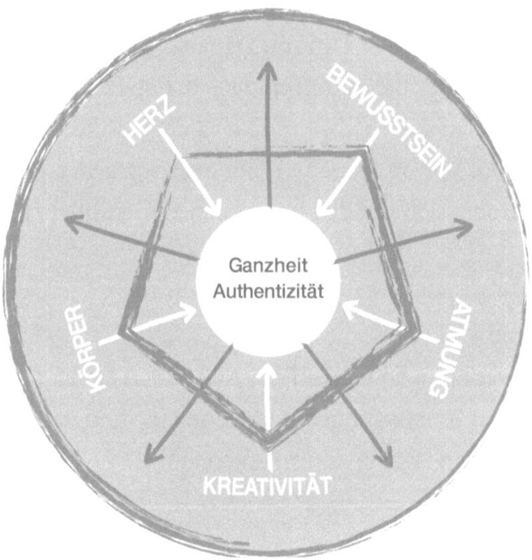

Wir arbeiten mit fünf natürlichen Zugängen, die jedem Menschen zur Verfügung stehen, egal ob groß oder klein: Körper, Empathie, Bewusstsein, Atmung und Kreativität. Die Kompetenz, diese Kernbereiche bewusst wahrzunehmen und zu nutzen, ist die Basis aller Übungen. Wenn diese Tore vernachlässigt werden, schwinden auch die natürliche Autorität und Authentizität. Das passiert in den meisten Beziehungen, in denen die Menschen nicht wirklich im Kontakt präsent sind [6] – man könnte sagen, sie sind »außer sich«. Das Problem mit dem Außer-sich-Sein besteht darin, dass wir zuerst die Erdung und dann unsere Empathie verlieren. Es ist fast wie ein Ausschalten unserer natürlichen Güte und Anteilnahme.[7]

Die natürlichen Kompetenzen sind kurz zusammengefasst:

Körper – die Fähigkeit, den Körper zu entspannen und die Entspannung zu spüren.
Herz – die Fähigkeit, das Herz zu spüren und Empathie und Mitgefühl zu zeigen.
Bewusstsein – die Fähigkeit, wach zu sein, ohne ein bestimmtes Ziel zu verfolgen.
Atmung – die Fähigkeit, sich auf den Atem zu konzentrieren und ihn zu vertiefen.
Kreativität – die Fähigkeit, auf innere und äußere Impulse zu reagieren.

Folgende Ziele sollen durch die praktischen und meditativen Übungen sowohl für Lehrer*innen als auch für Schüler*innen erreicht werden:

1. Erweiterung des Selbstgefühls.
2. Entwicklung/Stärkung der Empathie und des Mitgefühls.
3. Verbesserung des Kontakts zur inneren Stärke (durch In-sich-Ruhen und damit zur inneren Stimmigkeit).

4. Verbesserung der Fähigkeit, bewusst, fokussiert und gegenwärtig zu sein.

Die Übungen sind in unseren Büchern *Miteinander – Wie Empathie Kinder stark macht* und *Hellwach und ganz bei sich* detailliert beschrieben.

Emotionale Regulation

Diese Achtsamkeitsübungen, gekoppelt mit Dialogübungen, wie sie im Abschnitt »Kollegiale Reflexion« in Kapitel 12 beschrieben werden, bieten eine Grundlage, um die eigenen emotionalen Empfindungen besser wahrzunehmen und zu regulieren.[8] Sie erhöhen auch die emotionale Toleranz, schwierige und unbequeme Situationen auszuhalten, wenn ein Gegenüber kritisch oder wütend ist oder wenn Konflikte bearbeitet werden müssen.

Die professionelle emotionale Regulation umfasst zwei Ebenen: zum einen die Fähigkeit, in der konkreten Situation bewusst die eigenen Empfindungen und Gefühle wahrzunehmen und darauf in Abstimmung sowohl mit der persönlichen als auch der sozialen Verantwortung zu reagieren. Dies ermöglicht, die Energie und Impulse, die darin enthalten sind, auf eine kreative Art und Weise sowohl in der Beziehung als auch für die eigene persönliche Entwicklung zu nutzen.[9]

Und zum Zweiten für die Aufarbeitung im Nachhinein. Viele Situationen im Alltag können nicht sofort stimmig beantwortet werden und oft bleiben emotionale Narben. Diese brauchen ein sehr spezifisches Hinspüren auf die Details der konkreten Situation, damit die verschiedenen Erfahrungen nacherlebt und integriert werden können und damit keine nachhaltigen Ressentiments bleiben.

Die Brücke vom Ich zum Du

6 Beziehungsmuster verstehen

Die folgenden Kapitel des dritten Teils unseres Buches geben Einblick in die Faktoren, die unsere Beziehungen wechselseitig gestalten und beeinflussen. Während wir uns in Teil zwei mit persönlichen Faktoren beschäftigt haben, öffnen wir nun den Blick auf zwischenmenschliche Prozesse. Wir konzentrieren uns also auf die Vorgänge zwischen den Beteiligten im spezifischen Augenblick, nicht auf den deren persönlichen Hintergrund.

In der Familientherapie unterscheiden wir drei Grundmuster zwischenmenschlicher Prozesse zwischen Familien- oder Gruppenmitgliedern.[1] Diese Beziehungsprozesse bestimmen den Grad der Wiederholung konstruktiver und destruktiver Verhaltensmuster, die zu einem festen Bestandteil spezifischer Beziehungen werden:

- *Symptomschaffende Muster*: Eine der Personen entwickelt (selbst)zerstörerisches Verhalten, das spezifisch für die aktuelle Beziehung ist und möglicherweise in anderen Beziehungen nicht auftritt.
- *Symptombewahrende Muster*: Das (selbst)zerstörerische Verhalten einer der beteiligten Personen bleibt innerhalb der Beziehung stabil.

- *Symptomheilende Muster*: Das (selbst)zerstörerische Verhalten verschwindet sowohl in der aktuellen Beziehung als auch in anderen Beziehungen der betreffenden Person.

Alle zwischenmenschlichen Prozesse (sowohl in der Dyade als auch in Gruppen) zeigen verschiedene Kombinationen der obigen Muster. Wir alle sind in einem gewissen Maß potenziell stürmisch und nachdenklich, egozentrisch und kooperativ, offen und zurückgezogen, starrsinnig und flexibel. Die Qualität der Interaktion zwischen uns und anderen ist entscheidend für die Entwicklung dieser Eigenschaften, und zwar unabhängig von unserer Wahrnehmung, Intelligenz oder Fähigkeit, Kontakt zu anderen Menschen herzustellen.

Wie wir noch ausführlich erläutern werden, sind immer mehrere Einflüsse gleichzeitig am Werk. Diese hängen von der aktuellen Beziehungsqualität, den Individuen und ihrer Geschichte ab. Aufgrund der Bedeutung der Qualität der Beziehungsprozesse kommt jedoch der Person, die in dem Prozess eine *führende Rolle* hat, eine wichtige Verantwortung zu.

In der psychologischen Fachsprache wird zwischen *Beziehung* und *Interaktion* unterschieden. Beziehungen sind langfristige und persönlich relevante Kontakte, während der Begriff Interaktion einen unmittelbaren und häufig weniger persönlichen Austausch bezeichnet. Der Schulalltag beinhaltet eine Vielzahl Interaktionen, die nicht immer in Beziehungen münden. So kann ein Lehrer eine gute Beziehung zu einem Elternteil, aber nur minimale Interaktionen mit einem anderen haben. Und zu manchen Kindern können Lehrer keine echte Beziehung aufbauen, obwohl sie regelmäßig mit ihnen interagieren. Die *persönliche* Qualität der Interaktion ist in beiden Situationen relevant und bestimmt die jeweilige Beziehung.

→ Unsere Erfahrung gibt Grund zu der Annahme, dass Kinder bis zum Alter von zwölf Jahren Interaktionen mit Lehrern und anderen Erwachsenen im Großen und Ganzen wie Beziehungen erleben und nicht differenzieren.

Aufgrund ihrer Offenheit, Abhängigkeit und Position innerhalb der Hierarchie werden sie durch jeden Kontakt mit Erwachsenen beeinflusst. Natürlich unterscheiden sich die Auswirkungen einer Interaktion – je nach vorhandener Beziehung zwischen Lehrer und Kind – im Hinblick auf Intensität und Dauer. Aber normalerweise können sich Kinder erst dann bewusst vor Übergriffen in alltäglichen Interaktionen mit Erwachsenen schützen, wenn sie deutlich älter (oder schon sehr gestört) sind.

Kausales Denken – ein Problem der Moral

Die psychologische Forschung hat sich zwar schon vor 70 Jahren vom Ursache-Wirkung-Modell als Erklärung für zwischenmenschliches Verhalten verabschiedet, aber alltägliche Überlegungen und die pädagogische Praxis beeinflusst es bis heute. Eine Erklärung dafür könnte sein, dass zwischenmenschliche Realitäten in vielerlei Hinsicht mit moralischen Konzepten kollidieren.

BEISPIEL 1: WER IST SCHULD?

Wenn ein alkoholabhängiger Ehemann seine Frau misshandelt, die unglücklich ist und die Scheidung will, neigen wir aufgrund unserer Moralvorstellungen zu der Annahme, dass sein Verhalten die Ursache ihres Unglücks und der Scheidung sei. Wir sehen ihn als den Schuldigen, weil wir Alkoholismus und Gewalt generell verurteilen und für die Ehefrau Partei ergreifen. Wenn sie sich allerdings bei näherem Hinsehen als echter Drachen erweist, der eine Affäre nach der anderen hatte, geben wir ihr vielleicht einen Teil der Schuld. Die häufige Schlussfolgerung lautet dann, dass beide Partner gleichermaßen schuldig sind. Wenn wir dann noch herausfinden, dass beide Personen in dysfunktionalen Familien mit alkoholabhängigem Vater aufgewachsen sind, haben wir wahrscheinlich vier Schuldige. Mit zunehmenden Informationen werden wir wahrscheinlich früher oder später auch noch die Mütter hinzunehmen.

Aus zwischenmenschlicher und psychologischer Perspektive ist die Situation viel komplexer und erfordert eine gründliche Untersuchung der Interaktion zwischen den beiden Personen. Dann können wir Faktoren erkennen, die im Laufe der Zeit dazu geführt haben, dass Ehe und Scheidung von körperlicher und seelischer Gewalt, Alkoholismus und Untreue geprägt waren. Interaktionen werden von verschiedenen Mustern geprägt. Wir möchten hier das Phänomen der Projektion herausgreifen, weil es im pädagogischen Alltag eine besondere Stellung einnimmt.

Projektionen – was uns täglich beeinflusst

Die zahlreichen alltäglichen Projektionen[2], die zwischen einzelnen Personen auftreten, wirken sich auch auf die objektive professionelle Analyse von alltäglichen Situationen aus. Projektion beschreibt die menschliche Tendenz, einen inneren Konflikt auf andere Personen oder Dinge zu übertragen. Die innere Spannung ist so groß, dass wir glauben, dass sie von außen kommt. Folgendes Beispiel eines Projektteams zeigt solche alltäglichen Abwehrmechanismen.

BEISPIEL 2: WER IST SCHULD?

Ein Team von vier Kolleg*innen:

A hält B für schwierig, weil er sich in der Interaktion mit B unsicher fühlt. C fühlt sich durch Bs politische Ansichten provoziert, und D hält das Arbeiten mit B für problematisch, weil er ein anderes Verständnis des Projektzieles hat. Bs angebliche ›Dominanz‹ wird schnell als Ursache für die geringe Produktivität der Gruppe ermittelt und wird zur akzeptierten ›Wahrheit‹ der Gruppe.

Zusammengefasst lässt sich sagen, dass die Art der Kooperation (die Gruppendynamik) dazu führt, dass drei Teammitglieder sich – wenn auch auf unterschiedliche Weise – dominiert fühlen und das vierte Teammitglied sich in die Rolle des Dominantesten gedrängt fühlt.

Wenn wir uns die einzelnen Personen anschauen, sehen wir sehr unterschiedliche Realitäten. B ist ein Einzelkind, dem die Erfahrung der Kooperation mit Menschen desselben Alters und derselben Position fehlt. A wuchs in einer Familie mit einem dominanten Vater und einer schwachen Mutter auf und hat gelernt, Konflikte zu vermeiden. C wuchs als jüngeres von zwei Geschwistern auf und musste ständig um das kämpfen, was er brauchte. Ds Mutter verliebte sich immer in dominante Männer und konnte nie eine gleichberechtigte Beziehung aufbauen.

Auf der individuellen Ebene gibt es also vier offenkundige Gründe für die Schwierigkeiten des Projektteams, seine Aufgabe zu erfüllen. Aber individualpsychologische Erklärungen ändern nicht notwendigerweise etwas an der Beziehungsqualität innerhalb der Gruppe. Unsere Erfahrung zeigt, dass es in Gruppen dieser Art immer Interaktionsprobleme geben wird. Einblicke in den individuellen Hintergrund können das persönliche Verständnis vertiefen und helfen, Möglichkeiten zur Verringerung von Projektionen zu finden. Persönliche Reifungsprozesse können die Interaktion einer Gruppe verändern, was wiederum zu qualitativen Veränderungen in den persönlichen Beziehungen führen kann. Aber persönliche Entwicklung braucht Zeit und kommt deshalb sehr selten der aktuellen Arbeit in der jeweiligen Gruppe zugute.

Die wichtige Entdeckung der Gruppen- und Familientheorie[3] und -praxis besteht darin, dass durch das Verstehen der *aktuellen* Interaktion und entsprechendes Intervenieren qualitative Veränderungen im Gruppenprozess *und* gleichzeitig beim individuellen Verhalten der Gruppenmitglieder erzielt werden können. Durch diese Theorien wird der konstruktive oder destruktive Einfluss eines Einzelnen auf zwischenmenschliche Prozesse nicht bestritten. Aber diese Dynamik wird als Ergebnis früherer Beziehungserfahrungen verstanden und es wird davon ausgegangen, dass neue Erfahrungen Änderungen bei relevanten aktuellen (und manchmal sogar alten) Beziehungen bewirken können.

Die individuelle, persönliche und beziehungsorientierte Entwicklung ist ein wechselseitiger, dialektischer Prozess, bei dem Interaktionsänderungen mit individuellen Veränderungen einhergehen.[4]

Es gibt keine objektiven Beweise dafür, dass B die Ursache für As, Cs und Ds negative Gefühle in der Gruppe ist oder dass B für die geringe Effizienz ihrer Arbeit verantwortlich zu machen ist. Im Kosmos der Gruppe sind alle vier Personen gleichzeitig Ursache und Wirkung. Sie sind eine Gruppe gleichrangiger Personen und somit gleichermaßen für die Dynamik zwischen ihnen verantwortlich. Aus psychologischer Perspektive zeigt die Neigung, anderen in der Gruppe die *Schuld zu geben* (oder nicht die Schuld zu geben), die Reife der persönlichen Einsicht des Einzelnen und seiner Bereitschaft, seine eigene *innere Verantwortlichkeit* zu übernehmen.

Das Beispiel ist ein aktuelles: Obwohl ein wachsendes Bewusstsein für die Bedeutung von Beziehungen existiert, sind moralische Urteile und das Abstreiten von Verantwortung in Schulen immer noch an der Tagesordnung und führen bei allen Beteiligten zu erheblichen Verletzungen und persönlichen Nachteilen.

Inhalt und Prozess

In diesem Buch geht es in erster Linie um Beziehungen zwischen zwei Personen oder zwei Parteien, wodurch wiederum die Kultur und Atmosphäre in Gruppen und Schulen beeinflusst werden. Die folgende Grafik zeigt zwei wichtige Interaktionsebenen.

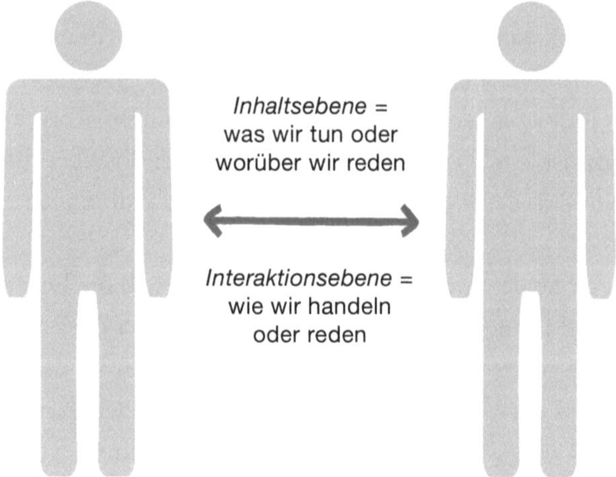

Die Inhaltsebene beschreibt, was wir tun, worüber wir sprechen und was wir lehren. Das Interesse an Themen und Inhalten variiert von Mensch zu Mensch und reicht von Pflichterfüllung bis hin zu engagiertem Interesse, von Leidenschaft bis hin zu Abneigung oder gar Abscheu. Schulische Inhalte sind meist von vornherein klar definiert, aber unterschiedliche Interessen beeinflussen auch andere Beziehungen und Familien.

Die Interaktionsebene beschreibt die Art, wie wir Dinge tun. Sie umfasst alle Phänomene, die Tonfall, Stimmung, Atmosphäre und Kooperation in Beziehungen sowie unsere pädagogischen Methoden beeinflussen. Dazu zählen Körpersprache, indirekte Kommunikation, zum Ausdruck gebrachte und unterdrückte Gefühle, offen formulierte oder geheime Haltungen und tägliche Routineabläufe. Einfach ausgedrückt, ist es die Summe unseres bewussten und unbewussten externen und internen Verhaltens.

In Schulen spielen zum Beispiel äußere Bedingungen eine wichtige Rolle. Es kann einen enormen Unterschied machen, ob wir mit einem Kind oder mit Eltern in einem belebten Flur oder in einem ruhigen Raum sprechen. Eine hohe Beziehungsqualität kann jedoch den Einfluss ungünstiger äußerer Bedingungen bis zu einem gewissen Grad abschwächen.

Inhaltsbezogene Prozesse haben in Schulen schon immer die dominante Rolle gespielt. Daraus haben sich etablierte berufliche Disziplinen sowie methodische, didaktische und motivationale Konzepte entwickelt. Die Bedeutung der zwischenmenschlichen Prozessebene ist mehr oder weniger vernachlässigt worden.[5] Dennoch hat sie einen großen Einfluss auf den Inhalt, also darauf, inwieweit Inhalte gehört, verstanden und integriert werden. Die Prozessebene hat also direkten Einfluss auf die schulischen Leistungen und kognitiven Prozesse der einzelnen Schüler*in.[6]

Asymmetrische Beziehungen

Bei wechselseitigen Interaktionen zwischen gleichrangigen Erwachsenen (also in symmetrischen Beziehungen) sind beide Seiten gleichermaßen für die Qualität des zwischenmenschlichen Prozesses und für das Individuum oder die Gruppe verantwortlich. Dagegen trägt bei wechselseitigen Interaktionen zwischen Erwachsenen, bei denen eine Person mehr Macht als die andere hat oder zumindest repräsentiert (also in asymmetrischen Beziehungen), die Person mit größerer Macht mehr Verantwortung für die Qualität der Beziehung und ihre Konsequenzen (zum Beispiel im Verhältnis Lehrer–Eltern oder Rektor–Lehrer).
Wichtig für unseren Zusammenhang ist, dass bei wechselseitigen Interaktionen zwischen Kindern und Erwachsenen (also in ebenfalls asymmetrischen Beziehungen) die Verantwortung für die Qualität des zwischenmenschlichen Prozesses und seine Konsequenzen ausschließlich beim Erwachsenen liegt. Dafür gibt es zwei Gründe:

1. sind Kinder einfach nicht in der Lage, die Verantwortung für die Qualität ihrer Interaktionen mit Erwachsenen zu tragen. Sie können Meinungen äußern, Vorschläge machen und Veränderungen fordern, aber sie können nicht die volle Verantwortung übernehmen. Immer wenn wir Kinder direkt oder indirekt für ihre Interaktion mit Erwachsenen verantwortlich machen, sinkt ihr Wohlbefinden und in der Folge die Qualität der Beziehung. Das zeigt sich in Familien, in denen Eltern keine Führungskompetenz haben, ebenso wie in Schulen, in denen Erwachsene mit einer defensiven Haltung an Kinder herantreten oder in denen destruktive Konflikte vorherrschen. Das Problem ist, dass Kinder trotzdem

kooperieren und automatisch versuchen, das Vakuum auszufüllen, das die Erwachsenen hinterlassen haben.

Diese unvermeidliche Reaktion von Kindern zeigt sich vor allem bei Konflikten, die den Eindruck vermitteln, dass Kinder die Kontrolle übernommen haben. Dieser Eindruck täuscht! Kinder übernehmen nie die Kontrolle, auch wenn es so aussehen mag. Vielmehr sind in diesen Fällen Erwachsene unfähig oder nicht dazu bereit, ihre prozessbezogene Verantwortung zu übernehmen. Natürlich wollen Kinder den Inhalt einer Diskussion beeinflussen. Aber Situationen, in denen Kinder die Kontrolle über alles zu haben scheinen, sind destruktive Interaktionen zwischen Erwachsenen und Kindern.

2. ist die Beziehung aufgrund der tatsächlichen Macht, Erfahrung und des Wissens der Erwachsenen (und der emotionalen Abhängigkeit in Familien) sowie ihres prozessbezogenen Einflusses asymmetrisch. Seit vielen Generationen weigern sich Erwachsene, bei Konflikten ihre Verantwortung zu akzeptieren. In Schulen geschieht das täglich. Nach wie vor sehen Schulen Kinder (und/oder ihre Eltern) als Hauptursache unbefriedigender pädagogischer Interaktionen. Unserer Meinung nach ist diese Tatsache ein ethischer Makel der Pädagogik und zeigt den Bedarf an Beziehungstraining.

Kinder zu belehren, zu kritisieren und zu beschuldigen und sie somit verantwortlich zu machen hat in der pädagogischen Praxis und Ausdrucksweise eine lange Tradition. Man mag das nicht immer für zutreffend halten, aber die Sprache, die meist in kritischen Situationen verwendet wird, stammt aus einer Zeit, in der die ideale Beziehung zwischen Erwachsenen und Kindern eine Subjekt-Objekt-Beziehung war.

Ein üblicher Kommentar könnte lauten:
»Peter wirkt isoliert und abgelenkt.«
(Peter ist das Objekt meiner Beobachtung und Analyse.)

Das ließe sich auch so formulieren:
»Wenn Peter mit mir zusammen ist, scheint er nicht an Kontakt interessiert zu sein. Es fällt mir schwer, seine Aufmerksamkeit zu bekommen. Wir sollten sein Verhalten auch in anderen Beziehungen beobachten.«
(Die Beziehung zwischen dem Lehrer und Peter ist der Fokus und die eigene Person wird in Bezug zu ihm als Subjekt gestellt.)

Während durch die erste Aussage dem Kind die gesamte Verantwortung zugeschoben und die Realität des Lehrers ausgeblendet wird, zeigt das zweite Beispiel drei wichtige Qualitäten:

- Erstens bestätigt es die Verantwortung des Erwachsenen.
- Zweitens bezieht es die Realität des Kindes mit ein.
- Und drittens werden beide als Subjekte der Interaktion wahrgenommen.

Pädagogische Interventionen, die auf diesen drei Qualitäten basieren, können die Beziehungsqualität anerkennen und verbessern und dazu beitragen, das beunruhigende Verhalten des Kindes abzumildern oder gar zu beenden. In diesem Kontext ist es irrelevant, ob die Lehrer-Kind-Beziehung die Ursache des Verhaltens oder lediglich eine weitere destruktive Komponente in der Lebenssituation des Kindes ist.

➔ Kinder (und Erwachsene), denen es nicht gut geht, müssen das Gefühl haben, in ihren wichtigen Beziehungen gesehen, gehört und ernst genommen zu werden.

Situationen, in denen das beunruhigende Verhalten von Kindern sich nicht verändert oder nicht aufhört, müssen genauer unter die Lupe genommen werden. Dabei sind alle beteiligten Fachkräfte sowie die Eltern einzubeziehen. Auch wenn sich bei näherer Analyse ernste familiäre Probleme und/oder Symptome psychologischer oder psychiatrischer Störungen zeigen, ändert das nichts an der Tatsache, dass das Kind sowohl ein allgemeines als auch ein spezifisches Bedürfnis nach vertrauenswürdigen und verantwortungsvollen Beziehungen zu seinen Lehrern hat. Wir verwenden den Begriff vertrauenswürdig, weil wir davon überzeugt sind, dass Beziehungskompetenz absolute Ehrlichkeit aufseiten der Erwachsenen voraussetzt.

Das Verhalten eines Kindes beeinflusst zwischenmenschliche Prozesse ebenso sehr, wie zwischenmenschliche Prozesse das Verhalten des Kindes beeinflussen. Aber selbst wenn das Verhalten des Kindes übermächtig erscheint, sind Erwachsene für die allgemeine Beziehungsqualität verantwortlich.

Zweifellos ist es gut für Kinder (sowie für die zukünftige Gesellschaft), teilzuhaben und ihr eigenes Leben mitzugestalten. Aber sie profitieren nicht davon, die allgemeine Entscheidungshoheit zu besitzen, weil Kinder zwar wissen, was sie gerade wollen, aber sich ihrer übergeordneten Bedürfnisse nicht voll bewusst sind. In den Sechzigerjahren war eine ganze Generation vom Lustprinzip besessen, weil es Freiheit bedeutete. Heutige Eltern und Lehrer halten das Lustprinzip für ein wichtiges Konzept im Hinblick auf Wohlbefinden und Integrität von Kindern, weil sie glauben, dass dadurch eine gesunde psychosoziale Entwicklung gewährleistet sei.

Aber wenn Kinder immer das bekommen, was sie am dringendsten wollen, bekommen sie sicher nicht das, was sie am dringendsten brauchen. Kinder brauchen Erwachsene, die bereit sind, ihre Wünsche ernst zu nehmen, ihnen zuzuhören, sie anzuerkennen und so weit wie möglich einzubeziehen. Doch diese Erwachsenen müssen auch ihrer Verantwortung gerecht werden, die Führung zu haben und das Leben und die Entwicklung eines Kindes als Ganzes im Blick zu behalten. Das beinhaltet eine neue Art, Wünsche ernst zu nehmen, auch wenn sie unerfüllbar sind. Leider sind diese Art von Gesprächen und diese Denkweise den meisten Erwachsenen neu und werden oft durch den Rückgriff auf Regeln und allgemeine Konventionen vermieden.

Beziehungen zwischen Lehrern und Eltern

Wenn wir von Macht in Beziehungen zwischen Experten und Laien sprechen und sie als asymmetrisch beschreiben, beziehen wir uns nicht nur auf die Macht, die Lehrer und Lehrerinnen von Gesetzes wegen besitzen (zum Beispiel die Pflicht, Probleme dem Jugendamt zu melden). Wir beziehen auch informelle Machtaspekte ein, die sich aus spezifischem beruflichem Wissen ergeben, aber auch daraus, dass manche (insbesondere sozial benachteiligte) Eltern dazu neigen, Lehrpersonen Macht zuzuschreiben. Auch wenn das im Widerspruch zum Gefühl der Machtlosigkeit aufseiten der Lehrer*innen steht, fühlen sich Eltern im Kontakt mit Lehrer*innen und der Schule allzu häufig manipuliert und übersehen.

Im Gegensatz zu einem Kind können Eltern Einfluss nehmen, indem sie beispielsweise sagen: *Warten Sie! Es muss eine bessere Möglichkeit geben, das zu besprechen!* Aber in der Realität fehlt Eltern meist die Sicherheit und ihre Versuche werden nicht wertgeschätzt. In Konflikten neigen Lehrer*innen dazu, ihre prozessbezogene Macht einzusetzen, um ihre Meinung durchzusetzen oder sich zu rechtfertigen. Tatsächlich bergen alle beziehungszentrierten Berufe das Risiko des prozessbezogenen Missbrauchs durch den Experten. Dieses Risiko steigt, wenn Gefühle von Unsicherheit und Angst aufkommen, sinkt aber mit zunehmender Beziehungskompetenz.

Bei der Interaktion mit Eltern übernehmen Lehrer die Rolle der Gastgeber. Sie sind für den allgemeinen Tonfall, die Stimmung und Atmosphäre des Gesprächs verantwortlich. Diese Verantwortung beinhaltet auch die Pflicht, die Gespräche zu beenden und externe Hilfe in Anspruch zu nehmen, wenn es nicht gelingt, eine überwiegend positive Atmosphäre zu schaffen. Wir verwenden hier das Wort überwiegend, weil Gespräche zwischen Menschen kaum je völlig ausgewogen, vernünftig und zweckorientiert sind. Es muss immer Raum für schwierige Gefühle und Meinungsverschiedenheiten geben.

Prozessbezogene Verantwortung bedeutet nicht, Small Talk über das Wetter zu führen oder zuzulassen, dass Eltern die Kontrolle über das Gespräch übernehmen. Prozessbezogene Verantwortung bedeutet, das Bewusstsein für zwischenmenschliche Prozesse und ihren Einfluss auf Inhalt und Ziele zu stärken. Destruktive Prozesse untergraben früher oder später die objektiven Inhalte und Ziele jedes Gesprächs. Im Buch *Schule braucht Beziehung*[7] gehen wir auf die Feinheiten und spezifischen Anforderungen der Arbeit mit Eltern ein, die den Rahmen des vorliegenden Buches sprengen würden.

Symmetrische Beziehungen

Beziehungen zwischen gleichrangigen Erwachsenen (also symmetrische Beziehungen) sind reziprok und beide Seiten sind gleichermaßen für die Qualität des zwischenmenschlichen Prozesses und seine (negativen und positiven) Konsequenzen für das Individuum und die Gemeinschaft verantwortlich. In Schulen ist Teamwork oft etwas völlig Neues und erfordert neue Kooperationsfähigkeiten. Die meisten Lehrer*innen glauben, dass sich die Fähigkeit zur Kooperation ganz natürlich entwickelt. Tatsächlich finden es aber die meisten Erwachsenen schwierig, mit (bestimmten) anderen Menschen eng zusammenzuarbeiten. Das führt regelmäßig zu Krisen, die mit Schuldzuweisungen einhergehen und ernstere Konflikte auslösen. Dabei ist es wichtig, immer im Kopf zu behalten, dass jedes Mitglied des Kollegiums seinen Anteil an der Verantwortung für auftretende Konflikte und Probleme hat.

➔ Der Mythos, dass ein gutes Arbeitsklima konfliktfrei sei, stammt aus einer Kultur des Gehorsams.

Es ist eine Kultur, die nicht mit unterschiedlichen Meinungen und Vielfalt umgehen kann und deshalb sich abzeichnende Konflikte unterdrückt. Konflikte entstehen in jeder Beziehung zwischen engagierten, autonomen und unabhängigen Menschen. Manche Konflikte beziehen sich auf die Arbeit, andere auf persönliche Dinge, und wieder andere sind eine undurchschaubare Mischung. In den meisten Fällen haben wir nur einen begrenzten Einfluss darauf, mit wem wir zusammenarbeiten. Es gibt immer wieder Kinder, Eltern und Kolleg*innen, mit denen wir keine fruchtbare Kooperation aufbauen können.

In Schulen geht der Einfluss der Qualität kollegialer Kooperation weit über die individuelle Interaktion hinaus. Sie beeinflusst sowohl im positiven als auch im negativen Sinn alle Kolleg*innen, Kinder und Eltern. Wir können negative Einflüsse nicht verhindern, nicht einmal in den besten Schulen mit vorbildlicher Leitung. Aber wir können erwarten, dass die Konfliktparteien oder die Leitungen der betroffenen Einrichtungen die Initiative ergreifen, dass sie die Verantwortung, Probleme zu klären, übernehmen und den Betroffenen eine angemessene Erklärung geben. In Kapitel 13 erläutern wir ausführlich, wie das aussehen kann.

7 Zur Definition der Beziehungskompetenz

In diesem Kapitel gehen wir zuerst ein paar weiteren grundlegenden Fragen zur Beziehungsfähigkeit von Kindern, ihrer Verletzlichkeit und unserer Verwendung der Sprache nach, bevor wir uns im Detail dem Konzept der Beziehungskompetenz widmen. Wir verwenden den Begriff Beziehungskompetenz hier ausschließlich für berufliche Beziehungen, denn private Beziehungen haben spezifische emotionale und irrationale Qualitäten, die nicht Teil beruflicher Beziehungen sind bzw. sein sollten.

Unser Anliegen, *Beziehungskompetenz als separates interdisziplinäres Wissensgebiet* zu etablieren, basiert auf Erkenntnissen über kindliche Kompetenzen und der psychosozialen sowie kognitiven Entwicklung der Kinder sowie auf aktuellem Fachwissen zu spezifischen Beziehungsaspekten und ihrer Bedeutung für das menschliche Wohlbefinden.

Einfach ausgedrückt, haben wir es mit drei statt mit zwei Beteiligten zu tun: dem Erwachsenen, der Beziehung und dem Kind.

Normalerweise werden in Beziehungen zwei Seiten oder Parteien gesehen, zum Beispiel der Erwachsene und das

Kind. Im Fall der Schule interessiert sich die Lehrperson für das, was für die andere Seite, also die Kinder, gut und notwendig ist. Außerdem wurden historisch die beiden Seiten in der Erziehung und Pädagogik meist als schwer zu vereinbarende Gegensätze betrachtet. Wenn etwas gut für das Kind ist, ist es wahrscheinlich schlecht oder schwierig für den Erwachsenen oder umgekehrt. Diese Polarisierung ist irrelevant und destruktiv. Soziale und existenzielle Dynamiken und Haltungen, die intakte und dynamische, durch Gleichwürdigkeit charakterisierte Beziehungen ermöglichen, kommen Kindern und Erwachsenen gleichermaßen zugute. Deshalb genügt es nicht, dass Lehrer*innen Spezialwissen über Kinder und das Unterrichten besitzen, wie wertvoll es auch sein mag. Sie brauchen auch Beziehungswissen und -kompetenzen, um Beziehungen aufbauen, korrigieren und verbessern zu können.

Beziehung aus Sicht der Bindungsforschung

Menschen sind Beziehungswesen. Seit den Fünfzigerjahren hat die Bindungsforschung u. a. drei wichtige Erkenntnisse geliefert, die deutlich von früheren Annahmen in Bezug auf die Entwicklung und die Kompetenzen von Kindern abweichen.[1]

- *Ein Kind wird mit sozialen Fähigkeiten geboren.* Säuglinge haben vom ersten Augenblick an die Fähigkeit und das Bedürfnis, soziale (zwischenmenschliche) Beziehungen aufzubauen.
- *Die Reaktionen eines Kindes sind immer bedeutsam.* Kinder sind zur Intersubjektivität fähig. Sie passen sich an die Stimmungen der Erwachsenen an, indem sie deren Signale empfangen und interpretieren und darauf reagieren.

- *Ein Kind kann persönliche Verantwortung übernehmen.* Kinder können von Anfang an die Verantwortung für persönliche Dinge wie Hunger, Geschmack und Nähe übernehmen. Vom Vorschulalter an entwickelt sich diese Kompetenz schnell weiter.

Subjekt-Subjekt-Beziehungen unterstützen Entwicklung und Wohlbefinden eines Kindes am besten. Kinder müssen als unabhängige Subjekte (Personen) behandelt werden und so Raum erhalten, um von Anfang an aktiv an der Beziehung teilzuhaben. Von der traditionellen Erziehungswissenschaft und -praxis wurden Kinder als Objekte behandelt, das heißt, Erwachsene taten etwas *mit* den Kindern und wegen der Kinder. Wir verwenden den Begriff Gegenseitigkeit, um die spezifische Beziehungsqualität von Subjekt-Subjekt-Beziehungen zu beschreiben.[2]

Sigmund Freuds Arbeit basierte auf der Annahme, dass Kinder *asozial* und potenziell *antisozial* geboren werden. Dementsprechend verfolgte die Pädagogik in erster Linie das Ziel, aus Kindern soziale Wesen zu *machen.* Eine weitere Grundannahme bestand darin, dass es Kindern an Mitgefühl fehle und man ihnen folglich Einfühlungsvermögen und Mitgefühl lehren müsse. Das war nicht nur redundant, sondern auch kontraindiziert, da Kinder sowohl mit Sozialisierungskompetenz und -bedürfnissen als auch mit grundlegender Empathie geboren werden. Es ist keine Leistung von Erwachsenen, dass sich Kinder zu mitfühlenden Erwachsenen entwickeln. Eigentlich ist es eine Leistung, dass die angeborene Empathie von Kindern pädagogische Misshandlungen weitgehend übersteht.

Lehrer*innen und Eltern gingen auch nicht davon aus, dass Kinder die Fähigkeit zur Intersubjektivität besitzen. Meistens wurde die Fähigkeit eines Kindes, Signale zu verstehen und zu interpretieren, eher der kompetenten Umgebung als dem Kind zugeschrieben. Die Bedeutung spontaner kindlicher Reaktionen in spezifischen Beziehungsmomenten wird immer noch oft vernachlässigt – ebenso wie ihre Fähigkeit, wichtige Informationen darüber zu vermitteln , *wer* sie sind und mit welchen Beziehungsqualitäten sie sich wohl oder unwohl fühlen. Erwachsene interpretieren die Reaktionen der Kinder normalerweise als Eigenschaftsmerkmale (gehorsam oder ungehorsam, verwöhnt, hysterisch, übermüdet oder dominant), die nicht in Zusammenhang mit der jeweiligen Interaktion stehen.

Margaretha Brodéns[3] Forschung und klinische Arbeit mit Müttern mit frühkindlichen Traumata und ihren Neugeborenen haben unserem Wissen in Bezug auf die intersubjektive Kompetenz von Kindern völlig neue Impulse gegeben. Brodén hat gezeigt, dass selbst emotional vernachlässigte und traumatisierte Mütter ihre Wahrnehmung der Reaktionen und Signale ihres Babys entwickeln und trainieren und elterliche Kompetenzen erwerben können, was wiederum eine *therapeutische* Wirkung auf die selbstzerstörerischen Tendenzen der Mütter hatte. Einfach ausgedrückt, können Säuglinge ihre Eltern lehren, wie die Eltern sie behandeln und für sie sorgen sollen.

Beziehungen in der Schule unterscheiden sich deutlich von Eltern-Kind-Beziehungen. Aber diese Erkenntnisse werfen ein Licht auf grundlegende menschliche Beziehungsphänomene.

Resilienz und Verletzlichkeit

Die Kombination aus der existenziellen Verletzlichkeit und der Anpassungsfähigkeit der Kinder ist eine der zentralen Herausforderungen der Pädagogik. Aufgrund dieser Eigenschaften können Kinder in sehr unterschiedlichen pädagogischen Umfeldern längere Zeit zurechtkommen. Das bedeutet gewissermaßen, dass alle pädagogischen Theorien und Methoden wirksam sind, solange sie überzeugend und systematisch innerhalb eines eher isolierten pädagogischen Umfelds umgesetzt werden. Deshalb sind wir davon überzeugt, dass alle pädagogischen Theorien und Praxisanwendungen die ethische Frage beantworten müssen, *weshalb* die jeweilige Methode wirksam ist und *wie* sie die Kinder beeinflusst. Manche Kinder sind unglaublich resilient und überleben nicht nur die schrecklichsten Umstände und Beziehungen[4], sondern scheinen inmitten dieser Herausforderungen auch noch stärker zu werden. Das mag scheinbar im Widerspruch zu dem stehen, was wir über die Kompetenzen von Kindern geschrieben haben, aber die *Verletzlichkeit* eines Kindes steht in engem Zusammenhang mit seiner *Kooperationsfähigkeit* – der angeborenen Anpassungs- und Überlebensstrategie. Verletzlichkeit und Überlebensfähigkeit stellen keinen Gegensatz dar. Sie sind zwei Komponenten ein und desselben Phänomens — des Kindseins.

Die Interaktion in der Schule kompetent gestalten

Unser nachfolgend beschriebenes Konzept der Beziehungskompetenz beinhaltet alle erforderlichen Komponenten und ist auf alle professionellen Beziehungen zwischen Erwachsenen und Kindern anwendbar. Wir verwenden den Begriff Kompetenz, weil er sowohl Wissen als auch Macht impliziert und präziser als zum Beispiel Qualität ist.

Beziehungskompetenz ist die Art, gesunde Beziehungen aufzubauen, und die Art, wie wir unsere ethischen Standards leben, sowie eine Art, »Zukunft zu denken«, wie Jørgensen es ausdrückt.[5] Unsere Erfahrung zeigt, dass Beziehungskompetenz ein hohes Maß an Qualität in der Interaktion zwischen Erwachsenen und Kindern ermöglicht, das sich sowohl auf die beteiligten Personen als auch auf die Unterrichtsziele positiv auswirkt.

Definition:
Beziehungskompetenz ist die Fähigkeit des Lehrers, das Kind und seine jeweilige Realität (zu seinen Bedingungen) zu sehen und sein persönliches Verhalten entsprechend anzupassen, ohne seine Führungsrolle aufzugeben. Es ist auch die Fähigkeit, authentisch im Kontakt zu bleiben, sowie die Fähigkeit und Bereitschaft, die volle Verantwortung für die Qualität der Interaktion zu übernehmen.

Beziehungskompetenz ist sowohl eine Frage des pädagogischen Handwerks als auch eine Frage der Ethik. Die Summe aus der Lehrkompetenz und der Beziehungskompetenz einer Lehrperson bestimmt ihre fachliche Kompetenz.

Relevante Schlüsselkonzepte

Diese Definition beinhaltet folgende Schlüsselkompetenzen: die Fähigkeit, Kinder zu sehen, Führungskompetenz, Authentizität, Verantwortung und eine beziehungsorientierte Sprache.

Kinder sehen

Die Fähigkeit, Kinder/den anderen zu sehen, ist in erster Linie von vier Faktoren abhängig, nämlich …

… der *Bereitschaft*, zu sehen.
… der *persönlichen Wahrnehmung* des Gesehen- oder Nichtgesehenwerdens. Erwachsene, die die Erfahrung kennen, gesehen zu werden, besitzen normalerweise auch die Fähigkeit, andere zu sehen. Dasselbe gilt für Menschen,

die ihre innere Unversehrtheit und Offenheit bewahren konnten und daher diese Fähigkeit entwickelt haben, obwohl sie selbst nicht gesehen wurden.

… der *Gesamterfahrung* des Erwachsenen mit Kindern und dem daraus resultierenden persönlichen *Menschenbild.* Sie beeinflussen, ob wir die Menschen und somit alles, was wir erleben, positiv oder negativ sehen. An der alten Redensart »Wir sehen, was wir sehen wollen« ist viel Wahres.

… *der fachlichen Entwicklung und der Fähigkeit, zu differenzieren*[6]; je mehr wir das Verhalten anderer Menschen als Reaktion auf unser eigenes Verhalten interpretieren, desto weniger sind wir in der Lage, den anderen zu sehen.

Kinder umfassend zu sehen beinhaltet auch die Entwicklung einer beschreibenden Sprache. Die Erfahrung, als die Person, die man ist, gesehen zu werden, unterscheidet sich von der Erfahrung, angeschaut, beobachtet, überwacht oder gemustert zu werden. Nach dem gängigen Schönheitsideal besonders schöne oder weniger schöne Menschen oder Menschen mit Behinderungen fühlen sich oft angeschaut, aber nicht gesehen. Durch das Gesehenwerden kann entweder das bestätigt werden, was man schon von sich weiß, oder es können neue (befreiende oder beunruhigende) Erkenntnisse in Bezug auf die eigene Person gewonnen werden. Oft wird das Gefühl, nicht gesehen zu werden, als das Gefühl, nicht gehört zu werden, ausgedrückt, auch wenn wir wissen, dass der andere uns zugehört hat.

Kinder zu *sehen* bedeutet, über ihr Verhalten *hinaus* zu sehen, aber nicht im Sinne von psychologischen Erklärungen oder Verhaltensanalysen. Es bedeutet, den subtilen Ausdruck von Trauer in den Augen eines Kindes zu sehen, statt sich auf seine Hyperaktivität und Wut zu konzentrieren. Es bedeutet, die Weigerung in seiner Körpersprache zu sehen, auch wenn es nach außen hin einwilligt. Es bedeutet, das Stirnrunzeln zu sehen, während es sich in einem Gespräch verständlich zu machen versucht. Es bedeutet, die Einsamkeit von ›jedermanns Liebling‹ zu sehen. Sehen ist in erster Linie die Fähigkeit, diese subtilen Informationen wahrzunehmen und das Bild eines Kindes entsprechend zu modifizieren, um sowohl ein tieferes Verständnis als auch eine anerkennende Sprache zu entwickeln. Wie wir noch ausführen werden, ist Anerkennung das Mittel, mit dem wir das Gefühl zum Ausdruck bringen, ein Kind zu sehen, während eine normative und wertende Sprache das Gefühl des Bloßgestellt-, Exponiert- und Kritisiertwerdens vermittelt.

➔ Das Kind zu seinen Bedingungen zu sehen bedeutet, die Realität des Kindes ernst zu nehmen und nicht das Ideal, das »sein sollte«.

Sehen stärkt das Selbstgefühl und die innere Verantwortlichkeit des Kindes. Der Kontakt zwischen dem Kind und dem Erwachsenen wird greifbarer, wodurch eine stärkere Grundlage für wechselseitiges Handeln entsteht. Das bedeutet auch, dass Kinder, die gesehen werden, Erwachsene ernster nehmen und mehr Respekt und Empathie für sie zeigen.

Führungskompetenz

Wir bezeichnen mit dem Begriff Führungskompetenz die Fähigkeit von Erwachsenen, die für pädagogische Ziele erforderlichen Prozesse mit persönlicher Autorität zu entscheiden, zu planen und umzusetzen, ohne die persönliche Integrität von Kindern zu verletzen. Durch die Führung, die sie gibt, wird das berufliche Selbst der Lehrerperson bestätigt und weiterentwickelt, eine sichere Umgebung für Kinder geschaffen und ein Vorbild gegeben, mit dem sich Kinder identifizieren können und durch das sie die Möglichkeit erhalten, sich durch Interaktion selbst kennenzulernen.

Authentizität

Authentizität ist die Fähigkeit, in Beziehungen ganz präsent und ehrlich zu sein. Sie ist in zweierlei Hinsicht wertvoll: Zum einen bietet sie den erforderlichen Rahmen zur Entwicklung persönlicher Autorität und für ständige fachliche Weiterentwicklung. Zum anderen ist die Authentizität von Erwachsenen einladend: Sie gibt Kindern die Möglichkeit, ihre eigene Authentizität zu entdecken und auszudrücken. Dadurch wird der Weg bereitet für die Entwicklung ihrer eigenen inneren Verantwortlichkeit und ihres sozialen Verständnisses.

Verantwortung für die Beziehungsqualität

Verantwortung für die Qualität persönlicher Aktionen und Reaktionen zu übernehmen ist erforderlich, um die persönliche Autorität zu stärken und Verletzungen der persönlichen Integrität aller Beteiligten zu vermeiden. Søs Bayer[7] spricht von drei Kompetenzen, die Lehrer und Lehrerinnen heute und in Zukunft besitzen müssen:

- *Die Kompetenz, Beziehungen zu Kindern aufzubauen.* Kinder verbringen den größten Teil ihrer wachen Zeit in Einrichtungen, in denen sie mit Lehrer*innen interagieren, und die menschliche Natur ist beziehungsorientiert.
- *Die Kompetenz, einen Platz im Leben von Kindern einzunehmen, ohne ein Elternteil zu sein.* Das stellt kulturelle Vorstellungen infrage und weist darauf hin, dass viele Kinder auch von anderen Erwachsenen abhängig sind.
- *Die Kompetenz, zu ertragen, dass die pädagogische Realität genau wie das Leben an sich ist.* Die pädagogische Realität wird von Lehrer*innen und Schulen konstruiert.

> Sie basiert nicht auf menschlicher Würde, sondern auf Lehrplänen und überprüfbaren Kriterien. Das Leben so, wie es ist, ernst zu nehmen; es erfordert Kompetenzen, die nicht in einer formalen Ausbildung erworben werden können. Søs Bayer sagt dazu: »Diese Kompetenz bedeutet, keine Realität für die Schule zu konstruieren, sondern zuzulassen, dass die institutionelle Realität dem wahren Leben ähnelt. Es ist die Kompetenz, die menschliche Gesellschaft so, wie sie ist, zu akzeptieren.«

Dieser letzte Gedanke ist sehr relevant, aber es würde den Rahmen dieses Buches sprengen, auf seine zahlreichen Implikationen einzugehen.

Beziehungsorientierte Sprache

Im folgenden Kapitel 8 erörtern wir ausführlich, wie konstruktive Dialoge geführt werden können. Aber an dieser Stelle wollen wir zunächst einige allgemeine Gedanken zur pädagogischen Sprache erläutern. Die allgemeine pädagogische Sprache, die auch heute noch verwendet wird, ist aus moralischen Konzepten hervorgegangen, durch die Kinder zu Objekten gemacht wurden, die zu gehorchen hatten.[8]

Die Beziehung zwischen Wörtern/Sprache einerseits und Bewusstsein/Verhalten andererseits ist dialektisch. Das heißt, unsere Ausdrucksweise spiegelt nicht nur wider, wer wir sind, sondern prägt auch, wer wir werden.

➔ Durch die Art, wie wir Sprache in Beziehungen einsetzen, bauen wir nicht nur den Kontakt zu anderen, sondern auch zu uns selbst auf.

Somit ist Sprache dynamischer, wenn wir uns *ausdrücken* statt etwas zu *beschreiben*.

In der Wahrnehmung eines Lehrers, einer Lehrerin besteht ein großer Unterschied zwischen folgenden Formulierungen:

»Heutzutage denken Kinder nur an sich selbst.«
und
»Ich finde es schwierig, Anna zu integrieren. Sie redet so viel von sich selbst.«

Wir können mit beiden Aussagen ein und dieselbe Art von Frustration beschreiben. Dasselbe gilt, wenn wir andere beschreiben:

»Jakob ist so pubertär.«
oder
»Jakob ist unsicher und versucht cool aufzutreten.«
bzw.
»Lisa ist eine Quasselstrippe.«
oder
»Lisa hat in meiner Stunde ein großes Mitteilungsbedürfnis.«

Die Sprache, durch die Kinder zu Objekten der Pädagogik werden, tritt in folgenden Fragen noch deutlicher zutage:

- Was macht man mit Kindern, die ihre Hausaufgaben nicht erledigen?
- Was macht man mit Kindern, die nicht zuhören wollen?
- Was macht man mit Kindern, die nicht stillsitzen können?

Solche Fragen geben vor, dass es allgemeingültige Antworten gebe, die aber illusorisch sind. Eine relevante Antwort erfordert fundiertes Wissen, wer die Beteiligten sind, welche Art von Beziehung sie haben und welche spezifischen Änderungen sie sich wünschen oder brauchen. Der Erfolg einer Intervention hängt vom Engagement der Erwachsenen, der Erfahrung des Kindes, einbezogen und ernst genommen zu werden, und einem ethischen Konzept ab, das nicht auf Strategien und Moralisieren aufbaut. Und das geht Hand in Hand mit einer neuen Sprechweise und einer neuen beruflichen Identität und Rolle.

8 Gespräche verstehen – Dialoge führen

In allen professionellen Beziehungen kommt unserer Art, zu sprechen und zu kommunizieren, eine große Bedeutung zu. Johannes Sløk[1], der stark von Søren Kierkegaard beeinflusst wurde, beschreibt den Dialog »als die Reise zweier Menschen durch Sprache, durch Fragen und Antworten, durch vorsichtige gegenseitige Erkundungen. Sehr oft ist ein Gespräch ein langer Weg zu einem fernen Ziel, einer noch unbekannten ›Wahrheit‹ … einem Punkt, an dem sie nicht weiterkommen. … Das bedeutet, dass sie keine vordefinierte ›Wahrheit‹ gefunden haben«.

In der Philosophie der Moderne gibt es eine Distanz und Dualität zwischen der Realität und der objektiven Beobachtung und Beschreibung. Diese neue Denkweise basiert auf der Annahme, dass es keine vordefinierte verborgene Wahrheit zu entdecken gibt. Das moderne Denken, wie Sløk es definiert, bedeutet somit das Ende der Expertenrolle. Die Qualität des Prozesses bestimmt die Qualität der Wahrheit.

Wir erleben, dass die Haltung jener Lehrer*innen, die sich selbst als diejenigen sehen, die die Wahrheit zu einem Thema und das Ziel eines Gesprächs im Voraus kennen, den Kontakt, die Wechselseitigkeit und die persönliche Reflexion in Gesprächen mit Eltern ebenso wie mit Kindern gefährdet. Sehr oft steht hinter dem

Versuch, anderen Beteiligten die eigene Wahrheit zu verkaufen, wenn sie nicht genug Interesse oder Respekt für etwas zeigen, der Wunsch, zu motivieren. Aber statt den asymmetrischen Charakter der Beziehung auszugleichen, halten Lehrer oft an ihrer Position fest. Ironischerweise ist das überhaupt nicht motivierend.

Gespräche an der Schule können obligatorisch, spontan, geplant oder notwendig sein. Erfolgreiche Gespräche im pädagogischen Kontext erfordern einen Dialog, wie ihn Sløk beschreibt, aber aufgrund der asymmetrischen Beziehungen in Schulen müssen wir seine Vorstellung von Gleichheit durch Gleichwürdigkeit ersetzen. Sein Verständnis eines wertvollen Dialogs stellt an beide Seiten gleiche Anforderungen. Wie schon angemerkt, können Lehrer*innen nicht einfach erwarten, dass Kinder und Eltern diese Anforderungen erfüllen können. Es liegt in der Natur von Beziehungen, dass alle Beteiligten nur ihr aktuell Bestes tun können, um eine inspirierende und ermutigende Grundstimmung zu schaffen. Und alle wertvollen Eigenschaften der zwischenmenschlichen Interaktion entwickeln sich erst im Prozess des Interagierens. Sie müssen durch Sicherheit erschaffen und immer wieder erneuert werden.

Kommunikation, der technische Teil eines Gesprächs, will Informationen vermitteln – ein zentraler Aspekt des Unterrichtens. Die Fähigkeit zur schriftlichen und mündlichen Kommunikation ist für die Vermittlung wichtiger Informationen für Eltern und Kolleg*innen relevant. Kommunikative Qualitäten wie Klarheit und Verständlichkeit tragen zu einer stabilen Grundlage für zunehmenden persönlichen Kontakt bei.

Dialog und Kommunikation sind keine klar abgegrenzten Kategorien. Aber wir halten es dennoch für hilfreich, die beiden Begriffe zu unterscheiden. Wenn zum Beispiel Christians Lehrer die Aussage macht, dass er und der Junge Kommunikationsschwierigkeiten haben, wissen wir nicht genau, was er damit meint. Will er

sagen: »Ich glaube, Christian versteht meine Art, Mathematik zu unterrichten, nicht« oder »Immer, wenn ich mit Christian spreche, habe ich das Gefühl, ihn nicht wirklich zu kennen«?
David Bohm[2], der sich sein ganzes Leben lang mit der Natur des Dialogs befasst hat, erklärt dazu:

> »Es kann nützlich sein, sich zur Diskussion dieser Frage zunächst die Bedeutung des Wortes Kommunikation vor Augen zu führen. Es basiert auf dem lateinischen ›communicare‹, das ›etwas gemeinsam tun‹, aber auch ›teilen‹ bedeutet. Es kann also bedeuten, Informationen oder Wissen so präzise wie möglich von einer Person zur anderen zu übermitteln. Diese Bedeutung ist in vielen Kontexten angemessen. Eine Person kann beispielsweise einer anderen Anweisungen dazu geben, wie ein bestimmter Vorgang auszuführen ist. Unsere Industrie und Technik ist sicher zu einem großen Teil von dieser Art der Kommunikation abhängig.
>
> Dennoch deckt diese Bedeutung nicht alles ab, was Kommunikation ausmacht (...), wenn eine Person etwas sagt, [versteht] die andere im Allgemeinen nicht alles so, wie es die erste Person erwartet hat. Die Bedeutungen sind nur ähnlich, nicht identisch. Wenn die zweite Person antwortet, erkennt die erste einen Unterschied zwischen dem, was sie ausdrücken wollte, und dem, was die andere Person verstanden hat. Wenn sie diesen Unterschied berücksichtigt, sieht sie vielleicht etwas Neues, das sowohl für ihre eigenen Ansichten als auch für die des anderen relevant ist. Und so kann es hin und her gehen, wobei sich ständig neue Inhalte ergeben, die sich dann beide Beteiligte zu eigen machen. In einem Dialog versuchen daher die Beteiligten nicht, bestimmte Gedanken oder Informationen, die ihnen bekannt sind, zum Allgemeingut zu machen, sondern sie erschaffen etwas Gemeinsames, also etwas Neues. Aber natürlich können solche Dialoge nur dann zur Schaffung von etwas Neuem führen, wenn die Beteiligten einander frei und unvoreingenommen zuhören können und einander nicht zu beeinflussen versuchen.«

Sløk und Bohm konzentrierten sich auf intellektuell stimulierende Dialoge. Aber ihre Grundprinzipien sind ebenso auf Gespräche anwendbar, die prozessbezogene Wahrheiten ergründen und die persönliche Weiterentwicklung fördern wollen. Denn das grundlegende Merkmal von Subjekt-Subjekt-Beziehungen ist ihre subjektive Qualität. Wenn sich eine Lehrerin von einem Kind bedroht fühlt oder umgekehrt, stellen ihre Gefühle in ihrer eigenen Realität, aber nicht notwendigerweise in der Realität des Kindes, eine Wahrheit dar.

Ein Dialog ist die Summe der Möglichkeiten und Grenzen zweier Menschen, sich zu dieser Wahrheit in Beziehung zu setzen. K. E. Løgstrup[3] beschreibt das Gespräch als eine spontane Manifestation des Lebens, die direkt aus unserer menschlichen Existenz und der Tatsache erwächst, dass Offenheit und Vertrauen Offenheit und Vertrauen wecken. Løgstrup betont, dass in pädagogischen Beziehungen die offene Gesprächshaltung des Kindes erwidert werden muss, indem der Tonfall des Kindes aufgegriffen wird und indem erkannt wird, dass ein Kind sich unterwirft, indem es Vertrauen schenkt. Das ist die wahre ethische Herausforderung für Lehrer. Letztendlich entscheidet der Erwachsene aufgrund seiner Verantwortung, ob ein Gespräch von Vertrauen oder Misstrauen, von Wahrheit oder Lüge, von Entwicklung oder Verletzung geprägt wird.

Ein besonderer Aspekt der Gespräche zwischen Lehrer*innen und Kindern besteht darin, dass die Erwachsenen fast immer *Absichten* oder Ziele verfolgen, die über das unmittelbare Gespräch hinausgehen. Oft sprechen Erwachsene mit Kindern und Jugendlichen, um ihnen Ziele näherzubringen, die sie für die Kinder festgelegt haben. Das bedeutet nicht notwendigerweise, dass die Ziele der Erwachsenen nicht auch im Interesse der Kinder sind, aber die Erwachsenen haben die moralische Pflicht, ihre Ziele zu hinterfragen und abzuklären, um sicherzustellen, dass es sich um gemeinsame Ziele handelt, die auch aus der Sicht der Kinder beschrieben und festgelegt werden.

Unsere Erfahrung deutet darauf hin, dass heute in Familien und Schulen mehr sinnvolle Gespräche denn je zwischen Erwachsenen und Kindern stattfinden. Erwachsene bringen Kindern heute eine Ernsthaftigkeit und ein Interesse entgegen, die in vielerlei Hinsicht einzigartig sind. Und Kinder sprechen ihrerseits mit einer Offenheit über Gedanken, Gefühle und Erfahrungen, die noch vor ein oder zwei Generationen tabu waren.

Problematisch ist heute allerdings, dass das Verhalten der Kinder den Tonfall der Erwachsenen bestimmt. Offenheit, Interesse und Empathie scheinen in dem Maße zu schwinden, wie das Verhalten der Kinder als störend, problematisch oder falsch wahrgenommen wird.

Ein weiteres Problem ist der Rückgriff von Erwachsenen auf früh erlernte Muster. Das wird meist eine Weile kompensiert, aber wenn Gespräche über ernste Themen anstehen, sind sowohl Erwachsene als auch Kinder in ihrer Gesprächsführung mit Leere und Defiziten konfrontiert. Wir möchten es betonen:

➔ Die Qualität von Beziehungen steigt mit der Qualität der Gespräche.

Paradoxerweise besteht eine der wichtigsten Qualitäten in der Fähigkeit der Erwachsenen darin, ihre eigenen Absichten hintanzustellen: Das bedeutet, der Qualität der aktuellen Interaktion Vorrang vor den Zielen und dem Prozess Vorrang vor dem Inhalt des Gesprächs zu geben und gleichzeitig die eigene Absicht transparent zu machen. Dabei sind in privaten und beruflichen Gesprächen im Großen und Ganzen dieselben Qualitäten erforderlich.

Johann Wolfgang von Goethe schrieb: »So fühlt man Absicht, und man ist verstimmt.«[4] Diese Wahrheit gilt in vielen Beziehungen. Es gibt in zwischenmenschlichen Beziehungen wahrscheinlich nur zwei Ausnahmen: Die eine ist erotische Verführung, die andere sind therapeutische Gespräche, bei denen der persönliche Wunsch nach Veränderung das Gesprächsmotiv bestimmen kann. Die Absicht klarzustellen bedeutet auch, keine verborgenen oder geheimen Ziele zu verfolgen. Es bedeutet, die Tatsache anzuerkennen, dass Pläne nur die Hälfte der Wahrheit ausmachen. Somit sind Absichten und persönliche Anliegen die Hälfte, die beeinflusst werden kann, um den Gesprächsverlauf zu verändern, und die am Anfang oder zu einem späteren Zeitpunkt offen ausgesprochen werden muss:

THOMAS

»Ich möchte mit dir reden, Thomas, weil es mir nicht gefällt, dass du so gemein zu anderen Kindern bist, und weil ich will, dass du aufhörst, dich so zu benehmen. Aber ich weiß nicht, wie du das siehst und wie du darüber denkst. Deshalb hoffe ich, dass wir darüber sprechen können.«

»Ich bin nur gemein, weil sie mich immer hänseln ...«

»Ich verstehe – sie hänseln dich? Das war mir nicht klar. Kannst du mir noch mehr dazu sagen? Vielleicht kannst du eine spezielle Situation beschreiben?«

In dieser kurzen Sequenz gelingt es der Lehrerin, sowohl ihre eigene Wahrheit und Absicht zu beschreiben als auch die Wahrheit des Jungen einzubeziehen und somit ihre Bereitschaft zu zeigen, ihn ernst zu nehmen.

Gespräche werden oft zum Wettstreit darum, wer recht hat, und der Erwachsene entwertet oder disqualifiziert die Wahrheit des Kindes. Sowohl unsere bereits beschriebenen menschlichen Werte als auch ein pädagogischer Ansatz, bei dem von Thomas erwartet wird, im Konflikt mit anderen Kindern Sprache, Diskussion oder Verhandlungen statt seines Körpers einzusetzen, erfordern diese Art von Dialog. Andernfalls ist der Versuch, das Kind zu motivieren, eine ebenso aggressive, wenn auch subtilere Form der Manipulation, bei der davon ausgegangen wird, dass das Ziel die Mittel rechtfertigt.

Kinder und Jugendliche sind heute offener und artikulieren sich besser als früher. Aber sie können sich nicht unbedingt besser persönlich ausdrücken. Es kann hilfreich sein, zu wissen, dass die meisten Kinder und Jugendlichen bei dem Versuch, ernste Konflikte oder Dilemmas in ihrem Leben auszudrücken, ihren eigenen Sprachcode verwenden. Zu diesen Codes gibt es keinen offiziellen Schlüssel, aber wir können den Code des Kindes in der persönlichen Interaktion kennenlernen.

Nach unserer Erfahrung neigen sowohl jüngere Kinder als auch Jugendliche dazu, den Schmerz und den Ernst ihrer Probleme herunterzuspielen. Sie vernachlässigen ihr Bedürfnis, in ihrem Konflikt gesehen zu werden, oft zugunsten des Normalseins und um keinen Ärger zu machen.

Häufige Sprech- und Ausdrucksweisen

Im Folgenden stellen wir grundlegende Gesprächsprinzipien und -konzepte vor, die bei Einzelgesprächen mit Kindern, Jugendlichen oder Erwachsenen ebenso erfolgreich sind wie in Gruppen oder Schulklassen. Wir konzentrieren uns dabei allerdings auf Ein-zu-eins-Beziehungen, weil die Interaktion mit einem einzelnen Kind den Kontakt und die Interaktion mit einer Gruppe als Ganzes bestimmt.

Wir haben vergeblich nach Forschern und Theoretikern gesucht, deren Arbeit dem gewidmet ist, was wir persönliche Sprache nennen. Deshalb versuchen wir im Folgenden, unsere Erfahrungen und

Konzepte der persönlichen Sprache einzugrenzen und zusammenzufassen. Wir verstehen persönliche Sprache als Medium im zwischenmenschlichen Kontakt, bei der Konfliktlösung und persönlichen Weiterentwicklung. Aber zunächst wollen wir einen Blick auf andere im pädagogischen Kontext relevante Sprachen werfen.

Soziale Sprache

… ist der am besten für unverbindlichere Kontexte geeignete Sprachcode: Wenn wir jemanden vor dem Kino, einen Fremden im Zug oder Kollegen in der Cafeteria treffen, uns mit unserem Frisör unterhalten oder neue Leute kennenlernen. Das Hauptmerkmal der sozialen Sprache besteht darin, dass sie das Regulieren der persönlichen Distanz ermöglicht. Mit dieser Sprechweise können wir maximale Distanz wahren oder langsam Nähe entstehen lassen, ohne uns selbst verletzlich zu zeigen. Das ist es, was die meisten Eltern erwarten, wenn sie ihre Kinder auffordern, höflich zu sprechen. Dieser Sprachstil beinhaltet Verallgemeinerungen, Gemeinplätze und Stereotypen und ist in Situationen, in denen persönliche oder zwischenmenschliche Konflikte gelöst werden sollen, völlig unangemessen.

Akademische Sprache

… eignet sich zum Analysieren spezifischer Probleme, zum Formulieren von Hypothesen und Aufstellen von Theorien. Ihr Wert liegt darin, dass sie Standards schafft und die Kommunikation und das Verständnis innerhalb von und zwischen verschiedenen theoretischen Disziplinen erleichtert. Die akademische Sprache strebt nach Objektivität. Sie hilft, Konflikte zu analysieren, an denen wir keinen Anteil haben, ist aber zur Verarbeitung persönlicher und zwischenmenschlicher Konflikte ebenfalls völlig ungeeignet.

Fachsprache

… wie technische oder pädagogische Terminologie ist erforderlich, um eine themenspezifische Identität aufzubauen. Sie gibt Sicherheit, weil Wörter und Konzepte für alle Beteiligten dieselbe Bedeutung haben. Die themenspezifische oder Fachsprache strebt dieselbe Objektivität an wie die akademische Sprache und ist für die Bearbeitung persönlicher und zwischenmenschlicher Konflikte ebenso ungeeignet. Themenspezifische Sprache ist wertvoll für das Verständnis von Beziehungen von außen, zum Beispiel im Rahmen der Supervision. Sie ist besonders wichtig für die Mediationskompetenz, aber nicht für Beziehungskompetenz.

Pädagogische Sprache

… ist oft durch wertende, suggestive und beratende Formulierungen gekennzeichnet, die von objektiv bis manipulativ und von belehrend bis hin zu selbstgefällig reichen können. Wenn sie objektiv eingesetzt wird, unterstützt sie die Lehrkompetenz, kann aber destruktiv für Lehrer-Schüler-Beziehungen sein. Die objektive Form kann zur Lösung von Konflikten beitragen, an denen die Lehrkraft nicht selbst beteiligt ist. In persönlichen Beziehungen zu Schüler*innen und Eltern ist sie allerdings nicht hilfreich.

Persönliche Sprache

Wenn wir von persönlicher Sprache sprechen, verwenden wir den Begriff Sprache im weitesten Sinne des Wortes. Persönliche Sprache vermittelt persönliche Gedanken, Werte und Gefühle so authentisch wie möglich. Das bedeutet, dass innere Gefühle dem äußeren Ausdruck entsprechen. Außerdem ist sie für den Sprecher ein Erkenntnisprozess. Persönliche Sprache ist die authentischste

Art, in einer beliebigen Situation die persönliche Integrität zum Ausdruck zu bringen.

Die persönliche Sprache unterscheidet sich in zweierlei Hinsicht von anderen Sprechweisen. Zum einen ist sie subjektiv und persönlich im Gegensatz zu objektiv und allgemein, zum anderen zielt sie auf Ausdruck statt auf Analyse und Beschreibung ab. Sie ähnelt dem persönlichen Ausdruck von Musikern, die improvisieren statt nach Noten zu spielen, oder von Schauspielern, die eine Rolle auf persönliche Weise ausfüllen, statt einfach nur den Text wiederzugeben. Sie ist eine wichtige Komponente der Beziehungskompetenz und ist erforderlich, um Kontakt herzustellen, Wertschätzung auszudrücken und mit alltäglichen, kurzfristigen Konflikten umzugehen, wozu auch echte Problemlösungen zählen.

Persönliche Sprache

... gibt im Kontakt Präsenz und Klarheit.

... erhöht das Selbstgefühl des Sprechenden.

... inspiriert den Zuhörenden zu persönlicher Anerkennung und Reaktion, was wiederum sein eigenes Selbstgefühl stärkt.

... verletzt keine Gefühle und entwertet nicht die Wünsche und Bedürfnisse anderer.

Persönliche Sprache ist die erste Sprache, die Kinder erlernen und in der sie sich ausdrücken. Aber im Laufe des Heranwachsens und der Anpassung (aufgrund von Gehorsam oder Kooperation) wird der persönliche Ausdruck zugunsten der sozialen (höflichen) Sprache unterdrückt. Beide Sprachen existieren normalerweise nebeneinander, aber vom Schulalter an wird die persönliche Sprache vernachlässigt. Die Diskussionsfähigkeit wird im Allgemeinen höher wertgeschätzt als die Fähigkeit, unser Innenleben zum Ausdruck zu bringen. Darum gerät unsere Fähigkeit, uns persönlich auszudrücken, in gewisser Weise in Vergessenheit.

Hinzu kommt, dass die Begriffe *persönlich* und *privat* oft verwechselt werden. Im pädagogischen Kontext herrscht eine tiefe Skepsis in Bezug auf das Verknüpfen des Persönlichen mit dem Pädagogischen sowie des Persönlichen mit dem Fachlichen.[5]

Was ist persönlich, was ist privat?

Die beiden Begriffe unterscheiden sich in ihrer ursprünglichen Bedeutung grundlegend. In der Praxis werden sie allerdings oft als Synonyme verwendet. Wir können sagen, dass jede persönliche Reaktion privat ist, weil sie immer teilweise durch ein persönliches (= individuelles) Verhaltensmuster ausgelöst wird, das auf private Beziehungen zurückzuführen ist.

Historisch betrachtet, wurden in der Pädagogik wie auch in anderen sozialwissenschaftlichen Disziplinen die persönliche und die fachliche Dimension polarisiert. Bei Debatten über professionelle Distanz wurde versucht, die persönliche Dimension aus beruflichen Kontexten herauszuhalten, weshalb häufig Begriffe wie Hingabe, Menschlichkeit, Leidenschaft, Lebenserfahrung und mehr verwendet wurden. Das impliziert jedoch, dass andere nicht so hingebungsvoll und daher unmenschlich, kalt und ignorant seien. Dies führt unvermeidlich zu einer irrationalen Polarisierung von Leidenschaft und Wissenschaft oder Berufung und Beruf. Unser Verständnis der Fachkraft als *persönliche Fachkraft* oder *Fachperson* beinhaltet den Versuch, die Persönlichkeit des Lehrers als Bereicherung, aber auch als Facette, die kontinuierliche Weiterentwicklung erfordert, in das berufliche Verhalten zu integrieren.

Wir verstehen die *persönliche Dimension* als Interaktionsweisen der jeweiligen Person, in diesem Fall die Art und Weise, wie sich ein Lehrer als Person zu anderen Personen, zum Beispiel Kindern oder einer Gruppe von Kindern, in Beziehung setzt. Die *private Dimension* hingegen umfasst alle Erfahrungen, Gedanken und Gefühle einer Person.

Die persönliche Dimension ist eine wesentliche Komponente des beruflichen Verhaltens, während die private Dimension in diesem Zusammenhang normalerweise nicht relevant ist und sogar oft destruktiv wirkt, wenn sie an die Stelle des Persönlichen tritt. Das geschieht, wenn private Aspekte die Illusion von Kontakt und Nähe entstehen lassen, aber nicht wirklich *persönlichen* Kontakt zulassen. Sie vermitteln dann einfach nur mehr oder weniger detaillierte Kenntnisse der Privatsphäre des anderen. Die soziale Basis des persönlichen Kontakts lässt sich vielleicht stärken, wenn der Lehrer Schüler zu sich nach Hause einlädt oder ihnen von seinem privaten Hintergrund erzählt. Aber das ist weder ein nachhaltiger Ersatz für persönlichen Kontakt, noch wird dieser dadurch hergestellt.

Wir haben oft erlebt, dass Kinder sehr genau wissen, wie sie mit spontanen privaten Äußerungen ihrer Lehrer umgehen können. Beispielsweise brach ein Lehrer, dessen Kind schwer erkrankt war, eines Tages vor seinen Schülern in Tränen aus und schilderte seine private Situation. Die Kinder reagierten darauf so: »Es ist gut, zu sehen, dass er auch menschlich ist.« Seine Tränen – sein *persönlicher* Ausdruck – waren ein Geschenk für die Kinder und verbesserten ihre Beziehung mehr, als die private Geschichte von seinem kranken Kind Mitgefühl geweckt hatte. Kinder reagieren oft sehr positiv auf Gefühlsausbrüche, die ihnen einen Einblick in die Persönlichkeit hinter der Rolle geben. Der Wunsch der Kinder, die *Person* einer Lehrkraft kennenzulernen, ist das Bedürfnis, den persönlichen Anteil hinter der beruflichen Rolle zu sehen, und nicht das Bedürfnis, mit der *privaten* Person zu interagieren.

Persönliche Sprache hat sowohl verbale als auch nonverbale Aspekte, die wir nachstehend ausführlicher beschreiben.

Verbale Aspekte der persönlichen Sprache

Persönliche Sprache zeichnet sich insbesondere durch die Verwendung des Personalpronomens Ich (gefolgt von einem aktiven Verb) als Einleitung oder Abgrenzung einer persönlichen Aussage aus. Dadurch lässt sie sich am klarsten von anderen Sprechweisen unterscheiden. Im Vergleich zur akademischen Sprache kann die persönliche Sprache wegen ihrer Subjektivität unprofessionell erscheinen. Im Vergleich zur sozialen Sprache kann sie wegen ihrer Intimität und Selbstbezüglichkeit sogar Anstoß erregen.

Der verbale Kern der persönlichen Sprache beinhaltet:

- Ich mag/Ich mag nicht ...
- Ich will haben/Ich will nicht haben ...
- Ich will mitmachen/Ich will nicht mitmachen ...
- Ich glaube/meine/denke/vermute/finde/höre/spüre/sehe ...

Diese Kernsätze können je nach Situation und Persönlichkeit des Sprechenden wie folgt verstärkt oder abgestuft werden:

- Ich möchte ...
- Ich will unter keinen Umständen mitmachen bei ...
- Ich kann mir vorstellen, dass ...

Unpersönliche Äußerungen können allerdings nicht dadurch personalisiert werden, dass sie mit »Ich« eingeleitet werden: »Ich kann wirklich nicht erkennen, dass du irgendein Interesse daran hast, Simon.« Diese Äußerung kann sowohl ein verstecktes, unpersönliches Urteil sein, das gleichbedeutend mit »Du bist nicht interessiert« ist, als auch eine leere persönliche Äußerung wie: »Ich habe das Gefühl, meine Zeit mit dir zu verschwenden, Simon, und wüsste gern, ob du an dem interessiert bist, was ich sage, oder nicht.«

Auch müssen persönliche Äußerungen nicht mit »Ich« eingeleitet werden: »Es ist schön, euch so zusammenarbeiten zu sehen …«

Dieser Satz erzielt eine völlig andere Wirkung als die Äußerung: »Ihr arbeitet heute gut zusammen.«

»Ich« muss von innen heraus motiviert sein, sonst verkommt es zu einer pädagogischen Phrase. Deshalb ist beim Entwickeln einer persönlichen Sprache ein gewisses Maß an persönlicher Disziplin erforderlich. Authentizität macht den Sprechenden offener und daher verletzlicher als Kolleg*innen, die in erster Linie auf unpersönliche Sprachformen zurückgreifen. Dennoch ist zu bezweifeln, dass Letztere weniger verletzt werden als Ersterer.

Nonverbale Aspekte

Nonverbales Verhalten wie der Wechsel der Blickrichtung, leichte mimische Veränderungen, Kopfdrehen oder ein Hochziehen der Augenbrauen sind kaum wahrnehmbar, aber sie beeinflussen die Kommunikation sehr stark.[6] Wir merken es in vielen Gesprächen: Glaubwürdigkeit ist nur gewährleistet, wenn der nonverbale Ausdruck mit den verbalen Äußerungen übereinstimmt. Wenn jemand (ein Erwachsener oder ein Kind) wütend ist, muss sein Gegenüber seine Wut sehen, hören und spüren können. Dasselbe gilt, wenn wir ausgeglichen, aufgeregt, zufrieden, glücklich, engagiert, müde, frustriert oder gerührt sind. Die Körpersprache spielt auch eine wichtige Rolle bei der Wahrnehmung anderer Menschen, und wir achten im Allgemeinen (unbewusst) sehr auf nonverbale Aspekte.

Das könnte zu der Annahme führen, dass es eine *richtige* Körpersprache gibt, dass Fachkräfte im Umgang mit Kindern oder Eltern offen und einladend sein sollten. Aber dann wird aus Körpersprache soziale Sprache, die kein authentischer Ausdruck der eigenen Person, sondern eine Strategie ist, die darauf abzielt, andere zu beeinflussen. Auf diese Weise werden Politiker und Geschäftsleute für die Medien trainiert. Im Umgang mit Kindern funktioniert das nicht.

Es ist sinnvoll, sich seiner eigenen Körpersprache als zuverlässigsten Ausdrucks des eigenen Befindens in einem Konflikt bewusst zu sein und seine verbalen Äußerungen entsprechend anzupassen. Sowohl leicht erkennbare Körpersprache, wie Körperhaltung, Mimik oder Gesten, als auch weniger sichtbare und oft unbewusste Körpersprache, wie Anspannung, Energie oder Schmerz, sind wichtige Signale, die wir anderen senden.

Die Wirkung übereinstimmender oder nicht übereinstimmender Ausdrucksformen auf das Gegenüber ist sehr individuell. Normalerweise löst eine übereinstimmende Ausdrucksweise Gefühle der Erleichterung, Entspannung, Harmonie oder Freude aus, während nicht übereinstimmende Ausdrucksformen zu Unbehagen oder Anspannung führen. Aufseiten des Sprechenden ist die eigene innere Wahrnehmung das einzige Kriterium. Durch die Reaktion des Gegenübers erhalten wir Informationen dazu, wie wir auf andere wirken, aber wir selbst sind die Einzigen, die die Verantwortung für die Stimmigkeit unseres Ausdrucks übernehmen können.

Wie entwickle ich eine persönliche Sprache?

Persönliche Sprache ist keineswegs immer freundlich und angenehm. Und manchmal sind zwar die Gedanken und Erfahrungen klar und präzise, aber wir scheinen trotzdem nicht die richtigen Worte finden zu können. Und manchmal wird durch das Aussprechen unserer Gefühle unsere Körpersprache aktiviert. Erwachsene stehen ebenso wie Kinder vor der Herausforderung, Worte zu suchen und mit ihnen zu experimentieren, bis eine gute Verbindung spürbar wird. Persönliche Worte zu finden ist ein Akt innerer Erkenntnis, der unser Selbstbild erweitert und verändert und unser Selbstgefühl stärkt. Unterschiedliche Erfahrungen unterstützen den Blick nach innen, so zum Beispiel die Wahrnehmung, dass die eigenen Worte unstimmig sind, die Verwirrung des Gegenübers oder das Gefühl, missverstanden oder ignoriert zu werden. Wenn wir versuchen, bestimmte Inhalte zu vermitteln, müssen wir die Kenntnisse des anderen in Bezug auf dieses Thema berücksichtigen und nach Erklärungen oder Bildern suchen, die seinem intellektuellen und kulturellen Verständnis entsprechen. Dies kann im Unterricht durch didaktische Strategien unterstützt werden. Im Dialog müssen wir in unserer inneren Erfahrung nach Möglichkeiten der *authentischen* Kommunikation suchen.

Dank des wachsenden Einflusses psychologischen und psychotherapeutischen Wissens wird das sehr kognitive Argumentieren allmählich durch menschliche Gefühle als relevante Komponente beruflicher Beziehungen ergänzt. Aber beide Disziplinen sind derzeit auch für eine linguistische Sackgasse verantwortlich: Wir sprechen über Gefühle, statt sie tatsächlich zu zeigen. Und wir verwenden eine halb persönliche Sprache, die oft zum Monolog wird, der entweder langweilt oder Schuldgefühle weckt.

Um uns in Beziehungen sicher und gut zu fühlen, müssen wir wissen, wo wir in Bezug zueinander stehen, und unsere Standpunkte hinterfragen können, wenn wir unsicher sind. Erwachsene können kurzzeitig zu einem Anwalt, Arzt oder Steuerberater rein sachlich in eine Beziehung treten, in der es auf Fachwissen ankommt und die persönliche Dynamik keine Rolle spielt. Doch in langfristigen Beziehungen können wir nicht zwischen den beiden Aspekten wählen. Unsere Motivation und unser persönlicher Gewinn sinken, wenn wir uns nicht auf persönliche Weise in die Beziehung einbringen können. Und in der Schule sind sowohl Lehrer*innen als auch Eltern mit Situationen konfrontiert, in denen sie entscheiden müssen, ob sie sich öffnen oder aufgeben wollen.

Kindern zu persönlicher Sprache verhelfen

In beruflichen Beziehungen zwischen Erwachsenen und Kindern liegt es in der Verantwortung des Erwachsenen, Kindern zu helfen, ihre authentischen Gefühle und Gedanken zu entdecken und auszudrücken. Kinder haben meist nicht den Mut und die Fähigkeit, sich auf persönliche Weise auszudrücken, solange sie nicht gesehen und dazu eingeladen werden. Das ist unabhängig von ihren anderen Interaktionsweisen und einer möglicherweise extrovertierten Art.

→ Authentische Interaktion von Erwachsenen liefert Kindern eine reichhaltige Inspirationsquelle sowie wichtige Vorbilder.

Und manchmal müssen Erwachsene Kindern persönliche Sprache zur Verfügung stellen:

- »Du siehst aus, als ob du mit dem, was ich gerade gesagt habe, nicht einverstanden bist. Stimmt das?«
- »Ich sehe, dass du wütend auf mich bist. Ich wüsste gern, warum.«
- »Du hast zwar meinem Vorschlag gerade zugestimmt, aber ich habe den Eindruck, dass du lieber Nein gesagt hättest. Mir wäre ein ehrliches Nein lieber als ein halbherziges Ja, wenn das deine wahre Meinung ist.«
- »Ich sehe an deinem Gesicht, dass du verärgert bist, und würde gern mehr über deine Gefühle erfahren.«

So wird die persönliche Sprache zum festen Bestandteil anerkennender Kommunikation und zu einer konkreten Demonstration, was es bedeutet, Verantwortung für die Beziehungsqualität zu übernehmen. Der folgende Dialog zeigt, dass es dabei um mehr geht als um den Aufbau einer guten Beziehung:

DIALOG 1

Lehrerin: »Ich sehe, dass du wütend auf mich bist, Nikolai, und wüsste gern, warum.«

Nikolai: »Ich denke einfach, dass es unfair ist.«

Lehrerin: »Was hältst du für unfair?«

Nikolai: »Dass ich so viele Hausaufgaben bekomme, wenn ich sie einfach nicht schaffe.«

Lehrerin: »Ich glaube, dass du genauso viel schaffst wie deine Klassenkameraden. Darum habe ich das gesagt. Aber ich sehe, dass du anderer Meinung bist. Sag mir, was du denkst.«

Nikolai: »Ich denke einfach, dass das unfair ist.«

Lehrerin: »Okay. Dann sag mir, was deiner Meinung nach fair wäre.«

Nikolai: »Ich weiß nicht.«

Lehrerin: »Das ist in Ordnung. Denk bitte darüber nach und sag mir später, was du herausgefunden hast.«

Nikolai: »Aber warum denn?«

Lehrerin: »Weil es mir wichtig ist, dich gut zu behandeln. Es nützt nichts, wenn ich zufrieden bin, aber du nicht.«

Diese Lehrerin wird an diesem Tag oder in dieser Woche noch einmal auf dieses Thema zurückkommen müssen. Sie ist dafür verantwortlich, die Interaktion offen zu halten. Dabei ist eine klare und nützliche Antwort von Nikolai nicht das Wichtigste. Der Prozess ist relevanter als der Inhalt, denn der Junge lernt, mit den Ungerechtigkeiten im Leben zurechtzukommen.

Bevor wir die Beziehungsqualitäten dieses Gesprächs analysieren, möchten wir eine andere mögliche Version präsentieren:

DIALOG 2

Lehrerin: »Was ist los mit dir, Nikolai? Warum bist du auf einmal so komisch?«

Nikolai: »Ich denke einfach, dass es unfair ist.«

Lehrerin: »Das ist Unsinn! Warum brauchst du eine Sonderbehandlung? Du bekommst nicht mehr und nicht weniger Hausaufgaben als alle anderen.«

Nikolai: »Aber was ist, wenn ich so viele Hausaufgaben einfach nicht schaffe?«

Lehrerin: »Na, ich weiß nicht, was dich davon abhält, deine Aufgaben zu machen. Soll ich mit deinen Eltern sprechen?«

Nikolai: »Nein, aber …«

Lehrerin: »Du musst einfach dafür sorgen, dass du alles rechtzeitig erledigst. Ich kann dich nicht anders behandeln, nur weil du denkst, dass alles andere wichtiger als die Schule ist. Das wäre nicht fair gegenüber den anderen Kindern, die ihre Hausaufgaben rechtzeitig machen. Tu einfach, was du tun sollst, damit wir nicht noch mehr Zeit mit diesem Thema verschwenden müssen!«

(Die Lehrerin versucht, daran zu denken, in Zukunft besonders auf Nikolais Arbeit zu achten und, falls nötig, beim nächsten Elternabend mit seinen Eltern zu sprechen.)

Analyse von Dialog 1:

Ich sehe, dass du wütend auf mich bist, Nikolai, und wüsste gern, warum.

Die Lehrerin spricht offen aus, dass sie glaubt, dass Nikolai wütend ist. Ihr ist bewusst, dass es Kindern schwerfällt, ihre Wut gegenüber Autoritätspersonen zum Ausdruck zu bringen, und dass sich die unterdrückte Wut des Jungen nachteilig auf ihre Beziehung auswirken kann. Deshalb hilft sie ihm, Worte zu finden, um über seine Wut zu sprechen, und nimmt seine Gefühle ernst.

Ich denke einfach, dass es unfair ist.

Nikolai bestätigt, dass er wütend ist.

Was hältst du für unfair?

Die Lehrerin erkennt Nikolais subjektives Erleben an und übernimmt die geteilte Verantwortung für die Situation.

Dass ich so viele Hausaufgaben bekomme, wenn ich sie einfach nicht schaffe.

Nikolai geht allmählich von allgemeinen zu spezifischen Aussagen über.

Ich glaube, dass du genauso viel schaffst wie deine Klassenkameraden. Darum habe ich das gesagt. Aber ich sehe, dass du anderer Meinung bist. Sag mir, was du denkst.

Die Lehrerin bringt ihre Position und ihre Motivation klar zum Ausdruck. Gleichzeitig akzeptiert sie die abweichende Meinung des Jungen zu ihren gut gemeinten Absichten und lädt ihn ein, seine Position darzulegen und das zwischen ihnen bestehende Problem zu benennen.

Ich denke einfach, dass das unfair ist.

Nikolai fehlen die Worte, um seine Gedanken zum Ausdruck zu bringen, aber er bleibt bei seiner Meinung.

Okay. Dann sag mir, was deiner Meinung nach fair wäre.

Die Lehrerin versucht, ihn dazu zu ermutigen, seine Gedanken differenzierter und genauer auszudrücken.

Ich weiß nicht.

Aber Nikolai steckt fest.

Das ist in Ordnung. Denk bitte darüber nach und sag mir später, was du herausgefunden hast.

Die Lehrerin weiß, dass es Kindern oft unangenehm ist, wenn sie sich nicht verständlich machen können: Das würdigt sie, indem sie

sagt, dass es in Ordnung sei. Dann appelliert sie an seine innere Verantwortung und betont noch einmal ihr Interesse an den Fragen, die unbeantwortet geblieben sind.
Aber warum denn?
Entweder hält Nikolai die Situation nicht für so wichtig, oder er braucht einen weiteren Beweis für das ehrliche Interesse der Lehrerin.
Weil es mir wichtig ist, dich gut zu behandeln. Es nützt nichts, wenn ich zufrieden bin, aber du nicht.
Die Lehrerin bestätigt noch einmal ihr Interesse an ihrer Beziehung zu Nikolai und betont außerdem die Wichtigkeit und den Wert von Nikolais Antwort.

In diesem Beispiel zeigt Nikolais Lehrerin, dass sie ihn sieht und ernst nimmt und seine Meinung zu ihrer Beziehung akzeptiert. Sie übernimmt die volle Verantwortung für die Interaktion, verhandelt aber nicht über den Gegenstand von Nikolais Wut – die Menge der Hausaufgaben, die er erhält. So macht sie deutlich, dass sie ihre fachliche Verantwortung nicht infrage stellt, und übermittelt allen anderen Kindern die klare Botschaft, dass sie erwarten können, ernst genommen zu werden, und sich an ihre innere Verantwortlichkeit halten können und dass sie dasselbe tun wird.

Analyse von Dialog 2:

Was ist los mit dir, Nikolai? Warum bist du auf einmal so komisch?

Hier scheint die Lehrerin Nikolai zu drängen, seine Gefühle zu rechtfertigen, disqualifiziert aber seine Antwort schon im Voraus durch die Verwendung des Wortes ›komisch‹. Wut ist eines der grundlegendsten menschlichen Gefühle, aber mit dem Wort ›komisch‹ wird eine Reaktion als kindisch abgetan, und dieser Ausdruck signalisiert, dass die Lehrerin seine Reaktion für unangemessen halt.

Ich denke einfach, dass es unfair ist.

Nikolai erlaubt der Lehrerin noch nicht, seine Antwort zu entwerten, und sagt seine Meinung.

Das ist Unsinn! Warum brauchst du eine Sonderbehandlung? Du bekommst nicht mehr und nicht weniger Hausaufgaben als alle anderen.

Die Lehrerin disqualifiziert seine Gedanken noch offener als zuvor. Außerdem gibt sie zu erkennen, dass sie die ganze Zeit schon weiß, was ihn belastet, und dass ihr Interesse pädagogischer und strategischer Natur, aber kein echtes Interesse an seinen Problemen ist.

Aber was ist, wenn ich so viele Hausaufgaben einfach nicht schaffe?

Nikolai hält an seiner Integrität fest.

Na, ich weiß nicht, was dich davon abhält, deine Aufgaben zu machen. Soll ich mit deinen Eltern sprechen?

Die Antwort der Lehrerin auf seine Frage ist rein rhetorisch und bedeutet so viel wie:

›Es gibt nichts Wichtigeres als Hausaufgaben, und wenn du anderer Meinung bist, verbünde ich mich mit deinen Eltern.‹

Nein, aber …

Nikolai wird allmählich klar, dass sein Gesprächsbeitrag bei der Lehrerin nur Aggression auslöst.

Du musst einfach dafür sorgen, dass du alles rechtzeitig erledigst. Ich kann dich nicht anders behandeln, nur weil du denkst, dass alles andere wichtiger als die Schule ist. Das wäre nicht fair gegenüber den anderen Kindern, die ihre Hausaufgaben rechtzeitig machen. Tu einfach, was du tun sollst, damit wir nicht noch mehr Zeit mit diesem Thema verschwenden müssen!

Die Lehrerin unterbricht Nikolai sofort und greift das erste Wort auf, das zu ihrer Haltung passt, nach dem Motto: ›Alles was du sagst, kann gegen dich verwendet werden.‹ Anschließend erklärt sie ihn zum Außenseiter und signalisiert, dass es ihr nicht wichtig ist, dass er sich ungerecht behandelt fühlt, da er nicht zu den guten Kindern gehört, obwohl sie paradoxerweise behauptet, dass er genau wie die andern sei.

In diesem Gespräch demonstriert die Lehrerin lediglich ihre Macht, und Nikolai kann nur verlieren. Der moralische Ansatz der Lehrerin ist offenkundig: Ich gebe Anweisungen, und du gehorchst! Ihre Botschaft an die Mitschüler*innen des Jungen ist ebenso offenkundig: Wer nicht gehorcht, ist der Sündenbock. Sie hat ihre eigene moralische Rechtfertigung geschaffen. Aus ethischer Sicht ist ihr Verhalten jedoch höchst fragwürdig, da sie vermittelt, dass jeder, der nicht entsprechend ihren moralischen Erwartungen handelt, persönliche Übergriffe und soziale Isolation riskiert.

Die moralischen Konzepte der beiden Lehrerinnen sind nicht nur unterschiedlich, sondern auch unvereinbar. Obwohl sich beide gleichermaßen für Nikolais Fortschritte in der Schule verantwortlich fühlen, kommuniziert die erste Lehrerin mit dem Jungen als einem gleichberechtigten Partner in einem Prozess der persönlichen Weiterentwicklung, während die zweite nur auf die Rolle des Jungen als Schüler reagiert. Die erste Lehrerin spricht seine innere Verantwortlichkeit an und formuliert Erwartungen; die zweite übt Macht aus und fordert Gehorsam.

Ein Hauptgrund für die Unvereinbarkeit dieser beiden Ansätze besteht darin, dass die Forderung nach Gehorsam gesteigert, abgeschwächt und demokratisiert werden kann, was bei der Forderung nach Verantwortlichkeit und Integrität nicht möglich ist. Es ist möglich, teilweise gehorsam und teilweise ungehorsam zu sein, aber man kann nicht nur teilweise oder zeitweise für sich selbst verantwortlich sein.

Viele Lehrkräfte (und Eltern) fallen auf diese Art der Interaktion zurück, wenn sie sich unter Druck gesetzt oder hilflos fühlen.

Folglich sind Kinder mit zwei unvereinbaren Interaktionsweisen von Erwachsenen konfrontiert, die die meisten Kinder unter 12 oder 13 Jahren nicht interpretieren können. Kinder spüren die Unstimmigkeit und diese Erfahrung wirkt sich destruktiv auf ihre Selbstwahrnehmung und ihre Wahrnehmung Erwachsener aus. Noch schlimmer ist, dass dies zu Unsicherheit und Verwirrung in Bezug auf die Vorstellung von innerer Verantwortlichkeit führt. Diese Erfahrung vermittelt Kindern Folgendes: Wenn es einfach ist, mit dir zu interagieren, habe ich klare Werte. Aber wenn es schwierig ist, mit dir zu interagieren, definiert dein Verhalten die Werte, nach denen ich reagiere (und rechtfertigt Übergriffe). Mit anderen Worten: Die Qualität meines Verhaltens liegt in deiner Verantwortung.

Somit wird die Verantwortung für das Verhalten der Erwachsenen auf die Kinder übertragen, was auf der ganzen Linie destruktiv ist. Kinder verlieren das Vertrauen in die Werte der Erwachsenen sowie den Glauben an ihre eigenen Werte. Die *Unstimmigkeit* ihres eigenen Verhaltens lässt Erwachsene glauben, dass Kinder die *Konsequenzen* ihres Verhaltens spüren müssen. Oberflächlich betrachtet scheinen die Kinder die Kontrolle zu haben, aber tatsächlich wirken sich die mangelnde Integrität und Autorität von Erwachsenen auf beiden Seiten destruktiv aus und definieren die Situation.

Nach unserer langjährigen Erfahrung gibt es keinen Grund, davon auszugehen, dass Respekt vor dem Einzelnen zu einem ungesunden Individualismus führt. Vielmehr ist ein grundlegender Mangel an Respekt und Empathie für andere einer der zuverlässigsten Indikatoren für Narzissmus.[7]

Von Konsequenzen und Respekt

Lange Zeit bauten Beziehungen zwischen Erwachsenen und Kindern auf der Erwartung auf, dass Kinder lernen müssten, Erwachsene zu respektieren. Tatsächlich lernten Kinder aber nur, Erwachsene zu fürchten, wobei das emotionale Spektrum von Angst aufgrund schlechter Erfahrungen, die als Strategie eingesetzt wurde, bis hin zu tief sitzender Existenzangst reichte.

Kinder unterscheiden sich in dieser Hinsicht nicht von Erwachsenen: Sie ziehen es vor, mit Menschen zusammen zu sein, von denen sie respektiert werden und vor denen sie auch selbst Respekt haben. Gegenseitiger Respekt entwickelt sich durch das

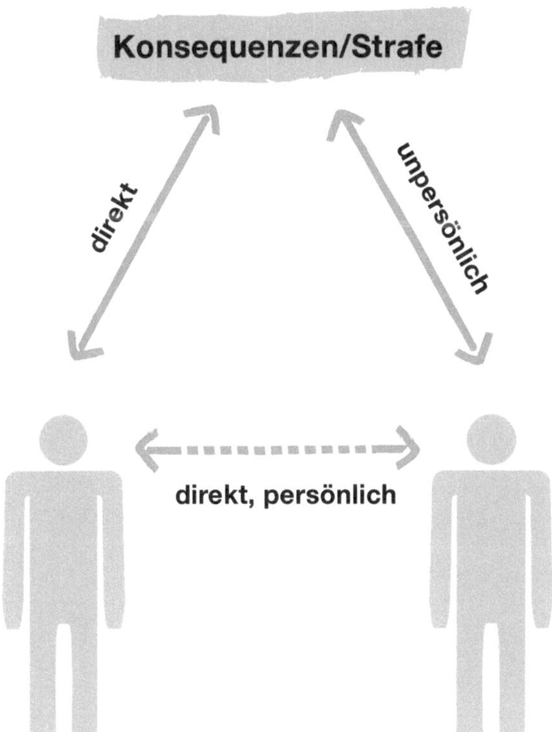

Ausdrücken von Respekt für das Kind und durch Authentizität. Diese beiden Aspekte schaffen eine Grundlage für respektvolle Beziehungen und lehren das Kind, andere Menschen und nicht die Macht, die sie repräsentieren, zu respektieren.

Dialog 2 zeigt, was passiert, wenn sich der Erwachsene auf Konsequenzen und Strafe verlässt und hofft, auf diese Weise den Respekt des Kindes zu gewinnen. Direkte, persönliche Kommunikation wird durch indirekte, unpersönliche Kommunikation ersetzt, die sich auf Konsequenzen stützt. Dem liegt folgende Botschaft zugrunde: »Ich gebe es auf, dich um Respekt zu bitten, und schaffe stattdessen eine Situation zwischen uns, die du respektieren musst.« Diese Botschaft ist selbstzerstörerisch, weil sie anstelle von Respekt Unbehagen, Angst, strategisch geplantes Verhalten oder Apathie auslöst. Deshalb sind Erwachsene gefordert, bei der Interaktion mit Kindern und Jugendlichen ihre eigenen Grenzen kennenzulernen.[8]

9 Beziehungskompetenzen

In diesem Kapitel konzentrieren wir uns auf die Fähigkeiten, die die Beziehungskompetenz von Lehrer*innen unterstützen, wie zum Beispiel Gleichwürdigkeit, Anerkennung und Empathie. Außerdem befassen wir uns mit Aspekten, die im Zusammenhang mit existenziellen Themen wie Tod oder schwerer Erkrankung erforderlich sind, sowie mit der Funktion von Konflikten in der Schule.

Gleichwürdigkeit

Die Begriffe *Gleichheit* und *Gleichwürdigkeit* lenken die Aufmerksamkeit auf den Wert des Menschen und unterstreichen die Tatsache, dass alle Menschen gleichen Respekt verdienen und brauchen, auch wenn sie einen unterschiedlichen Status und unterschiedliche Macht haben. Wie bereits erwähnt, können Beziehungen nicht auf demokratischer Basis funktionieren: Demokratie ist ein politisches Konzept, das die Machtverteilung regelt. Dagegen bedeutet Gleichwürdigkeit, dass die Ansichten, Bedürfnisse, Gefühle, Wahrnehmungen und Selbstbilder aller Beteiligten in einer Beziehung dieselbe Priorität haben. Niemand wird disqualifiziert, weil ein anderer sein Verhalten und seine Gefühle für kindisch, unrealistisch, erwachsen, reif, unreif, typisch weiblich oder männlich oder Ähnliches hält.

Gleichwürdigkeit als Beziehungsqualität zu gewährleisten ist in symmetrischen Beziehungen nicht unbedingt einfacher als in asymmetrischen Beziehungen. Es kann im Umgang mit einem Besserwisser oder einem außergewöhnlich bescheidenen Kollegen genauso schwierig wie im Umgang mit einem Fünfjährigen sein. Die historische Tradition der Hierarchie, der sozialen Hackordnung und Ungleichheit ist immer noch sehr dominant. Asymmetrische Beziehungen gehen nicht mit einer Tradition der Gleichwürdigkeit einher. Gleichwürdigkeit ist etwas, das wir bewusst leben können. Es ist kein Ziel, sondern eine Tugend und dennoch manchmal unerreichbar.

Wenn wir von *persönlicher Würde* sprechen, meinen wir auch persönliche Integrität. Menschen, deren Integrität verletzt wurde, haben oft das Gefühl, auch ihres menschlichen Werts und ihrer Würde beraubt worden zu sein. Beziehungen, die auf Gleichwürdigkeit basieren, sind *wechselseitig*. Das heißt, dass niemand Regeln definiert, bei denen das Risiko einer bewussten Verletzung der Integrität des anderen besteht. Das ist im Alltag wesentlich komplizierter, als es scheinen mag.

Dies wird sehr deutlich, wenn sich kulturelle Integrität mit persönlicher Integrität vermischt. Verstehen wir die Abneigung eines muslimischen Mädchens gegen die gemeinsame Nutzung der Dusche nach dem Sportunterricht als kulturelles Thema oder als Ausdruck ihrer persönlichen Integrität? Die anderen Kinder (und Eltern) stützen ihre Argumente wahrscheinlich auf ihre jeweilige religiöse und kulturelle Integrität. Und doch ist kulturelle Integrität meist auch persönlich. Das ist in dem Maße zutreffend, wie der Einzelne Religion *lebt*, statt nur eine Religion zu *haben*.

In der Praxis bedeutet das, dass die Normen und Regeln einer Institution im kontinuierlichen Dialog mit den Kindern und Eltern entwickelt werden müssen. Wenn sie in einer traditionellen muslimischen Kultur des Gehorsams leben und aufwachsen, könnten Eltern und Kinder selbst diesen Ansatz als herabwürdigend empfinden. Der Aufbau gleichwürdiger Beziehungen kann tatsächlich genauso anstrengend und zeitaufwendig sein wie demokratische Prozesse. Und Schulen müssen Gleichwürdigkeit sehr bewusst zu einem ihrer zentralen pädagogischen Werte machen. Wenn Inhalt und Prozess gleich wichtig sind, zeigt sich Gleichwürdigkeit sowohl auf übergeordneter Ebene als auch in individuellen Beziehungen. Wie das aussehen kann bzw. nicht aussieht, wird in folgenden Beispielen deutlich.

»DUMMKOPF«

Eine Gruppe Vorschulkinder zog sich zum Draußenspielen an. Im Vorbeigehen sagte ein Vater:

»Seid ihr nicht zu jung, um die Reißverschlüsse an euren Jacken selber zu schließen? Dafür seid ihr doch viel zu klein!«

»Nein, sind wir nicht – Dummkopf«, antwortete einer der Jungen. Das veranlasste den Vater dazu, einen Vortrag darüber zu halten, wie wichtig es sei, mit anderen Leuten höflich zu sprechen. Eine der Erzieherinnen mischte sich ein:

»Dir würde es auch nicht gefallen, wenn wir nicht nett mit dir sprechen würden.«

Ein anderer Junge, dem die Situation offenbar nicht gefiel, antwortete: »Dann kommt mein Papa.«

Der Vater sagte: »Ach, komm schon, als ob er es mit uns aufnehmen könnte!«

»Das könnte er!«, wandte der Junge mit verwirrtem und unglücklichem Gesichtsausdruck ein.

In dieser Situation werden die Kinder nicht respektiert und werden dafür zurechtgewiesen, dass sie auf den Übergriff authentisch reagiert haben. Wie aus der englischen Redensart ›Never kid a kid‹ (Nimm ein Kind nicht auf den Arm) hervorgeht, war in Ironie verpackte Selbstbeweihräucherung für Kinder noch nie hilfreich. Außerdem bedroht sie die Würde aller Beteiligten.

BOYKOTT

Eine 8. Klasse hatte in der nächsten Stunde Französischunterricht. Frankreich hatte gerade einen Atombombentest im Pazifik durchgeführt. Auf dem Weg zum Klassenzimmer sah die Lehrerin die Kinder vor der Tür auf dem Boden sitzen. Sie hatten beschlossen, aus Protest gegen Frankreich den Französischunterricht zu boykottieren.

Die Lehrerin nahm diese Entscheidung ernst. Sie sprach mit ihren Schülern über den Hintergrund und darüber, wie sie ihren Protest gegenüber den zuständigen Behörden zum Ausdruck bringen konnten. Die Jugendlichen beschlossen, einen Protestbrief in französischer Sprache an die französische Regierung zu schicken. Sie gestalteten auch Poster mit dänischem und französischem Text, um ihre Meinung kundzutun, und hatten so eine sehr relevante Französischstunde.

Die Lehrerin hätte den Protest der Jugendlichen ebenso gut persönlich nehmen und darin einen Versuch sehen können, sich vor dem Französischunterricht zu drücken. Sie hätte versuchen können, die Schüler ins Klassenzimmer zu locken. Aber wegen des fehlenden gleichwürdigen Dialogs hätte der Unterricht dann völlig anders ausgesehen.

THEA

Die Erstklässlerin Thea kam eines Tages sehr aufgeregt nach Hause. Ihre Eltern fragten nach dem Grund für ihre Wut, und es stellte sich heraus, dass es die Intervention einer Lehrerin gewesen war. Sie hatte beschlossen, eine Tafel mit den Namen aller Kinder im Klassenzimmer aufzuhängen und jeden Tag einen kleinen Magneten mit einem zufriedenen oder wütenden Gesicht neben den einzelnen Namen anzubringen. Thea hatte sich das eine Weile angeschaut und nicht verstehen können, warum sie an drei aufeinanderfolgenden Tagen wütende Gesichter bekommen hatte: »Ich war doch in der Schule nie wütend!«

Ihre Eltern erklärten ihr: »Die Magnete bedeuten nicht, dass die Lehrerin gedacht hat, dass du wütend warst. Sie bedeuten, dass sie auf dich wütend war.«

Thea dachte darüber nach und sagte dann erleichtert: »Aber warum hat sie mir das nicht einfach gesagt?«

Thea weiß mehr über Gleichwürdigkeit als ihre Lehrerin und demonstriert, dass von Kindern eher authentische Reaktionen zu erwarten sind als von pädagogischen Strategien.

Anerkennung

Das Wort Anerkennung kann zwei Bedeutungen haben. Manchmal bedeutet es Lob, aber es kann auch im Sinne von Bestätigung und Annahme verwendet werden. Berit Baa und Anne-Lise Løvlie Schibbye[1] beschreiben diesen Aspekt ausführlich. Anerkennung im zweiten Sinn ist die Fähigkeit und Bereitschaft, offen und sensibel für die innere Realität und das Selbstbild des Kindes bzw. des anderen zu sein, dies in die eigene Vorstellung von diesem Kind zu integrieren und diese Anerkennung auch sprachlich auszudrücken.

Durch *Offenheit* versteht und akzeptiert eine Lehrperson die Realitätswahrnehmung eines Kindes als gleichwertig mit ihrer eigenen und sieht, dass die Wahrnehmung eines Kindes wichtige Informationen zum Charakter und zur Qualität ihrer Beziehung sowie zum Selbstbild des Kindes liefert. Offenheit bedeutet, die Kontrolle und Definitionshoheit über die *Realität* aufzugeben, und schließt auch die Offenheit des Erwachsenen gegenüber sich selbst, seinen eigenen Gedanken, Gefühlen und Ansichten ein. *Sensibilität* ist die Fähigkeit und Bereitschaft, auf das Selbstbild eines Kindes mit Neugier, Staunen, Interesse, Empathie und Reflexion zu reagieren. Sie setzt nicht Verstehen voraus, bereitet aber den Weg für tieferes Verständnis. Wenn Erwachsene die subjektive Wahrnehmung und das Selbstbild des Kindes einbeziehen wollen, sollten sie diese Wahrnehmung und Ausdrucksweise als gleichwertig für die Beziehung ansehen und den verbalen Ausdruck des Kindes in dieser Hinsicht unterstützen. Dazu schreibt Berit Bae:

> »Anerkennung ist ein Lebensstil oder eine Haltung, keine Kommunikationsstrategie. Anerkennung zu zeigen bedeutet, sich emotional und intellektuell ganz einzulassen und dieses Einlassen zu zeigen. Es geht dabei nicht um Tricks oder Techniken, sondern um das, was von innen kommt.«[2]

In ihrem berühmten Roman *Wer die Nachtigall stört* beschreibt die amerikanische Autorin Harper Lee[3] in der Interaktion zwischen dem Vater (Atticus) und seiner Tochter großartig diesen Unterschied:

> »Tante Alexandra war, was meine Kleidung betraf, eine Fanatikerin. Ihr zufolge bestand für mich keine Hoffnung, eine Lady zu werden, solange ich Hosen trug. Auf meinen Einwand, in einem Kleid könne ich nichts unternehmen, antwortete sie, ich solle ja

auch nichts unternehmen, wozu man Hosen brauche. Wäre es nach ihren Wünschen gegangen, so hätte ich artig mit Puppenöfchen und niedlichem Teegeschirr gespielt und das Perlenkettchen getragen, das sie mir bei meiner Geburt geschenkt hatte und das jedes Jahr um eine Perle verlängert wurde. Außerdem forderte sie, dass ich Sonne in meines Vaters einsames Leben brächte. Meiner Meinung nach ließ sich das genauso gut in Hosen bewerkstelligen, doch Tante sagte, man müsse sich auch wie ein Sonnenschein benehmen. Ich sei zwar als gutes Kind auf die Welt gekommen, aber von Jahr zu Jahr schlechter geworden. So kränkte und reizte sie mich unablässig. Schließlich wandte ich mich an Atticus, und der sagte, wir hätten schon genug Sonnenschein in der Familie, und ich solle nur so bleiben, er habe nicht viel an mir auszusetzen.«

➔ Anerkennung ist eine Voraussetzung für gesunde Führung, genauso wie für die Entwicklung von Selbstgefühl und persönlicher Verantwortlichkeit. Wertende pädagogische Interventionen verhindern dies auf allen drei Ebenen.

Anerkennende Kommunikation

Alle kindlichen Erfahrungen hinterlassen bleibende Eindrücke. Kinder nehmen die jeweiligen ausgelösten Gefühle körperlich wahr, haben aber keine Worte und Konzepte, um sie zu beschreiben. Das Ausdrücken von Erlebtem ist etwas sehr Individuelles und Persönliches. Die meisten Kinder weinen, wenn sie sich mit anderen streiten, aber sie haben sehr unterschiedliche Grenzen, wann es ihnen zu viel wird. Alle Kinder erleben früher oder später Frustrationen, aber das zeigen sie auf sehr unterschiedliche Weise. Alle Kinder besitzen die Fähigkeit, glücklich und begeistert zu sein, aber die Situationen, die diese Gefühle auslösen, sind von Kind zu Kind unterschiedlich.

Im Lauf der Zeit werden diese Eindrücke und Ausdrucksweisen kultiviert, das heißt, durch die Kultur und die Familie, in der das

Kind aufwächst, geprägt. Ein Beispiel dafür wäre, dass Jungen nicht weinen sollen, während es Mädchen erlaubt ist. Die Kultur spielt eine entscheidende Rolle, wie Erlebtes von Kindern ausgedrückt wird. Sie kategorisiert Erlebtes in *richtig* oder *falsch*. Anfangs sind Eltern und andere Betreuungspersonen die relevanten Kulturvermittler. Sie bestimmen, was Kinder frei ausdrücken können und was sie unterdrücken. Und sie sind dafür verantwortlich, ein Gleichgewicht zwischen den Selbstbildern des Kindes und den Wahrnehmungen der Erwachsenen zu schaffen. Der Sprachgebrauch der Erwachsenen bestimmt, welche Worte die »richtigen« sind.

Die Psychologin Agnete Diderichsen[4] beschreibt Gegenseitigkeit als notwendige Voraussetzung für die Entwicklung des Selbst und des Selbstgefühls bei Säuglingen:

> »In der wechselseitigen Beziehung drückt das Kind einen inneren Stimulus, ein Gefühl oder eine innere Neigung aus, auf die die Betreuungsperson reagiert. Dadurch drückt das Kind den Teil von sich selbst aus, den Winnicott als ›ursprüngliche Spontanität‹ des Selbst beschreibt. Durch die mitfühlende Reaktion der Betreuungsperson wird das Selbst des Kindes (einschließlich seiner Gefühle) anerkannt und erhält einen Bezugsrahmen, wodurch seine Existenz bestätigt wird. In der Interaktion macht das Kind zwei frühe Erfahrungen:
> 1. Es erlebt seine eigene Fähigkeit, die Umgebung zu beeinflussen, zum Beispiel, indem es die Aufmerksamkeit auf sich lenkt oder Kontakt herstellt.
> 2. Es erlebt, wie andere (in diesem Fall die Betreuungsperson) auf das Kind (sein Selbst) reagieren.
> Diese beiden Erfahrungen sind Kernelemente der Entwicklung des Selbst. Sie sind von Anfang an verbunden. Sie bilden die Wurzel für das kindliche Streben nach Kompetenz als Teil des Selbstgefühls und Selbstwertgefühls sowie für die Wahrnehmung dieser Kompetenz. Dadurch entspricht das Selbstgefühl seiner Wahrnehmung persönlicher Gefühle als realer und fester Bestandteil seines Selbst, und das Selbstwertgefühl entspricht dem Gefühl, wertvoll zu sein.«

Der Zusammenhang zwischen Selbstgefühl, Selbstwertgefühl, Motivation und Lernen lässt sich wahrscheinlich nicht präziser ausdrücken.

Eltern und Lehrer sind für die Entwicklung des Selbstgefühls und Selbstwertgefühls eines Kindes verantwortlich. Unsere Kultur handhabt psychische Ausdrucksformen sehr variabel und vor allem durch moralische Konzepte oder geschlechts- und altersbezogene Stereotype bestimmt. Zum Beispiel ist es für ein kleines Kind o.k., zu weinen, wenn es verliert. Letztlich legen Familien und Institutionen Normen fest und entscheiden, was psychisch gesund und kulturell akzeptabel ist.

Daher macht die Sprache der Erwachsenen angesichts eines weinenden Kindes qualitativ einen großen Unterschied.

- »Warum heulst du denn?«
- » Du bist schon zu müde.«
- » Mach doch nicht schon wieder so ein Theater!«
- » Ich sehe, dass du traurig bist, aber ich weiß nicht, warum.«

Die letzte Aussage beschreibt den Gefühlszustand des Kindes mit nur einem Wort und enthält keine Wertung. Die ersten drei Äußerungen konfrontieren das Kind mit negativen Zuschreibungen, die indirekt über seine Gefühle urteilen. Durch falsche Zuschreibungen, die das persönliche Erleben weder verbessern noch genau beschreiben, können Worte das Selbstgefühl des Kindes verzerren. Somit lernt das Kind, sich von den eigenen Gefühlen und Empfindungen zu distanzieren, wenn es traurig, unglücklich oder frustriert ist.

Die letzte Äußerung erkennt die innere Wahrnehmung des Kindes an. Auf lange Sicht wird es dadurch in die Lage versetzt, Erwachsene auch zu korrigieren, wenn sie nicht die richtigen Worte finden: »Nein, ich bin nicht traurig. Ich bin wütend auf Karoline, weil sie …«

MADS

Mads ging in die 1. Klasse. Immer, wenn seine Klassenlehrerin in der Nähe war, prahlte er. Er redete viel und suchte Aufmerksamkeit. Die Lehrerin nahm ihn als einen Jungen wahr, der sich nur wohlfühlte, wenn er im Mittelpunkt stand. Sie hielt Mads für ein typisches Einzelkind – verwöhnt, schlecht erzogen und ohne Gespür für die Grenzen und Bedürfnisse anderer, einer dieser »kleinen Egoisten« aus postmodernen Familien, wie Kinder wie Mads oft genannt werden.

Sein familiärer Hintergrund passte zu diesem Bild. Seine Eltern waren Ende dreißig. Sie waren gebildet, hatten Karriere gemacht und führten jetzt das Leben, das sie sich immer gewünscht hatten. Sie sonnten sich in der Vorstellung, gute Eltern zu sein. Wie alle Eltern wollten sie das Beste für ihr Kind. Sie legten Wert auf intellektuelle Begabung und Kommunikationskompetenz. Mads war natürlich begabt und lernte schnell, zu sprechen, zu argumentieren, Puzzles zu legen, seinen Namen zu schreiben und den Computer zu nutzen. Er war es gewohnt, von Erwachsenen bewundert zu werden.

Mads' Eltern wollen seine Möglichkeiten nicht einschränken und sagen daher selten Nein; stattdessen willigen sie halbherzig ein, ihn zu unterhalten, mit ihm zu spielen, ihm vorzulesen oder zuzuhören. Sie verbringen viel Zeit bei der Arbeit und wollen nicht, dass ihre Zeit mit Mads durch Konflikte belastet wird. In Situationen, in denen sie endlich einmal klar Nein sagen, sind sie meistens so erschöpft und frustriert, dass Mads an ihrem Tonfall ablesen kann, dass er fehl am Platz und der Grund ihrer Frustration ist. Da sie gleichzeitig versuchen, perfekte Eltern zu sein, sind sie selten in authentischem Kontakt mit ihrem Sohn. Der Junge macht die Erfahrung, dass sich Kontakt mit ihm als Person nicht lohnt. Darum findet er sich mit der zweitbesten verfügbaren Option ab: Lob. Er wird oft für seine Fähigkeiten und Leistungen gelobt. Sein Selbstgefühl hat noch wenig Gelegenheit gehabt, sich zu entwickeln. Er ist sozial unsicher und verlässt sich auf das, wofür er gelobt wird: auf das Sprechen und Präsentieren seiner intellektuellen und sprachlichen Kompetenz. Er will, dass andere ihm zuhören und zuschauen, und hofft, letztendlich doch als der, der er ist, gesehen zu werden.

Seine Lehrer reagieren auf sein Verhalten, indem sie auf das hinweisen, was der Junge nicht kann: still sitzen, schweigen, Teil der Gruppe sein, sprechen, wenn er gefragt wird, und so weiter, und wollen es ihm beibringen. Das wäre ein vernünftiges pädagogisches Ziel, wenn es darum ginge, Mathe oder Sport zu verstehen. Da es aber um sein persönliches Verhalten geht, ist diese Methode kontraproduktiv und verstärkt die Probleme, statt sie zu verringern.

Mads braucht authentischen, warmherzigen, differenzierten, ehrlichen und anerkennenden Kontakt, damit in diesen Bereichen eine positive Entwicklung stattfinden kann. Das bedeutet, dass seine Lehrer sich die Zeit nehmen müssen, mit ihm als Person eine Beziehung herzustellen (was nicht mehr Zeit und Energie erfordert, als sie damit verschwenden, ihm zu sagen, was er tun soll). Sie müssen Blickkontakt mit Mads herstellen, wenn er ins Klassenzimmer kommt, und seine Anwesenheit mit einem freundlichen Nicken, gefolgt von »Hallo Mads«, würdigen. So zeigen sie ihm, dass sie ihn sehen, dass er ihre Aufmerksamkeit hat und dass sie bereit sind, ihm, so gut sie können, zu helfen, sich in die Klasse zu integrieren. Natürlich ist Mads sehr sprachgewandt, aber ihm fehlt die persönliche Sprache, um sich auszudrücken. Es ist wichtig, dass die Lehrer sensibel und reflektierend und nicht moralisierend und belehrend mit ihm umgehen. Zum Beispiel: »Ich sehe, dass es dir schwerfällt, zu warten. Sag mir einfach, ob das zu schwer für dich ist.«

In anderen Fällen müssen sie ihn aber vielleicht auch mit ihrer Autorität konfrontieren: »Mads, ich will, dass du jetzt still bist! Ich will jetzt nicht mit dir reden. Ich rede gerade mit Sune!«

Manchmal braucht ein Kind einfach nur eine klare, wertschätzende und persönliche Antwort: »Ich weiß, dass du reden willst, aber ich will nicht, weil ich arbeiten muss. Warum gehst du nicht zu Bente und schaust mal, ob sie Zeit hat?«

Diese Antwort stellt persönlichen Kontakt her und übermittelt eine klare Botschaft. Sie ist vielleicht nicht das, was das Kind sich gewünscht hat, aber das Kind fühlt sich auch nicht fehl am Platz. Gleichzeitig zeigt der Lehrer, wie man anderen seine Grenzen aufzeigt, ohne ihnen das Gefühl zu geben, etwas Falsches gesagt zu haben.

Kinder, die selten Anerkennung bekommen, schlagen sich für den Rest ihres Lebens mit einem inneren Kritiker herum, was schädlich für ihr Selbstgefühl ist und soziale Unsicherheit erzeugt. Das Bedürfnis nach Anerkennung ist nicht nur in der Kindheit relevant. Auch als Erwachsene müssen die meisten von uns immer wieder neue, anerkennende und empathische Sichtweisen auf unser Selbst und unser Sein entwickeln.

Anerkennende Kommunikation ist eine Voraussetzung für die Entwicklung persönlicher/emotionaler Kompetenz[5], die wiederum zur Entwicklung sozialer Kompetenz erforderlich ist. Das liegt aus unserer Erfahrung daran, dass die kindliche Wahrnehmung dessen, wie sie von ihrer sozialen Umgebung behandelt werden, entscheidend für ihre Fähigkeit ist, sich in verschiedene Gemeinschaften zu integrieren und mit ihnen umzugehen.

Wertende Kommunikation

Pädagogische Prozesse, deren Schwerpunkt auf der Zukunft und auf spezifischen Zielen liegt, sind nicht nur wertend. Und Wertungen sind nicht immer negativ. Aber sie vermitteln oft die Botschaft, dass Erwachsene mehr daran interessiert sind, was man tut oder wer man in Zukunft sein wird, als daran, wer man in diesem Augenblick ist.

Pädagogische Ziele sollten Unterstützung und Führung sein, um Kinder zu einem Stadium zu begleiten, das sie *noch nicht* erreicht haben. Angesichts der Interessen und Bedürfnisse der Gesellschaft und des Bedürfnisses von Kindern nach Inspiration, Herausforderung und Unterstützung bei ihrer sozialen, motorischen und intellektuellen Entwicklung sind diese Ziele absolut gerechtfertigt. Sie werden erst problematisch, wenn sie eine höhere Priorität als persönlicher Kontakt erhalten. Dadurch wird die Entwicklung des Selbstgefühls eines Kindes beeinträchtigt und das geringe Selbstgefühl, das schwache und bedrohte Kinder in ihrer Familie entwickeln konnten, zerstört. So untergraben pädagogische Prozesse akademische und pädagogische Ziele.

Wir sehen dafür zwei Hauptgründe. Der erste besteht darin, dass Kinder Rückmeldungen zu ihrem Verhalten und ihren Leistungen nicht von Rückmeldungen zu persönlichen Qualitäten unterscheiden können. Wenn die Rückmeldungen zu ihrem Verhalten und ihren Leistungen wertend oder moralisierend sind, beginnen sie an ihrem Wert als Person zu zweifeln. Man könnte sagen, dass das Bild, das ein Kind von sich selbst entwickelt, maßgeblich dadurch bestimmt wird, wie das Kind von wichtigen Bezugspersonen gesehen wird. Entsprechend wächst oder sinkt das Selbstwertgefühl.

Der zweite Grund ist folgender: Es ist eine menschliche Realität, dass Selbstannahme grundlegend für persönliche Weiterentwicklung, also die Integration neuer Erkenntnisse und neuen Wissens in unser inneres und äußeres Verhalten, ist. Auf der Grundlage eines negativen Selbstbildes können wir nichts Persönliches weiterentwickeln oder verändern.

➔ Menschen sind weder richtig noch falsch – sie sind einfach Menschen.

Wir müssen mit diesen Menschen genau so arbeiten, wie sie sind, um pädagogische Ziele zu erreichen. Die Beziehung ist der Weg und nicht ein Hindernis auf dem Weg.

Aber das eigentliche Problem ist nicht, ob das Verhalten eines Kindes aktuelle moralische Grundsätze und Verhaltensregeln verletzt oder ob bei einem Kind Asperger-Syndrom, ADHS oder Tourette-Syndrom diagnostiziert wurde. Das Problem ist, dass diese Facetten menschlichen Verhaltens, die nur einen Bruchteil des Charakters eines Menschen ausmachen, plötzlich seine gesamte Identität definieren. Dadurch wird seine Integrität verletzt und die menschliche Begegnung verhindert, die die Grundlage für eine hilfreiche Beziehung sein könnte. Folglich wird durch wertende Kommunikation nicht nur das Kind auf sein hervorstechendstes Problem reduziert, sondern zugleich wird die Beziehung zwischen Erwachsenen und dem Kind zu einer pädagogischen Strategie degradiert.

Unsere Forderung, die Kultur des Richtig und Falsch aufzugeben, stößt manchmal auf intellektuellen Widerstand und weckt die Angst, dass es dann keine Leitlinien mehr gebe und alles egal sei. Aber uns geht es nicht darum, Haltungen oder Wissen als Teil der beruflichen Identität aufzugeben, sondern um den ethischen Aspekt, dass diese Haltungen und dieses Wissen nicht dafür missbraucht werden sollten, andere zu definieren. Durch solche Definitionen wird Kindern und Jugendlichen auch eine problematische soziale Rolle zugewiesen.

Empathie und Mitgefühl

Eine wichtige weitere Komponente professioneller Beziehungen ist die Fähigkeit Empathie und Mitgefühl bewusst zu aktivieren und zu nutzen. Grundsätzlich haben wir Menschen von Geburt an die Fähigkeit, Gefühle und Empfindungen unseres Gegenübers wahrzunehmen und emotional mitzuschwingen.[6] Dies ermöglicht uns, uns in andere einzufühlen und zumindest ein Stück weit die Welt aus seiner Perspektive emotional zu begreifen. Wir haben diese Fähigkeit, aber im Schulkontext hindert viel Unsicherheit und manchmal auch Überforderung uns Lehrer*innen daran, diese Fähigkeit konstruktiv zu nutzen. Oft schwingen wir entweder zu sehr mit und die Grenze zwischen dem Leid des Kindes und mir verschwimmt oder wir grenzen uns stark ab und lassen die Realität des Kindes nicht an uns heran. Beides ist für die professionelle Beziehungsgestaltung wenig förderlich.

Wir brauchen einen bewussten Umgang mit unserer Empathie und unserem Mitgefühl. Dazu gehören folgende Punkte:

1. Die eigenen Gefühle im Moment wahrnehmen können.
2. Sich selbst beruhigen und emotional kontrollieren können.
3. Selbstmitgefühl.
4. Sich differenziert wahrnehmen können.
5. Bewusst ein Gefühl des Mitgefühls für das Kind aktivieren konnen.
6. Die Fähigkeit, den überfordernden Gefühlen des Kindes einen emotionalen Raum und Halt zu bieten (*Containing*).[7]

Ad 1. Diese Fähigkeit entwickelt sich mit dem Gefühl für uns selbst, das wir in Kapitel 3 beschrieben haben. Im beruflichen Kontext brauchen wir eine geschulte Aufmerksamkeit und Achtsamkeit für das, was in uns passiert, und das, was wir im Außen wahrnehmen.

Ad 2. Aber Wahrnehmen ist nur die halbe Miete, wir müssen uns selbst steuern und beruhigen können, wenn die Erregung steigt oder wir uns provoziert fühlen. Das erfordert, sich selbst und seine Reaktionsmuster tiefer kennenzulernen und persönliche Umgangsformen damit zu entwickeln.

Ad 3. Selbstmitgefühl ist ein sehr bewusster liebevoller, wertfreier, anerkennender Zugang zu sich selbst. Es ist die Fähigkeit, seine eigenen Reaktionen und Gefühle zu akzeptieren und einen wohlwollenden Umgang damit zu finden, auch wenn wir sie als negativ oder belastend erleben.

Ad 4. Empathie und Mitgefühl fallen uns desto leichter, je differenzierter wir uns wahrnehmen können. Differenziert heißt in diesem Zusammenhang, nicht mit den Empfindungen oder Gefühlen des anderen oder der Gruppe zu verschwimmen. Das umfasst auch die Fähigkeit, Unterschiedlichkeit und Differenzen auszuhalten und anzuerkennen.

Ad 5. Das Mitgefühl in schwierigen Situationen, in Situationen, in denen wir überfordert sind, beispielsweise mit Kindern, die wir als unsympathisch erleben, als emotionale Ressource bewusst aktivieren zu können, ist für viele Pädagogen eine überraschende und ungewohnte Erfahrung. Das geht über die emotionale Anbindung an wertschätzende Gefühle in sich selbst[8]. Mitgefühl ist in diesem Sinne auch eine bewusste Entscheidung.

Ad 6. Der Begriff *Containing* umschreibt die Fähigkeit erwachsener Bezugspersonen, kindlichen Gefühlen in emotional überfordernden Situationen Raum und Halt zu geben, damit das Kind diese Überforderung meistern kann. Es ist eine wichtige Fähigkeit, um in emotional schwierigen Situationen das Kind co-regulieren zu können. Dies gelingt aber nur in Situationen, in denen der Erwachsene emotional selbst stabil und ruhig ist und nicht unmittelbar persönlich in den Konflikt involviert ist.

Existenzielle Dialoge

NIELS

Niels, ein zwölfjähriger Schüler, saß mit seiner Förderlehrerin zusammen, um Dänisch zu lernen. Plötzlich sagte er: »Mein Vater stirbt in zwei Monaten!«

Seine Lehrerin war schockiert. Sie wusste, dass sein Vater schwer krank war, war aber von Niels' plötzlicher Offenheit überrascht, da er normalerweise nicht viel redete. Ihr gingen viele Gedanken gleichzeitig durch den Kopf: Was soll ich sagen? Das ist schrecklich! Könnte er einen Zusammenbruch haben? Ist das nur eine Fantasie oder die Wahrheit? Sie befürchtete, etwas in ihm auszulösen, mit dem sie dann nicht würde umgehen können. Sie fragte sich, ob seine Klassenlehrerin darüber informiert sei und was zu tun sei. Dann beschloss sie, dass Niels mit dem Schulpsychologen sprechen solle.

Schließlich sagte sie: »Wirklich? Glaubst du das?« Niels antwortete: »Ja, ich weiß es, weil er nichts isst, und wenn man nichts isst, kann man nicht länger als zwei Monate überleben!« Die Lehrerin erklärte Niels, dass es heutzutage viele Möglichkeiten gebe, zu helfen, und dass der Tod nicht unausweichlich sei.

Nach dem Gespräch und in den nächsten Tagen dachte die Lehrerin viel über Niels und seine Familie nach. Sie sprach mit seiner Klassenlehrerin, die beschloss, Kontakt zu seinen Eltern aufzunehmen, und vorschlug, mit einem Psychologen zu sprechen. Die Eltern waren zu diesem Zeitpunkt jedoch nicht in der Lage, zu reagieren, und baten die Klassenlehrerin, zu warten, bis sie wieder etwas mehr Energie hätten.

Als kurzfristige Intervention kann es sinnvoll sein, dass Niels mit dem Psychologen spricht. Aber zunächst einmal hat er seine Förderlehrerin als Ansprechpartnerin ausgewählt, und zwar aus gutem Grund. Die Gedanken der Lehrerin zu seiner Situation waren präzise und differenziert: Sie erkannte, dass er Angst hatte und wahrscheinlich Gesprächsfetzen mitgehört hatte, aus denen er seine eigenen Schlüsse gezogen hatte. Ihr wurde klar, dass er viel über die Situation nachdachte und Schwierigkeiten hatte, sich in der Schule zu konzentrieren. Sie verstand, dass er vielleicht nachts nicht schlafen konnte und wütend und verwirrt darüber sein musste, was seiner Familie passierte.

Der wichtigste Punkt ist, dass Niels selbst *kein Problem* hat. Er ist mit der Tatsache konfrontiert, dass sein Vater im Sterben liegt. Diese Tatsache überschattet sein ganzes Leben und wird es noch lange tun. Das ist eine natürliche Reaktion, wenn Kinder ihre Eltern verlieren. Da der Rest der Familie gerade nicht die Kraft zum Reden hat, beschließt Niels, loyal zu kooperieren und sich an eine andere Erwachsene zu wenden, der er vertraut. Er handelt sehr kompetent und wählt eine kompetente Lehrerin aus, deren einziges Problem darin besteht, dass sie alle ihre guten und relevanten Gedanken und Gefühle nicht mit dem Jungen teilen kann. Offenbar braucht sie dringender Supervision, als Niels Therapie braucht. Supervision könnte ihr helfen, den Mut aufzubringen, um Niels noch einmal anzusprechen: »Ich habe einige Zeit über das nachgedacht, was du mir über deinen Vater gesagt hast. Irgendwie konnte ich dir nicht sagen, dass ich wirklich traurig war, als ich gehört habe, dass dein Vater krank ist. Ich kann mir vorstellen, dass du viel darüber nachdenkst, und würde gern mit dir darüber sprechen, wenn du damit einverstanden bist.« Wenn Kinder und Jugendliche mit traurigen Ereignissen konfrontiert sind, die sie tief berühren und große Veränderungen in ihrem Leben nach sich ziehen, brauchen sie jemanden, mit dem sie über ihr Leben und ihre Zukunft sprechen können. Dabei kann es sich um einen Elternteil, einen anderen Angehörigen oder einen Lehrer handeln, der zur engsten sozialen Umgebung des

Kindes gehört. Aber es kann auch eine distanziertere Expertin sein, wie beispielsweise eine Schulpsychologin oder Sozialarbeiterin.

Für diese existenziellen Gespräche mit Kindern und Teenagern gelten dieselben Prinzipien wie für alle anderen in diesem Buch beschriebenen Gespräche. Aber sie haben eine andere emotionale Wirkung. Sie können Erinnerungen an unsere eigenen persönlichen Verluste und Krisen aufwühlen und uns an Tod, Angst und Einsamkeit erinnern.

SCHMERZ

Als junge Psychologin erlebte Helle Jensen Folgendes:

Ich wurde gebeten, mit einer Sechsjährigen zu sprechen, die gerade ihre vierjährige Schwester durch einen Autounfall verloren hatte. Wie viele Kinder in ähnlichen Situationen sagte mir das Mädchen geradeheraus, wie ihre Schwester von einem Auto überfahren worden sei, nachdem sie mit ihrer Mutter aus dem Bus gestiegen sei. Ich konnte mir gut vorstellen, wie es für sie gewesen sein musste, war aber plötzlich so von meinen eigenen Verlustängsten überwältigt, dass ich das Gespräch nicht fortsetzen konnte. Da es eine so intensive Situation war, beschloss ich, für das Kind Hilfe aus der kinderpsychiatrischen Abteilung zu holen.

Heute weiß ich, dass ich eine intensive Supervision gebraucht hätte. Ich hätte mir genauer anschauen müssen, wie ich selber mit Verlusten umging. Ich konnte mich in die Lage des Mädchens versetzen, war aber nicht genug mit mir im Reinen, um bei dem Mädchen und seinem Schmerz zu sein.

In existenziellen Gesprächen mit Kindern über Tod, Scheidung oder Missbrauch werden wir neben dem eigentlichen Gesprächsinhalt oft mit unseren eigenen existenziellen Fragen und Unsicherheiten konfrontiert. Wir müssen bei den Kindern sein, ihnen zuhören und ihnen so persönlich und authentisch wie möglich zur Verfügung stehen. Wir müssen die Tatsache aushalten, dass wir ihre Gefühle und Gedanken anerkennen, aber nichts an ihren Lebensumständen ändern können. Wir können dafür sorgen, dass sie eine Zeit lang nicht allein sind, aber wir können ihnen nicht ihre Einsamkeit nehmen. Wir können hoffen, dass unsere Präsenz sie dazu inspiriert, weiterzumachen und ihren Weg zu finden. Oft sind sich Kinder und Teenager dieser grundlegenden Tatsachen deutlicher bewusst als viele Erwachsene. Das erklärt auch teilweise, warum sie sich zurückziehen, wenn Erwachsene übermäßig hilfsbereit scheinen oder in übertriebenem Maß Trost anbieten oder ihren eigenen Schmerz und ihre persönliche Einsamkeit nicht zurückhalten können.

PETER

Peter war in der 8. Klasse und hatte immer Schwierigkeiten mit theoretischen Fächern gehabt. Jetzt sollte er mit dem schulinternen Berater über die Möglichkeiten seiner weiteren Ausbildung sprechen. Peter wirkte verzagt und matt und schien weder eigene Vorstellungen zu haben noch die Hoffnung, dass es irgendwelche Perspektiven geben könne, die ihm zusagen würden. Als der Berater ihn nach seinen Vorstellungen fragte, antwortete der Junge mit »Weiß nicht« und einem resignierten Schulterzucken.

Diese Reaktion kann unterschiedliche Bedeutungen haben. Vielleicht hat der Junge das Gefühl dafür verloren, was er selber will. Vielleicht hat er den Glauben daran verloren, dass Gespräche mit Erwachsenen hilfreich sein können, wenn es um ihn selbst geht.

Vielleicht trifft beides zu, vielleicht nichts davon. Aber unabhängig davon, was der Grund ist, sind die Isolation und Einsamkeit des Jungen so offenkundig, dass der Berater seine Hilfe anbieten muss. Die beste Möglichkeit, das zu tun, bestünde darin, seine persönlichen Gedanken auszusprechen: »Peter, ich sehe, dass es dir schwerfällt, über deine Interessen zu sprechen. Ich kann mir vorstellen, dass du vielleicht schon mit vielen Erwachsenen gesprochen hast, die dir helfen wollten, aber es nicht konnten. Ich weiß wirklich nicht, ob ich helfen kann, aber mir gefällt nicht, dass du mit alldem allein bist. Deshalb möchte ich es auf jeden Fall versuchen.«

Die übliche Vorgehensweise würde darin bestehen, mit dem Jungen zu reden und zu betonen, wie wichtig es ist, ein Teil der Gesellschaft zu sein und einen Weg in den Arbeitsmarkt zu finden. Aber das ist nicht hilfreich, solange die persönliche Situation des Jungen zu ernst ist, als dass er allein damit klarkommen könnte.

Oft ist es nötig, mit der gesamten Gruppe oder Klasse über existenzielle Themen zu sprechen. Das ist beispielsweise dann sehr wichtig, wenn ein Kind oder Lehrer schwer erkrankt, bei einem Autounfall ums Leben kommt oder umgebracht wird. Solche Verluste berühren alle in der Klasse und müssen darum besprochen werden. Wir sind davon überzeugt, dass Schulen die Verantwortung dafür tragen, in diesen Extremfällen Raum für Gespräche anzubieten, und dass Lehrer*innen dabei eine wichtige Rolle zukommt:

- Der Tod ist ein wichtiger Teil des Lebens, und es ist absolut notwendig, darüber zu sprechen und darauf zu reagieren, wenn etwas passiert.

- Wenn ein Todesfall eine ganze Gemeinschaft betrifft, ist es wichtig, einander innerhalb der Gruppe zu helfen, mit den dadurch ausgelösten vielfältigen Gefühlen und Gedanken umzugehen. Dabei kann es sich sowohl um Gefühle und Gedanken in Bezug auf den Verstorbenen als auch um den eigenen Tod und unsere nächsten Angehörigen handeln.
- Durch offenes Sprechen über den Tod entsteht eine Kultur, in der Gemeinschaften und insbesondere Schulen zu einem Ort werden, an dem der Mensch als Ganzes willkommen ist.
- Diese Gespräche und Interaktionen bieten großartige Chancen, mit Kindern über das Leben und das, was ihnen in ihrem eigenen Leben wichtig ist, zu sprechen.

Durch offene Dialoge erhalten Kinder, deren Eltern ratlos oder von den Ereignissen überwältigt sind oder einfach nicht mit ihnen sprechen können, Unterstützung. Der Tod stellt einen starken Einschnitt in unsere ansonsten ziel- und handlungsorientierte Lebensweise dar und kann tiefe Einblicke in die Reflexionsfähigkeit von Kindern und ihre Antworten auf die großen Geheimnisse des Lebens geben. Diese Einblicke erleichtern es, sich ein Gespür dafür zu bewahren, was auf einer tieferen Ebene wirklich relevant ist.

Gespräche zur Konfliktlösung

Konflikte sind für die Beziehungsqualität – sowohl auf Inhalts- als auch auf Prozessebene – absolut notwendig. Konflikte mit Kindern verändern sich mit zunehmendem Alter und fortschreitender sprachlicher Entwicklung, beinhalten aber immer dieselben Komponenten:

Wünsche/Bedürfnisse

↓

Nein

↓

Streit/Verhandlung

↓

Verlust/Frustration

↓

Ruhe

Es ist wichtig, bei jedem auftretenden Konflikt zu verstehen, dass Kinder Konflikte mit Erwachsenen nicht anzetteln, um ihre Entscheidungen zu sabotieren oder ihre Autorität zu untergraben. Konflikte treten in Situationen auf, in denen Kinder ihren Wunsch oder ihr Bedürfnis nach etwas zum Ausdruck bringen. Sobald der Erwachsene Nein sagt, beginnt das Kind, aktiv für das zu kämpfen, was es will, was ein Zeichen einer gesunden Entwicklung ist und in allen gegenwärtigen und zukünftigen (privaten oder beruflichen) Beziehungen erforderlich ist. Wenn das Kind für seine Bedürfnisse kämpft oder verhandelt, aber trotzdem nicht bekommt, was es will, ist es mit einem Verlust konfrontiert. Es mag übertrieben erscheinen, im Zusammenhang mit Alltagskonflikten von einem Verlust zu sprechen, aber im psychologischen Sinne ist dieser Begriff angemessen. Es handelt sich um den Verlust einer Befriedigung oder einer Fantasie, eines Traums, einer Vorstellung oder des sozialen Wohlergehens oder einfach um den Verlust von etwas, nach dem das Kind ein starkes Verlangen hatte.

Jedes Kind reagiert auf Konflikte anders – je nach individueller Veranlagung und Konfliktstil der Familie. Aber alle Kinder müssen einen Weg finden, den Verlust emotional zu verarbeiten. Manche weinen, andere beklagen sich oder sind beleidigt, während andere wütend und frustriert oder gar empört sind. Ihre Reaktionen sind nicht auf eine spezifische Person gerichtet; sie sind Teil der Homöostase des Organismus, also des Prozesses, mit dem wir unser inneres Gleichgewicht und unsere Fähigkeit, am sozialen Leben teilzunehmen, wiederherstellen. Wenn Erwachsene den Prozess behindern, ihn ins Lächerliche ziehen oder gar verbieten, häuft sich die Frustration des Kindes an, die es dann später, meist auf irrationale Weise, zum Ausdruck bringen wird, was wiederum die Energie und Aufmerksamkeit der Erwachsenen vom Kind ab- und auf sein Verhalten lenkt.

➔ Es ist niemals sinnvoll, einen Konflikt zu beenden (und den Gehorsam wiederherzustellen), indem man einfach Dinge sagt wie: »Nein heißt Nein – und ich will jetzt nichts mehr davon hören.«

Aber was tun? Heutzutage ist jede Menge hilfreicher Literatur und Ratgeber zum Klassenmanagement verfügbar. Klassenmanagement bietet hilfreiche Ideen in Bezug auf Regeln und Strukturen für größere Gruppen von Kindern, die ihnen helfen, in ihrer Lernumgebung gut zurechtzukommen. Ob die Umsetzung dieser Regeln und Strukturen erfolgreich ist, ist jedoch wieder weitgehend von der Beziehungskompetenz und Präsenz der einzelnen Lehrkraft abhängig. Beim Besuch in Schulen ist leicht erkennbar, dass es keine allgemeinen Regeln gibt, die besser als andere funktionieren oder überall anwendbar sind. Alles, was nötig ist, sind klare und einfache Strukturen in Kombination mit einer gesunden Arbeitskultur.

Das Engagement von Lehrer*innen und Schulleitung ist wichtig für die Grundstrukturen und die Arbeitsweise. Entscheidend ist also, wie die Regeln und Strukturen umgesetzt werden:

- Regeln, die umgesetzt werden, um bestehende Probleme zu lösen, zeigen meist die geringste Wirkung, weil sie

oft restriktiv und nicht unterstützend sind und von Erwachsenen in einer defensiven Haltung verhandelt oder umgesetzt werden.
- Bestehende Regeln, die von Lehrkräften autoritär, wie von Polizist*innen, kontrolliert oder aber hinter einer netten, schmeichelnden Fassade versteckt werden, sind ähnlich unwirksam.

Kurzum: Solche Interaktionsweisen untergraben oder zerstören die grundlegende Bereitschaft der Kinder, sich an Regeln zu orientieren.

➔ Zwischenmenschliche Konflikte lassen sich am besten im Dialog bearbeiten und lösen.

Daher geht es im folgenden Abschnitt um Interventionsmöglichkeiten in Gruppenkonflikten. Die Qualität der Konfliktlösung bestimmt sowohl, wie ein Kind die Kompetenz der Lehrkraft einschätzt, als auch seine eigene Herangehensweise an Konflikte. Vorbilder beeinflussen Kinder nicht immer so schnell und direkt, wie Erwachsene es sich wünschen würden. Und oft dienen andere Personen als Eltern oder Lehrer*innen als (gute oder schlechte) Vorbilder.

ANDERS UND MARTIN

Die Kinder in der 2. Klasse verwendeten gern Spitznamen. Das führte oft zu Konflikten, Tränen und sogar Kämpfen. Die Lehrer*innen hatten sich wiederholt die Zeit genommen, in der Pause mit den Kindern zu sprechen.
Lehrerin: »Was ist los, Anders?«
Anders: »Sie nennen mich Shaggy, nur weil ich mir die Haare habe schneiden lassen.«

Lehrerin: »Wer nennt dich so?«
Anders: »Martin!«
Martin: »Na, und du hast mich Speedy genannt. Das ist auch ein Spitzname.«
Lehrerin: »Dann seid ihr also beide verantwortlich. Warum versuchen wir nicht, uns an die Regel zu halten, dass in der Klasse keine Spitznamen verwendet werden? Diese Regel haben wir alle gemeinsam vereinbart.«

MIKKEL UND SIMON

Die Zweitklässler probten ein Theaterstück. Einige saßen im Zuschauerraum, einige auf der Bühne und einige hinter der Bühne. Die Lehrerin stand vor der Bühne und gab Anweisungen. Gleichzeitig versuchte sie, den Rest der Gruppe im Auge zu behalten. Simon und Mikkel standen auf einem Schemel und schauten zu.
Mikkel: »Simon ärgert mich – hör auf!«
Lehrerin: »Simon, hör auf damit – komm runter!«
Simon: »Aber warum? Verdammt!«
Lehrerin: »Um Gottes willen, was ist denn mit dir los? Komm einfach hier runter und hör auf zu fluchen!«
Simon bewegte sich nicht.
Mikkel: »Er lässt mich einfach nicht in Ruhe!«
Lehrerin (steht auf und geht zu den Jungen): »Wer war zuerst auf dem Schemel?«
Mikkel: »Ich.«
Lehrerin: »Glaubst du nicht, dass ihr eine Lösung findet, die für euch beide in Ordnung ist?«

Beide Beispiele zeigen Lehrerinnen, die auf ähnliche Weise deutlich zeigen, dass sie Konflikte für überflüssig halten. Und beide reagieren halbherzig. Im ersten Beispiel hat die Lehrerin mehrere Optionen, die von ihrer eigenen Stimmung und ihren fachlichen Prinzipien, der Beziehung der beiden Jungen, ihrer Rolle in der Klasse sowie ihrer eigenen Einhaltung der Regeln, die sie anspricht, abhängen.

Der aktuelle Konflikt ist nicht in dem Sinne ernst, dass einer der Jungen körperlich oder seelisch verletzt wird. Kinder haben sich schon immer mit Spitznamen geneckt und werden es auch in Zukunft tun – egal, wie oft sie von Lehrer*innen aufgefordert werden, eine Vereinbarung zu treffen, es nicht zu tun. Der letzte Satz der Lehrerin signalisiert, dass sie der Meinung ist, dass die Jungen gegen eine Vereinbarung verstoßen haben. Die Lehrerin bezieht sich teilweise auf Regeln und teilweise auf psychologische Aspekte und nimmt gleichzeitig auf etwas Bezug, das sie an diesem Tag unterrichten wollte. Das ist keine sichere Grundlage für die Konfliktlösung. Ihre Intervention ist bestenfalls Zeitverschwendung. Schlimmstenfalls zerstört sie das Vertrauen der Kinder in ihre Lehrerin als unabhängige Unterstützung bei ihren Konflikten.

Die Lehrerin kann entweder der Fortsetzung ihres Unterrichts Priorität geben, indem sie sagt: »Ich sehe, dass dir das nicht gefällt, Anders, aber ich will, dass ihr das selbst nach der Schule klärt. Ich habe jetzt nicht die Zeit, euch zu helfen.«

Oder sie kann (am anderen Ende der Skala) ihren Unterricht für zehn Minuten unterbrechen und die *Gesamtentwicklung der Schüler* unterstützen. Sie könnte sich mit den Jungen hinsetzen und ihnen helfen, die Sache zu klären:

ANDERS UND MARTIN

Lehrerin: »Anders, ich möchte, dass du Martin sagst, wie du dich dabei gefühlt hast, als er dich Shaggy genannt hat.«
Anders: »Es hat mich geärgert …«
Lehrerin: »Ja … und …?«

Anders: »Und es macht mich auch traurig, wenn er …«

Lehrerin: »Versuche, Martin anzuschauen und es ihm direkt zu sagen.«

Anders: »Du ärgerst mich, und es macht mich traurig … Und das wolltest du ja auch, oder?«

Lehrerin: »Okay, hören wir hier auf, Anders. Wir müssen jetzt hören, was Martin zu sagen hat. Martin …?«

Martin: »Es war nur zum Spaß!«

Lehrerin: »Das ist gut zu wissen, aber wie denkst du darüber, dass es Anders traurig macht?«

Martin: »Ich hab's nicht so gemeint, es war einfach nur, weil …«

Lehrerin: »Das ist in Ordnung, Martin, du musst es einfach Anders sagen, nicht mir …«

Martin: »Es war nur zum Spaß, Anders. Ich wollte dich nicht traurig machen …«

Lehrerin: »Anders, was meinst du dazu? Willst du Martin sagen, was du über das denkst, was er dir gerade gesagt hat?«

Anders: »Aber ich weiß nicht …«

Lehrerin: »Fühlst du dich jetzt besser oder bist du immer noch traurig oder vielleicht sogar noch trauriger?«

Anders: »Ich fühle mich besser.«

Lehrerin: »Gut genug, um wieder Freunde zu sein, oder gibt es noch etwas, was du sagen willst?«

Anders: »Nein …«

Lehrerin: »Schau ihn an und sag es ihm.«

Anders: »Nenn mich nicht mehr Shaggy …«

Martin: »Wenn du mich nicht mehr Speedy nennst!«

Lehrerin: »Okay, ich glaube, darüber sollten wir auch noch sprechen, aber jetzt gerade möchte ich, dass du Anders antwortest.«

Martin: »Ja, ich habe gesagt, dass ich damit aufhören werde.«

Lehrerin: »Ist das für euch beide okay?«

Beide: »Es ist okay.«

Wenn genug Zeit ist, kann die Lehrerin die anderen Kinder einbeziehen und sie auffordern, sich zu dem Thema zu äußern. Andernfalls bleibt nichts mehr zu sagen. Jeder Versuch, moralische Aspekte hinzuzufügen oder das Thema zu generalisieren, würde den Prozess, den sie gerade durchlaufen hat, untergraben. Keiner der Jungen hat sich fehl am Platz gefühlt. Und sie haben ein erstes grundlegendes Training dazu erhalten, wie man zwischenmenschliche Konflikte löst.

Regeln wie das Spitznamenverbot sind Versuche, Kinder vor unangenehmen Situationen zu bewahren, die zum Kindsein dazugehören. Solche Versuche funktionieren nie nach Plan. Kinder können erst dann Schlussfolgerungen in Bezug auf ihre eigenen Grenzen ziehen, wenn sie die Erfahrung gemacht haben, bei einem Spitz- oder Kosenamen genannt zu werden, weil jemand sie hänseln, mit ihnen flirten oder sie bewusst verletzen will. Im Lauf des Lebens schützen uns Vermeidungsmaßnahmen nicht. Wir lernen aus Erfahrung, mit bestimmten Situationen umzugehen. Phänomene generalisierend anzusprechen ist nur in seltenen Fällen hilfreich.

➔ Aber es ist immer effektiv, persönlich auf spezifische Situationen zu reagieren.

Beim zweiten Beispiel muss die Lehrerin zwei Entscheidungen treffen. Die erste betrifft die Frage, ob sie ihre Aufmerksamkeit auf den belanglosen Territorialkonflikt oder auf die Schauspieler auf der Bühne richten will. Die zweite, wichtigere Entscheidung betrifft den Wert vordefinierter Kompromisse, wenn es darum geht, Konflikte von Kindern zu lösen. Nach unserer Erfahrung sind solche Kompromisse Zeit- und Energieverschwendung. Wenn die Lehrerin wirklich Zeit in den Konflikt investieren will, könnte sie sagen: »Ihr wollt beide auf demselben Schemel stehen, aber ihr wollt ihn nicht teilen. Findet eine Lösung und sagt mir Bescheid, wenn ihr eine gefunden habt.« In den meisten Fällen finden Kinder eine Lösung, vergessen aber, die Lehrperson darüber zu informieren, weil der Konflikt ohnehin nicht wichtig war.

Bei beiden oben beschriebenen Konflikten muss die alltägliche Beziehung der Jungen berücksichtigt werden. Wenn das allgemeine Konfliktpotenzial steigt und sich nachteilig auf die Jungen und die Atmosphäre in der Klasse und den Unterricht auswirkt, bringt eine schnelle Intervention keinen großen Nutzen. Stattdessen muss sich die Lehrerin Zeit nehmen, um den Kindern zu helfen, sich ihre Interaktion anzuschauen und zwischen ihnen anstehende Themen zu klären. Eine ähnliche Vorgehensweise ist auch bei Konflikten zwischen erwachsenen Kollegen hilfreich, durch die eine positive Atmosphäre in der Einrichtung und ihrer Beziehung verhindert wird.

Eine der effektivsten Methoden zur Reduzierung von Konfliktpotenzial besteht darin, Konflikte zu begrüßen, statt sie abzulehnen. Konflikte sind eine absolut notwendige Komponente zwischenmenschlicher Beziehungen. Sie lehren uns sehr wertvolle Dinge über uns selbst und andere. Schulen müssen sich einfach an die Vorstellung gewöhnen, dass Kinder möglicherweise ihre gesamte Kindheit brauchen, um die zur konstruktiven Bearbeitung von Konflikten erforderlichen Strategien zu entwickeln.

Wenn es uns gelingt, eine Kultur zu schaffen, die das ernst nimmt, können wir beeinflussen, *wann* und *wie* Konflikte bearbeitet werden. Wenn Erwachsene bestimmte Strukturen etablieren, können Kinder mit vielen Situationen selbstständig umgehen:

- Sofie und Lene, hört mal zu! Ich merke, dass ihr einen ernsten Konflikt habt. Ich helfe euch, eine Lösung zu finden, aber ihr müsst noch ein bisschen warten.
- Ich kann gerade nicht herausfinden, warum das so wichtig für euch ist. Aber wie wäre es, wenn ihr es einen Moment auf sich beruhen lasst, und ich komme später darauf zurück.

- Da ich euch beide kenne, vertraue ich darauf, dass ihr das allein lösen könnt. Wollt ihr zehn Minuten rausgehen oder könnt ihr bis nach der Schule warten?
- Ich habe gerade nicht die Zeit, um euch zu helfen, aber wenn die anderen später auf den Spielplatz gehen, können Sören und Rikke hierbleiben, um darüber zu reden. Jetzt würde ich euch gern weiter zeigen, wie …

Konflikte zu begrüßen hat noch einen weiteren Vorteil: Es schafft eine positive Atmosphäre im Unterricht und in Gruppen. Außerdem verhindert es sinnlose Konflikte zwischen Erwachsenen und Kindern. Der Respekt der Erwachsenen vor dem Leben und seinen vielfältigen irrationalen Manifestationen regt Kinder dazu an, Erwachsene zu respektieren. Dieser Respekt entwickelt sich durch Übung und Erfahrung.

Kinder, Eltern und das Team: Wie Beziehung gelingt

10 Kontakt gestalten

Kinder kooperieren! Wenn sie nicht das Gefühl haben, einen guten Kontakt zu einem Lehrer oder einer Lehrerin zu haben, fangen sie an, sich zu benehmen, als ob der Kontakt schlecht sei oder gar nicht bestehe. Wir wurden im Lauf der Jahre von vielen Experten gefragt: Wie setzen wir das im Alltag um, wenn wir eine Klasse mit 28 Schülern unterrichten?

Die Antwort darauf lautet, dass es nicht auf einen Schlag möglich ist. Wenn man einen fruchtbaren und dynamischen Kontakt mit einer Klasse von 28 unterschiedlichen Kindern haben will, muss man zuerst den Kontakt zu jedem von ihnen einzeln herstellen. Manche Kinder hören schnell den Tonfall und die persönliche Qualität eines Lehrers heraus und gelangen zu der beruhigenden Schlussfolgerung, dass sie sich in guter Gesellschaft befinden. Andere brauchen mehr als einen Beweis für die Kompetenz ihrer Lehrerin, um sicher zu sein, dass sie richtig behandelt werden. Bei einigen liegt es daran, dass sie skeptisch sind, bei anderen daran, dass sie schlechte Erfahrungen gemacht haben.

Wenn es um Beziehungsqualität geht, sind Kinder sehr schnell. Manchmal sind sie am Aussehen einer Lehrkraft interessiert, aber das geht schnell vorbei. Es nützt nichts, sich jugendlich zu kleiden und Teenagerslang zu verwenden, wenn sich dahinter eine Person versteckt, die sich nicht traut, ihrem Alter und ihrer Persönlichkeit entsprechend zu handeln.

Die Bedeutung der ersten Begegnungen

Es gibt viele Möglichkeiten, einen ersten persönlichen Kontakt herzustellen: Diese sind auch vom Alter der Kinder abhängig. Es gibt gut entwickelte, bewährte und erprobte Methoden, wie zum Beispiel die Tradition im italienischen Pistoia, wo Kinder beim Eintritt in den Kindergarten einen kleinen Koffer bekommen, den sie mithilfe von Eltern und Erziehern mit Gegenständen füllen, die ihrem Leben Inhalt und Bedeutung geben – einer Puppe, einem Foto der Großmutter, Urlaubsbildern oder vielleicht einer Porzellanfigur. Im Lauf der Jahre nimmt sich regelmäßig dieselbe Erzieher*in eine halbe Stunde Zeit, um mit dem Kind den Inhalt des Koffers durchzugehen, sich seine Geschichten anzuhören und Gegenstände auszutauschen, um neue Phasen oder Interessen zu berücksichtigen. Wenn sie in die Schule kommen, führt die Bürgermeister*in eine Prozession von Eltern und Kindern durch das Dorf zum Schulgebäude. Die neuen Lehrer*innen schauen sich gleich zu Anfang den Koffer jedes einzelnen Kindes an. Das zeigt weit über die ersten Schultage hinaus eine Wirkung. Es ist eine praktische Interpretation des Wortes *Beziehung*. Etymologisch betrachtet bedeutet die lateinische Wurzel des Substantivs *Beziehung* (relatio) so viel wie *über sich berichten*.

Ein Lehrer stellte den Kontakt zu seinen neuen Schülern her, indem er Interesse zeigte: »Hört mal, ich soll euch in Sport unterrichten. Damit ich das tun kann, muss ich zwei Dinge wissen. Zum einen sollte ich wissen, ob ihr daran interessiert seid, Sport zu lernen, und zum anderen, wie ihr euch vorstellt, Sport am besten lernen zu können.« Dann ermutigte er die Kinder, ihre Antworten zu zeichnen und die Bedeutung der Zeichnungen zu erklären. Die Erklärungen der Kinder waren immer von außergewöhnlich hoher Qualität und deuteten auf Selbstwahrnehmung und Kooperationsbereitschaft hin.

Die beiden oben beschriebenen Ansätze erfordern nur wenige Minuten pro Kind. Das erscheint – gemessen an der Zeit, die man später zur Beilegung von Konflikten und anderen Schwierigkeiten aufwendet, die von ungenügendem Kontakt herrühren – sehr effizient. Diese Methoden und Hunderte ähnlicher Vorgehensweisen sind nur wirksam, wenn die Methode an sich nicht dem Lehrer dient und das Interesse der Erwachsenen über das reine *Herstellen des Kontakts um des Kontaktes willen* hinausgeht.

Die täglichen Konflikte, die im Laufe des ersten Monats auftreten, sind für die gemeinsame Zukunft entscheidend. Falls das Herstellen von Kontakt scheitert oder Schwierigkeiten auftreten, gibt es immer die Möglichkeit, eine Pause einzulegen, sich die Zeit zu nehmen, die Sache durchzusprechen, und wieder neu anzufangen, sich kennenzulernen. Falls auch das fehlschlägt, ist es Zeit, eine Kolleg*in oder Supervisor*in hinzuzuziehen. Das Risiko negativer Auswirkungen auf das Selbstvertrauen von Lehrern und Lehrerinnen ist zu hoch, um sie solche schwierigen Situationen allein durchstehen zu lassen.

Als Berater*in und Supervisor*in erleben wir, dass es immer einen guten Grund dafür gibt, dass sich der Kontakt mit einem bestimmten Kind (oder Erwachsenen) auf eine bestimmte Weise entwickelt hat. In den meisten Fällen hat ein gescheiterter Kontakt mit der mangelnden Aufmerksamkeit von Erwachsenen oder ihrer unzureichenden Schulung im Hinblick auf Beziehungsthemen zu tun. Das heißt nicht, dass es einfach ist, beispielsweise zu Zwölfjährigen mit ganz unterschiedlichem familiärem Hintergrund in einer Ganztagsschule einen fruchtbaren Kontakt herzustellen. Oder dass es nicht viel Anstrengung kostet, einer 7. Klasse mit Schüler*innen aus elf verschiedenen Nationen zu helfen, eine Gruppe mit festem Zusammenhalt zu werden. Aber all das ist Teil des Berufslebens von Lehrern und Lehrerinnen und mit unseren inneren menschlichen Ressourcen zu bewältigen.

Eine interessante Randbemerkung: Lehrkräfte, die beispielsweise mit autistischen, psychisch oder körperlich beeinträchtigten Kindern arbeiten, klagen selten über Kontaktschwierigkeiten. In diesen Bereichen erleben wir meistens Fachkräfte mit Begeisterung, Engagement und tief empfundener Freude über Situationen, in denen guter Kontakt besteht. Das zeigt, wie unsere Erwartungen unsere Wahrnehmung anderer Menschen und den Kontakt, den wir zu ihnen herstellen, beeinflussen.

➔ Wir sind davon überzeugt, dass das Vertrauen von Kindern und Teenagern, ihre Offenheit und Bereitschaft, sich führen zu lassen, das größte Kompliment ist, das ein Erwachsener bekommen kann. Aber weder Eltern noch Lehrer*innen haben einen naturgegebenen Anspruch darauf.

Evaluierungsdialoge

Evaluierungsgespräche sind in unterschiedlichen Ländern ein möglicher Teil der Leistungsbeurteilung. Wir empfehlen hingegen jährliche Prozessevaluierungsdialoge mit der einzelnen Schüler*in bzw. in der Gruppe. Dabei sollten Kinder von der 6. oder 7. Klasse an die Rolle des Gastgebers einnehmen und die Dialoge planen dürfen. Diese Prozessevaluierungsdialoge ermöglichen Folgendes:

- Aus der Perspektive der Kinder fühlt sich die Schule wie eine endlos lange Zeit an, und obwohl diese Zeit durch Schuljahre und Ferien in relativ klare Abschnitte gegliedert ist, ist es hilfreich, persönliche Ziele innerhalb spezifischer Zeitrahmen zu setzen.

- In diesem Kontext ergänzt die Evaluierung das Benoten und rückt den *wechselseitigen* Prozess in den Mittelpunkt: Wie geht es uns in der Beziehung zueinander, fachlich (auf die Lehrinhalte bezogen), sozial und persönlich? Was würden wir im nächsten Jahr gern verändern, und welche Wünsche und Bedürfnisse haben wir jeweils in Bezug auf unsere Beziehung und Zusammenarbeit? Evaluierungsdialoge fördern die persönliche Verantwortung sowohl der Schüler*innen als auch ihrer Lehrer*innen und tragen dazu bei, den Kontakt aufrechtzuerhalten.
- Unabhängig davon, wie die Einzel- oder Gruppendialoge verlaufen, erhalten die betreffenden Kinder die Chance, ihre Beziehung zur Schule ernst zu nehmen und eine persönliche Angelegenheit daraus zu machen.

Wir empfehlen, die Dialoge kurz und fokussiert zu halten, nach Möglichkeit unter einer halben Stunde, und sie damit einzuleiten, dass die Lehrer*in ihre Ansichten und Beobachtungen mitteilt. Das gibt Kindern und Jugendlichen meist mehr Sicherheit, als wenn sie den Anfang machen müssen. Sie beginnen zu lassen kann – wie oben erwähnt – später stattfinden, sobald sie mit Inhalt, Prozess und Ziel der Dialoge vertraut sind.

Es ist wichtig, Kindern klarzumachen, was sie vorbereiten sollen und worauf sie vorbereitet sein müssen. Wenn ein Kind dann trotzdem unvorbereitet in das Gespräch geht, ist es sinnvoll, abzubrechen und zum Beispiel Folgendes zu sagen: »Okay, Ole, du hast es vergessen. Das ärgert mich, weil ich im Grunde eine halbe Stunde meiner Zeit verschwendet habe. Aber lass mich einfach wissen, wann du in der Lage bist, vorbereitet zu diesem Gespräch zu kommen.«

Ein Kompromiss – beispielsweise das Gespräch trotzdem weiterzuführen – würde in diesem Fall die Rollen vertauschen. Sehr häufig wird Kindern vorgeworfen, dass sie eine Situation nicht ausreichend ernst nehmen, aber auch die betroffenen Erwachsenen nehmen sich, ihre eigene Enttäuschung, ihren Zeitdruck oder vieles andere in einer solchen Situation nicht ernst. Sie bringen ihre durch die Umstände entstandene Betroffenheit nicht in den Kontakt ein, sondern beschämen durch ihre Reaktion und erzeugen Schuldgefühle.[1]

In den ersten zwei oder drei Jahren ist es auch ratsam, die Eltern über die bevorstehenden Dialoge zu informieren und sie zu bitten, ihren Kindern bei der Vorbereitung zu helfen. So können die Lehrer*innen sich im Gespräch auf die Aspekte der Beziehung konzentrieren, die ihnen selbst gerade am wichtigsten sind, weil das Kind schon vorbereitet kommt.

METTE

Mette (4. Klasse) mochte Mathe nicht und war der Meinung, es nicht allein schaffen zu können. Da ihre Leistungen dem Klassendurchschnitt entsprachen, teilte der Lehrer ihre Ansicht nicht. Mette war ein unsicheres und vorsichtiges Kind, wollte nichts falsch machen und bat daher oft um Unterstützung.

Der Lehrer ärgerte sich darüber, weil er sah, dass Mette gut zurechtkam und es andere Kinder gab, die mehr Hilfe brauchten. Daher waren seine Reaktionen nicht immer passend: »Was ist denn schon wieder das Problem, Mette? Setz dich hin und versuch es allein. Ich weiß, dass du das kannst!«

»Aber ich schaff das nicht.«

»Unsinn! Schau mal, du musst einfach nur … siehst du, du hast es.«

Da sich der Lehrer seines unangemessenen Verhaltens bewusst war, eröffnete er den Evaluierungsdialog mit den Worten: »Hör mal, Mette, du hast sicher gemerkt, dass ich oft ärgerlich auf dich reagiere, nicht wahr?«

»Ja.«

»Das heißt nicht, dass du mir lästig bist, sondern dass ich einfach nicht verstehen kann, warum du denkst, dass du in Mathe schlecht bist, obwohl ich doch weiß, dass du ziemlich gut bist. Weißt du, warum du das denkst?«

»Nein, ich habe einfach das Gefühl, dass ich nicht gut genug bin.«

»Ich verstehe. Dann nützt es nichts, wenn ich der Meinung bin, dass du gut zurechtkommst. Das sehe ich jetzt.«

Darauf folgte eine Pause, in der beide Zeit zum Nachdenken hatten – solche Pausen sind sehr wichtig!

»Mette, wirst du immer unsicher, wenn etwas nicht gleich beim ersten Versuch klappt?«

»Ja … vielleicht … weiß nicht genau …«

»Nein, natürlich nicht, ich weiß es auch nicht. Aber wir haben beide ein Problem, das wir gemeinsam zu lösen versuchen müssen. Du glaubst, dass du mehr Hilfe brauchst, ich glaube, dass du weniger brauchst … Denkst du, dass es besser wäre, wenn ich einfach sagen würde: ›Das ist gut genug, Mette, ich helfe dir, wenn ich mehr Zeit habe‹, statt ärgerlich zu werden? Glaubst du, dass du allein weitermachen kannst, bis ich Zeit habe?«

»Ich denke schon …, vielleicht, weil ich es wirklich nicht mag, wenn Sie wütend auf mich werden.«

»Okay. Ich versuche, das zu ändern. Wenn ich das richtig sehe, bist du eher unsicher in Bezug auf Mathe als schlecht in Mathe. Darum wäre es überhaupt nicht hilfreich, wenn ich die ganze Zeit ärgerlich mit dir wäre. Vielen Dank für deine Hilfe, Mette! Schauen wir mal, ob uns das in Zukunft hilft. Andernfalls müssen wir einfach noch einmal miteinander sprechen.«

Auf den ersten Blick hat dieser Dialog vielleicht keine relevanten Ergebnisse geliefert, aber er birgt Veränderungspotenzial. Zum einen kann es dem Lehrer helfen, seine Frustration produktiver zu nutzen, indem er Mette gegenüber seine Erwartungen ausspricht, statt einfach nur seinen Ärger zum Ausdruck zu bringen und ihr widerwillig zu helfen. Zum anderen und als direkte Folge davon wird es Mette wahrscheinlich leichter fallen, sich auf das zu konzentrieren, was sie kann, statt auf das, was sie meint, nicht zu können. In einem solchen Fall sollte mit einer nächsten Evaluierung der Situation nicht bis zum regulären Jahresdialog gewartet werden. Der Lehrer muss immer mal wieder einige Minuten mit Mette sprechen und sehen, wie sich die Dinge für beide entwickeln.

→ In Evaluierungsdialogen werden Probleme dynamisch angegangen, und der Fokus liegt auf der Zukunft statt auf der Vergangenheit.

Oft kann einer der Beteiligten nicht sofort eine Lösung finden, aber später eine relevante Idee beisteuern, wenn das Gespräch von hoher Qualität war. Wenn die Kommunikation mit einem Schüler oder einer Schülerin schwierig ist, kann es ratsam sein, die Eltern zu kontaktieren, um zu versuchen, eine gemeinsame Basis zu finden.

In Evaluierungsdialogen werden Beziehungsprozesse bewertet; gleichzeitig dienen sie aber auch der Beziehung.

Außerdem zeigen sie Kindern und Jugendlichen, dass sie gesehen werden und wichtig sind. Kinder können schon früh beginnen, zwischen den beiden Realitäten, in denen sie leben, zu unterscheiden: der inneren, existenziellen Realität und der äußeren, sozialen Realität. Evaluierungsdialoge ermöglichen seltene Einblicke in die innere, existenzielle Realität von Kindern; gleichzeitig bieten sie den Kindern die seltene Chance, persönliche Rückmeldungen von außen, also von ihrer sozialen Realität, zu erhalten.

11 Fach-persönliche Entwicklung

Die persönliche Entwicklung spielt für Lehrer und Lehrerinnen eine wichtige Rolle. Die Erfahrung zeigt, dass ihre *Persönlichkeit*, ihre *Methoden* (Arbeitsweisen) und ihr *Wissen* ihre wichtigsten Werkzeuge sind. Daher muss auf allen drei Ebenen laufend Entwicklung stattfinden.

Aber wie verändern wir uns selbst?

Auf der Suche nach Möglichkeiten der persönlichen Weiterentwicklung wurden vor allem in den 1970/1980er-Jahren Methoden aus der Psychoanalyse und aus psychotherapeutischen Schulen herangezogen. Viele Lehrer*innen haben Selbsterfahrung und Eigentherapie als wertvolle Unterstützung ihrer professionellen Entwicklung erlebt. Unabhängig davon, ob ihre Motivation persönlicher oder beruflicher Natur war, konnten die meisten in ihrem Berufsalltag bald persönliche Fortschritte feststellen. Spektrum und Tiefe beruflicher Beziehungen verbesserten sich, und sie spürten ein stärkeres inneres Gleichgewicht zwischen sich selbst als *Person* und ihrer *Funktion*. Die naheliegendste Schlussfolgerung daraus war, dass man eine Therapie machen muss, um ein kompetenter Lehrer zu sein.

Wie wir noch erläutern werden, sehen wir diese Schlussfolgerung trotz der zugrunde liegenden vernünftigen Argumentation eher skeptisch. Die Alternative, die wir hier vorstellen, basiert auf unserer langjährigen Arbeit am Kempler Institut[1], wo wir unter dem Begriff »fach-persönliche Entwicklung« Prinzipien und Methoden entwickelt haben. Den Begriff als solchen gibt es weder im Dänischen noch im Deutschen, aber er beschreibt sehr fokussiert, worum es uns geht. Die fach-persönliche Entwicklung beinhaltet eine Reihe Aktivitäten auf der Grundlage psychotherapeutischer Erfahrung, die aber nicht im engeren Sinne Psychotherapie bedeuten (Letztere ist dann sinnvoll, wenn persönliche Einschränkungen oder frühe Gewalterfahrungen an die Oberfläche kommen und ein Lehrer tiefer gehende persönliche Unterstützung braucht).

Das sind die Ausgangspunkte unseres Konzepts:

- Die Qualität jeder beruflichen Interaktion wird stark von Charisma, Charakter und Selbstsicherheit der Person beeinflusst.
- Die fach-persönliche Entwicklung ist ein fortlaufender, strukturierter Prozess, bei dem persönliche Denk- und Handlungsmuster untersucht, erkannt und bearbeitet werden, um neue, relevante Interaktionsmöglichkeiten zu finden, was sowohl den Lehrer*innen als auch den Schüler*innen zugutekommt. Bei dieser Untersuchung werden persönliche Muster offengelegt, die Engagement, Ziele und Potenziale in beruflichen Beziehung behindern.
- Der Begriff »fach-persönlich« unterstreicht die nötige Integration beruflicher und persönlicher Aspekte. Ausgangspunkt dieser Prozesse sind immer Fragen oder Herausforderungen aus dem Schulalltag, die in einem dialektischen Prozess bearbeitet werden, weil beide Aspekte voneinander abhängig sind.

Im Folgenden befassen wir uns mit den Aspekten dieser integrativen fach-persönlichen Entwicklung und ihrer Relevanz in pädagogischen Kontexten.

Vier Fragen, die ein Weiterkommen ermöglichen

Lange Zeit galt das persönliche Verhalten in beruflichen Beziehungen als Privatangelegenheit – solange es nicht kriminell war. Das berufliche Ideal war eine klare Trennung zwischen der persönlichen und der beruflichen Rolle. Heute wird diese Auffassung nur noch selten vertreten. Die meisten Menschen halten diese Art Objektivität und Distanz für unrealistisch und auch nicht wünschenswert. Authentizität gewinnt an Bedeutung, aber beim Unterrichten einfach nur man selbst zu sein genügt ebenso wenig, wie es genügt, die eigene Persönlichkeit zu ignorieren, zu unterdrücken oder zu verstecken, denn das führt zum Verlust der Kontrolle über persönliche Reaktionen sowie zur Verwässerung der persönlichen Autorität.

Daher ist es wichtig, in Schulen eine Kultur zu schaffen, in der die innere Verantwortlichkeit von Kindern und Erwachsenen ernst genommen wird. Es ist oft schwierig, Freunden oder Kolleginnen Feedback zu geben, das gleichzeitig unterstützend und fordernd ist. Ebenso schwierig kann es sein, ein Gleichgewicht zwischen übertriebener Selbstkritik und unreflektierter Selbstzufriedenheit zu finden. Ein Problem ist unsere Angewohnheit, psychologische Themen mit Moral zu vermischen, wodurch aus inkompetenten Müttern oder Lehrern schlechte Menschen werden.

Das Konzept der fach-persönlichen Entwicklung stützt sich sowohl auf gesunden Menschenverstand als auch auf Studien[2] in den betreffenden Bereichen, trotzdem müssen persönlich gute Antworten auf folgende Fragen gefunden werden, damit die fach-persönliche Entwicklung im Berufsalltag umgesetzt werden kann:

1. Warum ist die fach-persönliche Entwicklung für die Beziehungskompetenz von Lehrer*innen wichtig?
2. Wann ist sie notwendig?
3. Welche Ziele hat sie?
4. Und letztlich: Wie kann sie unterstützt werden?

Wir beschreiben im Folgenden unsere Antworten und Erfahrungen.

Ad 1. Warum ist die fach-persönliche Entwicklung für die Beziehungskompetenz wichtig?

Die fach-persönliche Entwicklung ist in dreierlei Hinsicht hilfreich:

a) um selbstzerstörerische Verhaltensmuster zu überwinden.
b) um unser berufliches Potenzial ausschöpfen zu können.
c) um Konflikte mit Kindern, Eltern und Kolleg*innen zu bewältigen.

Beginnen wir mit den selbstzerstörerischen Formen der Kooperation, die wir alle – neben konstruktiven, also gesunden Verhaltensmustern – in unserer Kindheit entwickelt haben. Selbstzerstörerisches Verhalten ist immer auch in unseren Beziehungen destruktiv und verletzt Menschen, die uns lieben oder, wie im Schulkontext, von uns abhängig sind.

Der erste Teil der folgenden Grafik zeigt As Verhaltensmuster. »x« markiert die Augenblicke in As Leben, in denen seine Integrität verletzt oder ignoriert wurde und in denen er sich selbst aufgab, um den Kontakt zu ihm nahestehenden Menschen zu erhalten. Einige

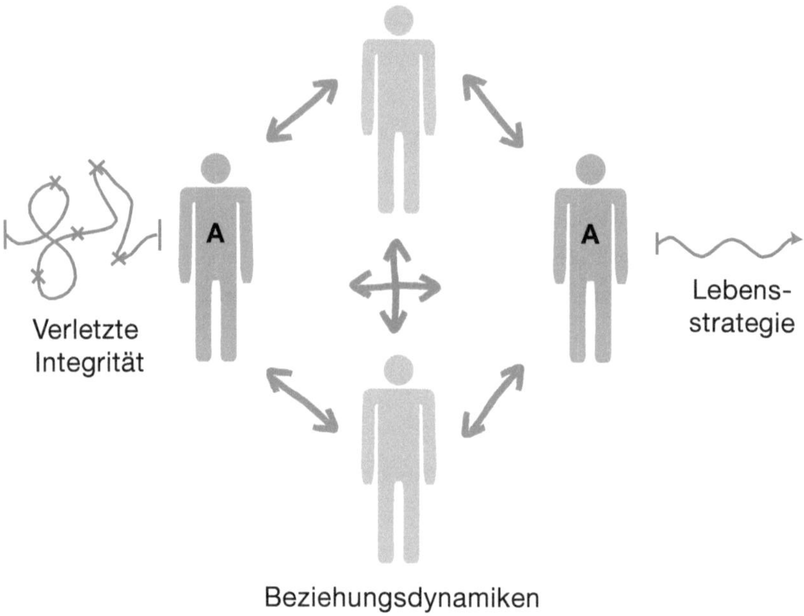

dieser Übergriffe, wie Gewalterfahrungen, beschämende Ereignisse oder emotionales Versagen, waren einmalige Ereignisse in As Kindheit und Jugend. Andere Dinge traten wiederholt oder kontinuierlich auf, wie zum Beispiel körperliche oder seelische Angriffe oder Vernachlässigung, die fehlende Erlaubnis, Gefühle zu zeigen, und die Angst, sich lächerlich zu machen. Aufgrund dieser Erfahrungen hat A seine persönliche und einzigartige Überlebensstrategie entwickelt. Im Laufe der Zeit entwickeln Menschen kognitive Haltungen (auch Schemata genannt), die ein solches Verhalten unterstützen, das wiederum eine wichtige emotionale Funktion erfüllt.

→ Eine Überlebensstrategie ist die Summe einer langen Liste unbewusster Korrekturen und Versuche, sich an die Reaktionen und Rückmeldungen anzupassen, die ein Kind von Eltern und anderen wichtigen Erwachsenen erhält.

Der Begriff »Überlebensstrategie« beinhaltet Möglichkeiten, mit *existenziellen* Themen wie Tod, Einsamkeit, Freiheit und Sinnlosigkeit sowie inneren und äußeren Verhaltensmustern umzugehen, die sich bei dem Versuch des Individuums, von nahestehenden Angehörigen gesehen und geliebt zu werden, entwickelt haben.[3]

Der mittlere Teil der Grafik zeigt, wie neue wichtige und relevante Beziehungen As Verhaltensmuster verändern oder erweitern können (das ist bei stark selbstzerstörerischen Mustern, zum Beispiel Sucht, Essstörungen, Selbstmordversuchen etc., komplexer). Meist sehen Partner*innen und Kinder in unserem Verhalten unverantwortliche Tendenzen, bevor wir selbst sie sehen. Das hat zwei Gründe: Einerseits sind wir unser eigenes selbstzerstörerisches Verhalten gewohnt, weil es uns im Laufe der Jahre gute Dienste geleistet hat, indem es den Schmerz, zu dem es einst in Beziehung gestanden hat, verkapselt hat. Das gibt uns die Möglichkeit, uns an Dinge zu erinnern, ohne den Schmerz zu fühlen. Zum anderen neigen wir dazu, uns in Liebesbeziehungen zu öffnen und verletzlicher zu werden.

Beispielsweise kann ein Vater der Meinung sein, dass er die Alkoholmenge, die er jeden Abend konsumiert, völlig unter Kontrolle hat. Aber seine Frau und seine Kinder sind von seiner nachlassenden Präsenz betroffen und ziehen ihre eigenen (oft selbstkritischen) Schlüsse. Besonders Kinder stellen das Verhalten von Erwachsenen nicht infrage, sondern fühlen sich wegen ihres eigenen Verhaltens schuldig. Deshalb müssen oft andere Menschen deutliche Reaktionen auf unser Verhalten zeigen, bevor wir erkennen, wie selbstzerstörerisch es ist.

Diese Beziehungsdynamik gilt nicht nur für enge und persönliche Beziehungen. Ähnliche Prozesse beeinflussen – wenn auch oft verzögert – auch unsere beruflichen Beziehungen zu Kindern (die sehr abhängig und somit sehr verletzlich sind), zu Kollegen und Vorgesetzten oder Angestellten. Generell löst selbstzerstörerisches

Verhalten auf einer Seite selbstzerstörerisches Verhalten auf der anderen Seite aus. Das Gegenüber von A übernimmt dann zum Beispiel selten die Verantwortung für das eigene Verhalten, sondern weist A die Schuld zu. Diese Wechselwirkung ist kein Symptom einer schlechten Beziehung, sondern zeigt einfach nur, wie wir kontinuierlich und aktiv zu interaktiven Prozessen beitragen. Das Wahrnehmen dieser Wechselwirkung kann auch zu wechselseitigen Erkenntnissen und zur Reifung führen.

Der dritte Teil der Grafik zeigt das Ziel, das die meisten von uns auf die eine oder andere Art anstreben: aus unserer Überlebensstrategie eine *Lebensstrategie* zu machen, und zwar eine Lebensstrategie, die unser Bedürfnis nach persönlichem Wohlbefinden und fruchtbaren Beziehungen erfüllt. Manche selbstzerstörerischen Tendenzen verschwinden, wenn wir bewusst unsere Interaktionsweise verändern, während wir und unsere Umgebung gegen andere Muster jahrelang ankämpfen müssen, bis erste Ergebnisse sichtbar werden.

Der zweite Grund für die bewusste, strukturierte fach-persönliche Entwicklung ist die Stärkung des Bewusstseins für unser persönliches Potenzial und die Ausschöpfung dieses Potenzials in beruflichen Beziehungen. In den meisten Fällen sind die Frustration und Erschöpfung, die viele von uns bei der täglichen Arbeit erleben, nicht auf Probleme zurückzuführen, sondern darauf, dass ein Großteil unserer Energie darauf verschwendet wird, unsere wertvollen Qualitäten zu unterdrücken.

Eines der wichtigsten menschlichen Grundbedürfnisse ist, zu erleben, dass wir für die Menschen, mit denen wir zusammenarbeiten, in beruflicher und/oder persönlicher Hinsicht wertvoll sind. Der Energieverlust in beruflichen Beziehungen ist oft mit der Erfahrung verbunden, nicht von Wert zu sein, wenn wir es gern wären. Das bedeutet oft, dass wir tatsächlich nicht so wertvoll sind, wie wir sein könnten. Das Gefühl, *nicht gut genug zu sein*, ist die selbstkritischere Version derselben Botschaft.

Der dritte Grund, sich um die eigene fach-persönliche Entwicklung zu bemühen, sind Konflikte mit Kindern, Eltern und Kolleg*innen. Diese Konflikte beinhalten meist ebenso viele Herausforderungen wie Ressourcen. In allen wesentlichen Beziehungen werden wir mit existenziellen Themen konfrontieren, ob wir es wollen oder nicht. Wenn das geschieht, gibt es nur zwei Möglichkeiten, Energie und Inspiration zu bekommen: durch unsere innere Verantwortlichkeit und unsere engsten Beziehungen. Die meisten anderen Konflikte und Probleme lassen sich mit Werkzeugen und Methoden lösen. Aber existenzielle Konflikte und Probleme erfordern introspektive, reflexive und zwischenmenschliche Prozesse, die nur bis zu einem gewissen Grad durch Methoden unterstützt, aber nicht durch die eine spezifische Methode gelöst werden können.

Zugang zur eigenen inneren Verantwortlichkeit ist einer der wichtigsten Faktoren zur Stärkung geistiger Gesundheit, den wir kennen.

Ad 2. Wann ist die fach-persönliche Entwicklung notwendig?

Die Antwort auf diese Frage ist völlig von der Motivation und persönlichen Entscheidung des Einzelnen abhängig. Ein bewusster, selbst regulierter Prozess lässt sich nicht erzwingen. Schulen sollten die fach-persönliche Entwicklung nicht als Erfordernis, sondern als Chance anbieten und unterstützen. Auch unter ethischen Gesichtspunkten sind wir davon überzeugt, dass der Einzelne eine bewusste Entscheidung treffen muss. Verpflichtungen, die auf das Persönliche Einfluss nehmen wollen, führen zu Konformität und

Ausweichverhalten. Menschen brauchen oft die Möglichkeit, Nein zu sagen, und die Erfahrung, dass ihre Weigerung akzeptiert wird, bevor sie vorbehaltlos Ja sagen können.

➔ Es ist eine grundlegende Erfahrung in der Psychotherapie, dass das innere Timing des Individuums entscheidend für die Qualität des Prozesses und seines Ergebnisses ist.

Es gibt zahlreiche Faktoren, die zusammen zum *richtigen* Moment beitragen. Ein Faktor kann Unzufriedenheit mit dem Status quo in privaten und sozialen Beziehungen sein. Wir haben Lehrer erlebt, die sich ernsthaft und verantwortungsvoll auf den Prozess einließen, aber zunächst keine große Wirkung oder Veränderung erzielten. Aber nach einigen Monaten oder manchmal Jahren gab es bei diesen Personen schnelle Fortschritte. Die persönliche Entwicklung lässt sich nicht einschalten, wenn wir das Bedürfnis danach haben oder der Druck zu hoch wird. Wir erreichen die besten qualitativen Ergebnisse, wenn die fach-persönliche Entwicklung als kontinuierlicher Prozess über einen längeren Zeitraum aufgefasst wird.

Heute kämpfen viele Lehrer und Lehrerinnen mit Situationen, die zu Burn-out und persönlichem Zusammenbruch führen. Manchmal übersteigt die lange andauernde Erfahrung, in eine defensive Position gezwungen zu werden, ihre persönlichen Kräfte. In anderen Fällen liegt es an einzelnen traumatisierenden Ereignissen im Zusammenhang mit körperlicher Gewalt oder ernsthaften Verletzungen der persönlichen Integrität. Wenn es zu solchen Zusammenbrüchen kommt, werden die betroffenen Lehrkräfte oft damit allein gelassen und müssen sich mit dem passiven Mitgefühl von Kolleg*innen und Vorgesetzten zufriedengeben. Respekt vor der Privatsphäre von Mitarbeiter*innen und mangelnde Erfahrung im Umgang mit starken persönlichen und emotionalen Reaktionen führen dazu, dass Zusammenbrüche und ihr Voranschreiten als persönliche Angelegenheit betrachtet werden. Das ist die vorherrschende Tendenz, auch wenn die Bereitschaft wächst, einzelnen Lehrkräften zu helfen.

Wir wissen aus anderen Berufen, dass schleichende Erschöpfung und gelegentliche oder kumulative traumatische Erfahrungen oft zu existenziellen Krisen oder ähnlichen Situationen führen, in denen Menschen gezwungen sind, sich ihren selbstzerstörerischen Mustern und persönlichen Lebenswerten zu stellen.[4] Lehrer*innen brauchen in solchen kritischen Situationen ausreichende persönliche Hilfe und Unterstützung.

Allgemeine Anzeichen für Unterstützungsbedarf

Das individuelle Gefühlsspektrum und die Art und Weise, wie es zum Ausdruck kommt, sind zu umfangreich, um eine vollständige Liste der Signale zu erstellen, die auf die Notwendigkeit, sich Hilfe zu holen, hindeuten. Hier einige häufige Signale:

- geringe Frustrationstoleranz,
- geringe Konflikttoleranz,
- wenig körperliche und mentale Energie,
- depressive Stimmung,
- Angst, die sich in Form von Nervosität oder körperlicher Anspannung zeigt,
- das Gefühl, sich zusammenreißen zu müssen, um zur Arbeit gehen zu können,
- Selbstbezichtigungen und ständige Selbstzweifel,
- die Neigung, anderen die Schuld zu geben,
- häufiges Klagen und Jammern,
- Sucht,
- nachlassende Konzentration.

Leser*innen, die bei sich ähnliche Stresssymptome feststellen, sollten Hilfe in Anspruch nehmen. Insbesondere negativer Stress beeinträchtigt die Homöostase des Organismus, also den unbewussten Prozess, durch den wir unser Gleichgewicht wahren. Im Falle eines biologischen oder psychosomatischen Ungleichgewichts kann der Organismus auf Ersatzstoffe wie Insulin zurückgreifen, um dem Körper die Substanzen zu liefern, die er vorübergehend nicht selbst produzieren kann. Aber im Falle eines psychosozialen Ungleichgewichts ist es heilsamer, sich auf seine innere Verantwortlichkeit zu besinnen und Unterstützung und Beratung von außen anzunehmen. Unterstützung von anderen kann helfen, eine Haltung zu entwickeln, in der man sich selbst ernst nimmt (was oft fälschlicherweise als Egoismus kritisiert wird). Es ist auch sinnvoll, das persönliche soziale Netzwerk zu aktivieren, das häufig Teil des Problems ist und deshalb auch Teil der Lösung sein kann.

Unsere Erfahrung mit strukturierter fach-persönlicher Entwicklung hat gezeigt, dass sie sehr wertvoll im Hinblick auf die Vermeidung langfristiger Folgen sowie die Behandlung bereits bestehender Probleme sein kann. Außerdem fördert sie eine gesunde Kultur in Schulen.

Wir haben auch die Erfahrung gemacht, dass die meisten Lehrer*innen gerne an diesen Prozessen teilnehmen. Konflikte und Widerstand sind selten auf mangelnde persönliche Motivation zurückzuführen, sondern meist die Folge einer geringen Qualität früherer Prozesse oder eines allgemeinen Klimas der Unsicherheit im Arbeitsumfeld.

Die spezifischen Möglichkeiten der fach-persönlichen Entwicklung sind unterschiedlich. Schulen organisieren selten *kinderfreie Arbeitstage,* an denen die Lehrkräfte zusammenarbeiten können. Leider sind Lehrende eine sehr vernachlässigte Berufsgruppe, wenn es um Möglichkeiten des interdisziplinären Austauschs und der fach-persönlichen Entwicklung geht. Angesichts ihrer umfassenden Verantwortung und der Bedeutung ihrer Arbeit ist das wohl kaum angemessen.

Ad 3. Welche Ziele hat die fach-persönliche Entwicklung?

Wir haben mehrere Gründe dafür genannt, warum fach-persönliche Entwicklung sinnvoll ist. Aber was genau wollen wir erreichen?

Jeder neue Schritt in einem Entwicklungsprozess ist ein Schritt ins Unbekannte. Das kann beängstigend oder verführerisch sein, ändert aber nichts an der Tatsache, dass immer das Risiko eines Rückfalls in unreife Verhaltensmuster besteht. Selbst initiierte Prozesse verlaufen meist harmonischer als von außen angestoßene Entwicklungen, bei denen mit höherer Wahrscheinlichkeit kurz- oder langfristige Regressionsphasen auftreten. Seine eigene Beziehungskompetenz zu überprüfen ist aber nur möglich, wenn die Bereitschaft vorhanden ist, mit von außen angestoßenen Entwicklungen zu arbeiten. Denn es sind immer auch andere Menschen betroffen.

Die folgenden Modelle beinhalten zwei Perspektiven in Bezug auf die persönliche und berufliche Entwicklung, die besonders für die Beziehungskompetenz relevant sind. Daneben gibt es weitere hilfreiche Entwicklungstheorien[5], die die vielfältigen Prozesse im Erwachsenenalter verständlich machen können.

Wir wollen uns zunächst mit dem Konzept der Selbstdifferenzierung von Murray Bowen[6] beschäftigen und anschließend Einblicke in das Konzept des reflektierenden Praktikers von Donald Schön[7] geben.

Bowens Konzept der *Selbstdifferenzierung* konzentriert sich auf die persönlichen Prozesse der Nähe und Distanz sowie auf emotionale Reifung[8]. Differenzierung ist die Fähigkeit, in engen Beziehungen mit seinen eigenen persönlichen Bedürfnissen, Grenzen, Gefühlen und Werten verbunden zu bleiben, sowie die Fähigkeit, Gefühle von Gedanken zu unterscheiden. Bowen hat eine Differenzierungsskala entwickelt, die alle Stadien oder Phasen auf dem Weg zu vollständiger Differenzierung beschreibt:

Je ausgeprägter die Differenzierungsfähigkeit, desto höher die emotionale Toleranz – also die Fähigkeit, mit emotionaler Anspannung, Konflikten und Intensität umzugehen. Reaktivität beschreibt das andere Ende der Skala. Dabei handelt es sich um die Tendenz, sich von anderen abhängig zu fühlen, was durch Selbstaufopferung, Opfermentalität oder Unterwerfung zum Ausdruck kommt. Die Differenzierungsfähigkeit entwickelt sich durch Konsenssuche statt Selbstbehauptung zu einer ausgewogenen Fähigkeit, Nuancen wahrzunehmen und in vollem Bewusstsein der eigenen, realistischen Abhängigkeit von anderen Selbstverantwortung zu übernehmen.

Folgende Schlüsselwörter beschreiben die Stadien der Bowen'schen Differenzierungsskala:

0–25: Menschen mit dem niedrigsten Grad an *Selbstdifferenzierung* zeigen ein hohes Maß an Verschmelzung. Ihre Gedanken werden von Gefühlen gesteuert. Es fällt ihnen schwer, sich als getrennt von anderen zu empfinden, und sie werden in engen Beziehungen von Gefühlen dominiert. Ihr Hauptfokus liegt darauf, Unbehagen und Konflikte zu vermeiden, indem sie abhängige Beziehungen zu anderen eingehen.

25–50: Menschen mit einer geringen *Selbstdifferenzierung* sind überwiegend von Gefühlen gesteuert und von Harmonie oder Disharmonie abhängig. Ihnen fehlt oft die Energie für Selbstorganisation und fokussiertes Verhalten. Sie neigen dazu, sich äußeren Autoritäten und Systemen zu unterwerfen, die durch ein einfaches und klares Weltbild gekennzeichnet sind: autoritär oder unterwürfig.

50–75: Menschen mit relativ hoher *Selbstdifferenzierung* zeigen einen geringen Verschmelzungsgrad. Sie haben in gewissem Maß

Emotionale Verschmelzung	**Hohe Selbstdifferenzierung**
Gefühle bestimmen das Denken	Denken und Fühlen werden klar differenziert
Hohe emotionale Reaktivität	Emotionale Toleranz
Gefühle überfluten	Ausgewogener Umgang mit Gefühlen
Person nimmt sich mit anderen eng verschmolzen wahr	Intime Beziehungen werden gelebt ohne die Autonomie zu verlieren

0 = emotionale Verschmelzung 100 = hohe Selbstdifferenzierung

adäquat definierte und differenzierte persönliche Meinungen und Werte und wenige Projektionen, haben aber Angst davor, sich zu sehr kontroversen Themen zu äußern.

75–100: Menschen mit hoher *Selbstdifferenzierung* werden von internen Faktoren gesteuert, sind unabhängig und undogmatisch. Sie haben ein sehr nuanciertes Gefühlsleben, klare Werte und ein hohes Maß an Toleranz. Sie zeigen ein starkes gesellschaftliches Interesse und die Bereitschaft, Verantwortung zu übernehmen, und sind in der Lage, intensive Beziehungen einzugehen.

Je geringer die Selbstdifferenzierung eines Menschen, desto mehr Angst löst der Beginn eines persönlichen Entwicklungsprozesses aus. Das zugrunde liegende Gefühl besteht auf der untersten Stufe hauptsächlich aus Angst. Dabei ist das entwicklungsbedürftige Selbst sehr stark von seiner sozialen Umgebung abhängig. Höhere Selbstdifferenzierung ist durch größeres Selbstvertrauen und höhere Selbstbestimmung charakterisiert.

Wenn wir hoch differenzierten Menschen begegnen, sind wir meistens entweder fasziniert oder reagieren mit Schüchternheit und Distanz. Bei Lehrer*innen besteht das Risiko, im Umgang mit hoch differenzierten Kindern oder Kindern, die in bestimmten Bereichen eine hohe persönliche Integrität besitzen, die eigene, möglicherweise geringe Integrität durch externe Autorität und Machtausübung zu ersetzen.

Ein weiterer Entwicklungsprozess, bei dem persönliche und berufliche Aspekte kombiniert werden, ist der Übergang von der Expertenrolle zum reflektierenden Praktiker, wie ihn Donald A. Schön beschreibt. Das berufliche Wissen und die persönlichen Kompetenzen werden anhand der eigenen praktischen Erfahrungen und deren Reflexion ausgebaut. So kann ein Metawissen über sich selbst und seine Handlungen entstehen. Im Folgenden sehen Sie einen kurzen Abriss der persönlichen Einstellungen, die sich verändern können.

Wissensexperte	Reflektierender Praktiker
Von mir wird Wissen erwartet, und ich muss als Experte auftreten – unabhängig von meiner Unsicherheit.	Von mir wird Wissen erwartet, aber ich bin nicht der Einzige in der Situation, der relevantes und wichtiges Wissen besitzt. Meine Unsicherheiten können für mich und andere ein Lernimpuls sein.
Ich halte Distanz zum Klienten und halte an der Expertenrolle fest. Dem Klienten vermittele ich einen Eindruck von meinem Fachwissen, aber auch ein Gefühl von Wärme und Mitgefühl.	Ich versuche, eine Verbindung zu den Gedanken und Gefühlen des Klienten herzustellen. Und ich lasse zu, dass sein Respekt vor meinem Wissen aus der Situation heraus entsteht.
Aus der Reaktion des Klienten auf mein professionelles Verhalten lese ich Achtung und Status heraus.	Ich strebe ein Gefühl von Freiheit und einer echten Verbindung zum Klienten an, das daraus resultiert, dass ich meine professionelle Fassade nicht mehr aufrechterhalten muss.

Berufliches Lernen ist ein fortlaufender Prozess. Entwicklung findet im Laufe der Zeit und mit zunehmender Erfahrung statt und kann und muss nicht vor dem Berufsstart als Lehrer gemeistert werden. Man kann leicht in überwältigenden Anforderungen an sich selbst versinken oder sich im Vergleich zu erfahreneren Kollegen minderwertig fühlen.

Ad 4. Wie kann die fach-persönliche Entwicklung unterstützt werden?

In den folgenden Unterkapiteln beschreiben wir ausführlich verschiedene Arten, die fach-persönliche Entwicklung im pädagogischen Kontext zu unterstützen und zu ermöglichen. Es gibt im Schulalltag vier verschiedene Interaktionspartner, die unsere Beziehungskompetenz beeinflussen, herausfordern und unterstützen. Wir werden uns auf die spezifische Rolle von Vorgesetzten, Kindern und Eltern im Hinblick auf die fach-persönliche Entwicklung von Lehrern konzentrieren, bevor wir uns die Rolle von Kollegen und die Möglichkeiten, kollegiale Reflexion und Supervision als spezifische Methoden einzusetzen, anschauen.

Die Rolle der Vorgesetzten

Ein Merkmal nicht nur von Schulen ist, dass es immer Menschen in Führungspositionen gibt. Die Anforderungen an die Beziehungskompetenz der Vorgesetzten sind größtenteils dieselben, die bereits beschrieben wurde. Wir fassen im Folgenden wichtige Führungsqualitäten zusammen und befassen uns insbesondere mit ihrer Rolle als Personalmanager und Führungspersonen, die für die Arbeitsatmosphäre und die Schulkultur verantwortlich sind.

Prozessorientierte Führung

Wie bereits im Zusammenhang mit Beziehungen zwischen Erwachsenen beschrieben, trägt die Person mit größerer struktureller Macht die Hauptverantwortung für die Qualität der Beziehung. In guten wie in schlechten Zeiten sind Rektorin oder Rektor für die allgemeine Atmosphäre und die Qualität, mit der Lehrer und Lehrerinnen ihre Führungsrolle ausfüllen, verantwortlich. Diese Verantwortung geht mit einer ziemlich beängstigenden und schwer zu definierenden Art Macht einher. Sie wird oft nicht ausdrücklich erwähnt oder offiziell definiert, obwohl sie eine der wichtigsten Kompetenzen in Schulen und Betreuungseinrichtungen ist.

Das Wohlergehen der Mitarbeiter*innen und die Qualität der beruflichen Arbeit sowie deren Erfolg hängen direkt von der Fähigkeit und Kompetenz der Führung ab. Führungspersonen können diese Verantwortung nicht anderen übertragen oder demokratisieren. Sie sind verantwortlich und haben einen großen Einfluss, ob er ihnen bewusst ist oder nicht.

Langfristige persönliche Zusammenarbeit beeinflusst sowohl im Positiven als auch im Negativen. Es ist unvermeidlich, dass andere die möglicherweise selbstzerstörerischen Anteile der eigenen Person zu spüren bekommen. Deshalb ist Beziehungskompetenz weniger von den konstruktiven oder destruktiven Eigenschaften der Schulleiter*in als vielmehr von ihrer Bereitschaft, Verantwortung für die Folgen destruktiver Verhaltensmuster zu übernehmen (soweit sie bewusst sind). Dadurch wird eine Kultur der Beziehungsqualität geschaffen.

Zunehmende administrative Anforderungen scheinen damit nicht vereinbar zu sein. Dennoch sind sie nicht so unvereinbar, wie es auf den ersten Blick scheinen mag. Tatsächlich haben Schulen, deren Leitung kompetent ist und ihre eigene verfahrensbezogene

Verantwortung und Beziehungskompetenz wertschätzt, weniger Probleme mit bürokratischen Themen als andere.

➔ Schulen, denen es gelingt, ein Gleichgewicht zwischen administrativen Anforderungen und menschlichen Werten herzustellen und die dabei bewusst mehr Gewicht auf die menschliche Seite legen, können institutionelle Ziele und Werte besser umsetzen.

Darüber hinaus können sie durch administrativen Druck ausgelöste entmenschlichenden Tendenzen entgegenwirken.

An dieser Stelle möchten wir auf den Hauptunterschied zwischen der Situation der Lehrpersonen und der ihnen anvertrauten Kinder in Bezug auf die oben erwähnte strukturelle Macht hinweisen: Lehrer*innen sind ihren Vorgesetzten nicht im selben Maß ausgeliefert, wie Kinder und Jugendliche ihren Lehrer*innen ausgeliefert sind. Erwachsene haben Möglichkeiten, Zustimmung oder Ablehnung direkt auszudrücken, sich zu distanzieren und ein gewisses Maß an Einfluss auszuüben. Zudem wird die Kooperation von Erwachsenen oft durch Regeln und Vereinbarungen reguliert.

In manchen Fällen baut Führung auf bestimmten pädagogischen Philosophien und Konzepten auf, und die Schulleitung fungiert als Galionsfigur für die Ideologie. Aber eine Führungsperson kann ihre Rolle auch darin sehen, in einer durch verschiedene Persönlichkeiten und Visionen charakterisierten Umgebung Synergien zu erzeugen. Führungskräfte müssen auch in schwierigen Zeiten im Einklang mit ihren persönlichen und beruflichen Werten handeln. Aufgrund des großen Einflusses, den die Führung hat, manifestiert sich unstimmiges Verhalten auch in anderen Bereichen.

MOBBING

In den letzten zehn Jahren haben sich skandinavische Schulen auf Kampagnen gegen Mobbing konzentriert. Rektor*innen, denen Regeln wichtig sind, haben diese Kampagnen mit großem Engagement durchgeführt. Die Kampagnen basieren auf der Annahme, dass Erwachsene das ›richtige‹ moralische Verständnis und Verhalten haben und dass Kinder inkompetent und unsozial sind.

Rektor*innen, denen menschliche Werte wichtig sind, haben andere Wege verfolgt. Sie haben beschlossen, die Werte und Verhaltensmuster ihrer eigenen Schule zu diskutieren und zu hinterfragen. Sie haben alle Beziehungen überprüft und konnten die Qualität des Verhaltens aller Beteiligten erhöhen.

Es hätte keine Expertise gebraucht, um vorherzusagen, dass das Mobbing in den erstgenannten Schulen anfangs (in den ersten zwei oder drei Jahren) zurückgehen und anschließend wieder zunehmen würde. In den anderen Schulen ging das Mobbing kontinuierlich zurück, bis nach zwei oder drei Jahren das gewünschte Ergebnis erreicht war. Das hat einen einfachen Grund: Bis zu einem gewissen Grad ist das Verhalten der Kinder immer ein Spiegelbild der Schulkultur. Schulen, die Erwachsene über Kinder stellen und eine einseitige Kampagne gegen Kinder durchführen, mobben eigentlich selbst. Das Verhalten der Erwachsenen steht nicht im Einklang mit ihrer Botschaft und überholt sie auf lange Sicht.

➔ An Schulen, die alle einladen, über gemeinsame Werte nachzudenken und mögliche Veränderungen anzustoßen, stimmen Prozess und Inhalt überein, und die Verbesserungen können langfristig aufrechterhalten werden.

Diese unterschiedlichen Ansätze liefern ein Beispiel dafür, wie die gesamte Kultur einer Schule von den Werten der Leitung und deren Fähigkeit, sie umzusetzen, abhängt. Wenn wir uns eine Schule vorstellen, in der ein Teil der Belegschaft die eine Strategie und ein anderer Teil die andere verfolgt, wird deutlich, welche Rolle Rektor oder Rektorin spielen. Einzelne Gruppen von Schülern werden mit den jeweiligen Lehrkräften kooperieren, zu denen sie eine gute Beziehung haben. Aber eine Veränderung der gesamten Schulkultur kann dadurch nicht erfolgen.

Solange Schulleitung, Lehrkräfte und Eltern enthusiastisch zusammenarbeiten, können sie auch bei schwierigen Themen Ergebnisse erzielen. Diese halten aber nur so lange an, wie die Synergie aufrechterhalten wird. Um selbstzerstörerische Verhaltensmuster zu verhindern, sind *lebenslange Kampagnen* erforderlich. Anstelle von Anti-Kampagnen mit Slogans und Informationsmaterial brauchen wir menschliche Werte, die jedem Einzelnen zugutekommen und seine Individualität in den täglichen Beziehungen stützen. Selbstzerstörerisches Verhalten ist immer das Ergebnis sowohl destruktiver Beziehungen als auch individueller und persönlicher Entscheidungen. Deshalb kann es durch kollektive Kampagnen weder verhindert noch reduziert werden.

Eine weitere Herausforderung liegt darin, dass politische Systeme und Behörden die Aufgaben von Schulen definieren, ohne einer pädagogischen und psychologischen Argumentation zu folgen. Deshalb ist es wichtig, dass Schulleiter*innen den Mut haben, sich über spezifische Anweisungen in dem Maße hinwegzusetzen, wie es ihre Arbeit und ihre Berufsethik erfordert.

Loyalität und Protektionismus

In den meisten Arbeitsumfeldern herrscht die völlig unprofessionelle Tradition, dass Expert*innen einander schützen und dies damit rechtfertigen, dass es das Beste für diejenigen sei, die ihre Dienste in Anspruch nehmen. Viele Schulleitungen meinen, eine gewisse Art Loyalität gegenüber ihren Mitarbeiter*innen zu haben, die aber im Endeffekt nur die moralische Integrität der Schule untergräbt.

Wir glauben, dass diese falsch verstandene Loyalität durch relevante Beziehungsinterventionen ersetzt werden sollte.

DANIEL

Inger war eine erfahrene Klassenlehrerin einer 5. Klasse. Beim regulären Elternsprechtag im Herbst berichtete Inger Daniels Eltern von seinen Lernschwierigkeiten im Dänischunterricht. Sie schlug vor, dass Daniel den Schulpsychologen aufsuchen solle. Es war nicht das erste Mal, dass sie Daniels Schwierigkeiten angesprochen hatte, aber bis dahin hatte Daniel mit Ingers Hilfe »das Beste aus seinen Fähigkeiten herausholen« können. Deshalb hatte sie bei früheren Gesprächen noch keinen Förderunterricht oder psychologische Untersuchungen vorgeschlagen.

Die Eltern waren vom Vorschlag der Lehrerin überrascht und konnten sich nicht erinnern, vorher schon einmal über dieses Thema gesprochen zu haben. Die Mutter fing an, zu weinen, während der Vater schwieg. Inger wunderte sich. Sie war davon überzeugt, die Eltern früher schon über Daniels Probleme informiert zu haben. Sie war ratlos und unsicher, wie sie auf das Verhalten der Eltern reagieren sollte. Deshalb schlug sie ein Treffen in der folgenden Woche vor, um ihnen genug Zeit zu geben, über das Thema zu sprechen. Daniels Eltern waren verärgert und konnten nicht akzeptieren, dass ihr Sohn Probleme haben könnte. Sie fühlten sich schlecht behandelt und gaben Inger die Schuld an allem. Sie berichteten anderen Eltern von ihrem Gespräch mit ihr, was bei einigen zu ernsten Zweifeln an Ingers Unterrichtskonzept führte. Sie beschlossen, den Rektor darauf anzusprechen. Sowohl er als auch der Leiter der Schulbehörde erhielten einen Brief, woraufhin der Rektor Inger informierte, die völlig schockiert war.

Der Rektor berief einen außerplanmäßigen Elternabend ein, bei dem er den Dänischlehrplan erläuterte, um die Eltern davon zu überzeugen, dass Ingers Unterricht den offiziellen Vorgaben entsprach. Da Inger wegen der Aktion der Eltern nicht nur schockiert, sondern auch verletzt war, fühlte sie sich außerstande, an dem Treffen teilzunehmen. Dass das Treffen vom Rektor statt von der Lehrerin geleitet wurde, weckte bei den Eltern noch mehr Misstrauen.

In dieser Situation sah jeder nur seine eigenen Themen. Professionelle Standards wurden ignoriert, weil man sich persönlich angegriffen fühlte oder sich gezwungen sah, (bürokratisch) korrekt zu handeln. Am Ende verloren alle mehr, als sie gewonnen hatten.

Tatsächlich hätte der Rektor mindestens zwei weitere Optionen gehabt:

1. Er hätte ein oder mehrere Gespräche zu viert, mit Inger und Daniels Eltern, führen können, um ihre Kooperationsbasis zu erneuern. Dabei hätte er auch versuchen können, durch aufmerksames Zuhören herauszufinden, ob die Reaktion der Eltern emotional bedingt und/oder objektiv begründet war. Wenn sich gezeigt hätte, dass die Beziehung auch vor diesem Zwischenfall schon nicht die beste gewesen war, hätte auch die Beziehung zwischen Lehrerin und Eltern Aufmerksamkeit erfordert, und der Rektor hätte die Rolle eines Beraters und Mediators einnehmen müssen.

2. Er hätte auch eine Plattform für die Lehrerin und die betroffenen Eltern bieten können, um die Beschwerden der Eltern über den Dänischunterricht zu diskutieren, wobei er auch wieder die Rolle eines Mediators hätte übernehmen sollen. Die Lehrerin hätte daran teilnehmen müssen. Aber individuelle (eventuell externe)

Unterstützung vor, während oder nach der Diskussion wäre dabei hilfreich gewesen. Der Rektor wäre dafür verantwortlich gewesen, eine geeignete Gesprächsatmosphäre zu schaffen und zu erhalten. Das hätte er durch Offenheit erreichen können: »Ich habe Sie alle hierher eingeladen, weil einige von Ihnen eine gewisse Unzufriedenheit mit dem Dänischunterricht Ihrer Kinder geäußert haben. Wir werden nicht darüber abstimmen. Wenn auch nur die Eltern eines Kindes unzufrieden sind, nehmen wir das ernst. Alles hat mit einem Gespräch zwischen der Dänischlehrerin und Daniels Eltern angefangen. Das Gespräch ist nicht gut verlaufen und hat alle Beteiligten mit unguten Gefühlen zurückgelassen. Ich weiß nicht, wie viele von Ihnen schon seit Längerem mit dem Dänischunterricht unzufrieden sind, aber es bisher noch nicht geäußert haben. Sie haben jetzt die Gelegenheit, darüber zu sprechen. Dabei kann es um die Art der Zusammenarbeit, das Unterrichtskonzept der Lehrerin, ihre Beziehung zu Ihnen als Eltern oder andere mögliche Ursachen gehen. Wir müssen aber darauf achten, in unserer Diskussion nicht alles durcheinanderzuwerfen. Ich werde versuchen, berufliche und persönliche Themen auseinanderzuhalten. Es ist mir sehr wichtig, dass sowohl Eltern als auch Kinder und Lehrkräfte an dieser Schule gut behandelt werden. Deshalb habe ich dieses Treffen organisiert.«

In der anschließenden Diskussion müssen alle Eltern Gelegenheit bekommen, ihre Meinung zu verschiedenen Aspekten des Konflikts zu äußern. So können die unterschiedlichen Meinungen der Eltern, die den Brief unterschreiben haben, und die verschiedenen Facetten Gehör finden, und kollektives Mobbing der Lehrerin wird verhindert. Außerdem erhalten die Lehrerin und der Rektor Einblick in die verschiedenen Themen, mit denen die Eltern sich beschäftigen. So entsteht eine Basis für die weitere persönliche und fachliche Entwicklung der Lehrerin. Wenn sie die Anliegen der Eltern ernst nehmen kann, wird deren Ärger über ihren Unterricht abklingen.

Dieses Beispiel zeigt auch, warum sich durch demokratische Aktionen keine Beziehungskonflikte lösen lassen. Ob der Unterrichtsstil und das Verhalten der Lehrerin richtig oder falsch sind oder ob ihr Dänischunterricht das erwartete Qualitätsniveau hat, kann nicht von der Mehrheit entschieden werden. Vielleicht wollen nur wenige Eltern persönlich Rache nehmen und alle Formalitäten durchlaufen, um ihr Ziel zu erreichen. Sie sollten den Rektor nicht in Versuchung führen, das Korrekte auf Kosten des Richtigen zu tun. Der Rektor ist auch dafür verantwortlich, zu verhindern, dass der kleinste gemeinsame Nenner den Interaktionsstil bestimmt.

Das nächste Beispiel betrifft Probleme zwischen Kollegen und die Rolle der Schulleitung.

TEAMARBEIT

Hanne war Teil eines fünfköpfigen Teams. Die anderen vier Lehrkräfte waren sich darin einig, dass die Zusammenarbeit mit ihr immer schwieriger wurde. Sie mussten oft einspringen, wenn sie Schwierigkeiten mit Eltern oder Kindern hatte. Alle vier hatten auf unterschiedliche Weise versucht, die Probleme zu lösen, aber keiner von ihnen hatte das zugrunde liegende Problem je offen angesprochen. Bei den jährlichen Mitarbeitergesprächen bemerkte die Rektorin die Schwierigkeiten in Hannes Team und beschloss daher, Hanne einem anderen Team zuzuteilen. Hanne wurde gebeten, zusammen mit einem starken Lehrer die neuen Erstklässler zu unterrichten. Die Rektorin wusste, dass der neue Partner mit Hannes Neigung, Alltagsprobleme aufzubauschen, zurechtkommen würde, Die Kinder respektierten ihn wegen seiner natürlichen Autorität und er hatte ein gutes Verhältnis zu den Eltern. Die Rektorin wählte ihn als Teamkollegen für Hanne, weil nicht davon auszugehen war, dass Hannes Probleme ihn schnell aus dem Gleichgewicht bringen würden. Außerdem ließen sich dadurch

Beschwerden von Elternseite vermeiden, die Hannes Verhalten auslösen könnte.

Hanne war einer der wenigen Menschen in der Schule, den andere Lehrer zu meiden versuchten. Sie fanden viele gute Erklärungen dafür, weshalb sie nicht mit ihr darüber reden konnten und was sie an der Zusammenarbeit mit ihr problematisch fanden. Beispielsweise waren sie der Meinung, dass sie nicht stark genug sei, um mit Kritik umzugehen, dass es die Situation noch verschlechtern würde, wenn man versuchte, mit ihr zu reden, oder dass es schlicht nicht ihre Verantwortung sei.

In diesem Beispiel sind die Vorstellungen der Kolleg*innen in Bezug auf Hanne der kleinste gemeinsame Nenner. Die Rektorin lässt zu, dass diese Vorstellungen die tägliche Arbeit beeinflussen. Offensichtlich lassen sich die Teamprobleme nicht lösen, solange Hanne selbst nicht einbezogen wird. Die Botschaft der Rektorin ist zwar deutlich, aber destruktiv für die Schulkultur: »Wenn du schwierig oder unbeliebt bist, wirst du isoliert, und ich delegiere die Verantwortung an den Kollegen, den ich für stark halte.«

Angemessenes Personalmanagement heißt auch, dass die betroffenen Personen Probleme gemeinsam analysieren und lösen. Wenn die Rektorin entscheidet, Hanne einem anderen Team zuzuteilen, muss sie ihre Entscheidung transparent machen. Außerdem muss sie dem neuen Team die nötige Unterstützung geben. Sobald die Rektorin an ihrer Fähigkeit zu zweifeln beginnt, als Beraterin und Mediatorin bei diesem Prozess zu agieren, braucht sie externe Hilfe.

Gleichwürdigkeit zwischen Erwachsenen basiert auf dem Respekt vor Differenzen und Unterschiedlichkeit. Deshalb ist es wichtig, das Entstehen einer neuen Art Konformität zu vermeiden und Unterschiede konstruktiv einzubinden.

➔ Einigkeit ist gut, aber Unterschiede sind besser (und realistischer).

Dadurch entstehende zwischenmenschliche Konflikte sind eine unvermeidliche und notwendige Komponente des Schulalltags. Die Schulleitung ist weitgehend dafür verantwortlich, zu verhindern, dass aus diesen Konflikten Hindernisse werden, die der Schule ihre Energie rauben.

Die fach-persönliche Entwicklung von Vorgesetzten

Es ist wichtig, dass Vorgesetzte sich selbst aktiv für ihre eigene Weiterentwicklung einsetzen. Das allgemeine Fachwissen muss gemeinsam mit der Belegschaft erweitert und auf dem neuesten Stand gehalten werden. Aber Führungskräfte müssen sich auch ihrer spezifischen Bedürfnisse bewusst sein.

Idealerweise ist regelmäßige persönliche Supervision oder Coaching die Mindestvoraussetzung für eine Schulleitung. Monatliche Supervision bietet die Möglichkeit, die Führungsrolle abzulegen und mithilfe eines Experten mit Know-how zu Führungskompetenzen, Organisationen und zwischenmenschlichen Beziehungen das eigene Handeln zu reflektieren. Das ist eine einfache und preiswerte Methode, die Qualität der Schulkultur zu gewährleisten und das Personalmanagement zu optimieren.

Außerdem werden spezifische Personalentwicklungsprozesse angestoßen und unterstützt. Durch Beratung und Moderation bei alltäglichen zwischenmenschlichen Konflikten auf allen Organisationsebenen sowie bei allen Problemen, die eine Führungskraft lösen muss, wird die Entwicklung der Beziehungskompetenz intensiv unterstützt.

Die Rolle der Kinder

Supervision, kollegiale Reflexion und ähnliche professionelle Methoden sind in schwierigen Beziehungen von unschätzbarem Wert. Aber auch die Kinder selbst bieten uns eine Ressource an, die zu nutzen wir noch nicht gewohnt sind. Wir sind es gewohnt, das Verhalten der Kinder zu beschreiben und mit anderen Erwachsenen über unsere Beobachtungen zu sprechen. Oder wir schicken die Kinder zu Spezialisten – in der Hoffnung, dass sie die Gründe für ihr Verhalten finden und bestenfalls versuchen, etwas daran zu ändern. Wir setzen auf sekundäre Beziehungen, um primäre Beziehungen zu verändern. In den meisten Fällen ist das völlig sinnlos.

Unsere Erfahrung zeigt, dass Kinder viel Inspiration für die fach-persönliche Entwicklung liefern, wenn Erwachsene offen, persönlich und verantwortungsvoll sind: »Hör mal, Thomas, ich bin mit unserer Zusammenarbeit nicht zufrieden. Ich weiß nicht genau, warum, oder was wir tun können, aber ich nehme an, dass du auch nicht glücklich damit bist. Kannst du mir vielleicht helfen? Ich vermute, dass es Dinge gibt, die dir an mir nicht gefallen, und es wäre sehr hilfreich, wenn du mir einfach sagen würdest, wenn ich etwas tue, das du für dumm hältst.«

Überlebensstrategien zeigen sich in beruflichen Beziehungen manchmal offenkundig und manchmal versteckt. Das gilt auch für die Interaktion mit Kindern. Die zugrunde liegende Ursache des spezifischen Verhaltens ist nicht unbedingt in den aktuellen Beziehungen relevant. Allerdings ist relevant, dass starke *aktuelle* Beziehungen die negativen Folgen *früherer* Beziehungen abmildern oder gar umkehren können. Sie können auch destruktive Interaktionen in einer gemeinsamen Vorgeschichte abmildern oder umkehren.

Lehrer haben das Arbeiten mit Kindern immer als lohnend und bereichernd erlebt: ihre Spontanität, ihre Lebensfreude und ihre

Fähigkeit, sich über Aspekte der Wirklichkeit zu wundern, die Erwachsene trivial finden, bis sie durch ein fasziniertes Kind dazu angeregt werden, die Sache noch einmal neu zu betrachten. Aber sie haben die Natur der Kinder immer mehr geschätzt als ihre Beziehungskompetenzen.

Je mehr Erfahrungen wir damit sammeln, Beziehungen zwischen Erwachsenen und Kindern als *Subjekt-Subjekt-Beziehungen* zu sehen, desto deutlicher wird, dass Kinder noch viel mehr zu bieten haben. Persönliche Weiterentwicklung ist in hohem Maße ein wechselseitiger Prozess. Die Wechselseitigkeit ist offenkundig, wenn Kinder im Einklang mit den Plänen, Methoden und Zielen reagieren und dadurch die persönliche sowie fachliche Sicherheit der Lehrer stärken. Aber wenn auch nur ein oder zwei Kinder anders als erwartet reagieren, wird die Situation komplexer. Sie zwingen die Lehrperson, ihren Ansatz zu überdenken und herauszufinden, ob ihr Plan, ihre Methode oder der zwischenmenschliche Prozess gescheitert ist.

Kinder reagieren je nach Situation sehr unterschiedlich. Verschiedenen Erwachsenen, die ihre Beziehungen zu ein und demselben Kind auf unterschiedliche Weise beschreiben, genau zuzuhören kann wichtige Informationen liefern. Meistens funktioniert es nicht, für ein bestimmtes Kind Methoden von Kolleg*innen zu übernehmen. Es ist sinnvoller, sich die eigenen Haltungen, Erwartungen und konkreten Interaktionsweisen genauer anzuschauen. Im Lauf der Zeit lernen wir, differenzierter zu interagieren, aber selbst erfahrene Lehrer und Lehrerinnen erleben Beziehungen, die eine Herausforderung darstellen und neue Lernerfahrungen mit sich bringen.

Kinder, zu denen Erwachsene nur schwer eine fruchtbare Beziehung aufbauen können und die offensichtlich schwierige Lebensumstände haben, sind wahrscheinlich die größte und gleichzeitig die wichtigste Herausforderung. Ein Teil der beruflichen

Identität ist die grundlegende Verpflichtung, Kindern zu helfen: sie dabei zu unterstützen, auf sozialer, persönlicher und intellektueller Ebene etwas zu werden, das sie noch nicht sind. Das führt oft zu einer Reihe von Versuchen, das Kind oder zumindest sein Verhalten zu ändern. Dabei ist es irrelevant, ob die Motivation der Lehrer*in bei diesen Versuchen darin besteht, die Gruppe zur Ruhe zu bringen, Konflikte zwischen dem Kind und dem Erwachsenen zu verringern oder zugunsten des Kindes zu handeln. Wichtig ist, dass diese Versuche zum Scheitern verurteilt sind, solange ihr Ziel darin besteht, das Kind zu verändern.

Die Erklärung dafür liegt auf der Hand: Durch den Versuch, ein Kind zu ändern, reduzieren wir es auf ein Objekt. Statt die Chance zu erhalten, ihre eigene Integrität weiterzuentwickeln, haben die Kinder das Gefühl, den Erwartungen der sozialen Umgebung entsprechen zu müssen. Sehr wahrscheinlich wurde das Problem durch ähnliche Erwartungen in anderen Beziehungen überhaupt erst verursacht, sodass das selbstzerstörerische Verhalten des Kindes verstärkt wird.

Die Kunst besteht darin, die eigene Interaktionsweise aus persönlichem Respekt vor sich selbst und entsprechend den eigenen Grenzen, Stärken und Potenzialen zu ändern. Dadurch macht das betreffende Kind eine neue Erfahrung und kann wieder Vertrauen in die Beziehung gewinnen. So ermöglicht die fach-persönliche Entwicklung auch die erforderliche Entwicklung des Kindes.

Dieser Ansatz kann sich wie ein Verlust von Werten und Status anfühlen. Es ist für viele ein neuer und ungewohnter Zugang. Aber wir erleben auch, dass dieser Verlust durch die neue Befriedigung, die aus fruchtbaren und dynamischen Beziehungen mit wechselseitiger Entwicklung erwächst, schnell kompensiert wird.

GRENZEN

Kirsten war eine Lehrerin, der es schwerfiel, ihre Wünsche und Bedürfnisse auszudrücken und ihre Grenzen so zu zeigen, dass sie von anderen verstanden und respektiert werden. Ihre Haltung gegenüber anderen Erwachsenen war: ›Sie müssen selbst wissen, wann sie aufhören müssen!‹ oder ›Man muss einem Erwachsenen nicht sagen, dass er seine eigene Unordnung beseitigen muss!‹.

Kirsten kam am besten mit Kindern zurecht, die selbstständig handelten und ihre Erwartungen und Grenzen verstanden, sobald sie sie erwähnte. Aber es fiel ihr immer schwerer, mit Kinder umzugehen, die klare Anweisungen brauchten. Und für diese Kinder empfand sie auch weniger Sympathie. Sie sprach von Erziehungsdefiziten, schlechter Erziehung, Projektkindern oder kleinen Prinzen und Prinzessinnen. Alle diese Erklärungen hatten sicher eine gewisse Bedeutung, ließen aber ihre eigene Rolle außen vor. Darum blieb ihre Beziehung zu diesen Kindern schwierig. Und weder ihr eigenes Selbstgefühl noch das der Kinder hatten die Chance, zu wachsen.

Kirstens Art, zu kommunizieren, war durch einen Anflug von Resignation gekennzeichnet: »Aaaaanton, du musst mir zuhören! Das habe ich dir doch schon zehnmal gesagt.« Manchmal kam sie allerdings auch moralisierend herüber: »Christian, du weißt, dass keine Zeit für die anderen ist, wenn du nicht aufhörst, zu reden. Sie wollen auch etwas sagen.«

Kirstens Äußerungen gaben den Kindern oft das Gefühl, fehl am Platz zu sein, und wenn das der Fall war, wurden ihre Überlebensstrategien aktiviert, was sich oft in unangemessenem Verhalten zeigte. So waren beide Seiten in einem destruktiven Beziehungsmuster gefangen.

Kirstens Situation ist typisch für Erwachsene, die gelernt haben, sich im Umgang mit Kindern und Jugendlichen, denen beigebracht wurde, sich offen auszudrücken, zurückzunehmen. Weder Kirsten noch viele ihrer Kolleg*innen sind mit der Situation zufrieden und geben daher anderen die Schuld. Durch Entwickeln von Authentizität und Erkennen der existenziellen Dimension ihres Verhaltens könnte sich ihre Art, mit Kindern zu kooperieren, in fachlicher, sozialer und persönlicher Hinsicht verbessern. Es geht in erster Linie darum, ein Gleichgewicht zwischen ergebnisorientiertem und prozessorientiertem Unterricht herzustellen.

NIKLAS

Anna unterrichtete eine 5. Klasse und teilte die Kinder bewusst in Teams ein, um ihre Produktivität zu erhöhen. Es gibt aber immer Kinder, denen es schwerfällt, in Teams zu arbeiten, und/oder mit denen andere Kinder nicht gern arbeiten.

Niklas war eines dieser Kinder. Er war in einer Gruppe mit vier anderen. Sie fingen an zu arbeiten, aber Niklas wollte seinen Bleistift anspitzen, Wasser trinken, einen Radiergummi ausleihen und zur Toilette gehen. Er sendete klare Signale aus, die auf seine Schwierigkeiten mit der Gruppenarbeit hindeuteten. Anna versuchte, ihn zu unterstützen: »Niklas, fang jetzt einfach an zu arbeiten. Hast du das richtige Buch? Dann fang einfach an. Hier, schau dir Seite 37 an.« Nach wenigen Minuten intervenierte sie erneut: »Niklas, du bekommst nichts erledigt, wenn du immer wieder aufstehst. Könntest du aufhören, die anderen zu unterbrechen!«

Niklas wurde zunehmend unruhiger. Kurz vor dem Ende der Stunde wollte er den Raum verlassen. Die Lehrerin hielt ihn auf und sagte ihm, dass er bis zur Pause warten solle. Niklas war verzweifelt und drohte, sie zu schlagen. Anna hatte Angst und schickte ihn zur Schulleitung, um ein Gespräch zu führen. Im Nachhinein war sie entsetzt bei der Vorstellung, dass Niklas auch nur auf den Gedanken kommen konnte, ihr körperliche Gewalt anzudrohen.

In einer anschließenden Supervision wurde ihr klar, dass Niklas unter mehr Druck stand, als er ertragen konnte. Sie sah, dass er Schwierigkeiten mit der Gruppenarbeit hatte und dass seine Mitschüler nicht mit ihm zusammenarbeiten wollten. Niklas konnte nicht über die Situation sprechen. Dazu hätte er ihre Hilfe gebraucht. Aber da er keinerlei Hilfe in Bezug auf sein Problem bekam, eskalierten seine Unruhe, seine Frustration und sein Schmerz ebenso wie sein Verhalten, was das Zusammenarbeiten mit ihm überhaupt erst so schwierig machte.

Wir wissen nicht, was die Lehrerin in diesem Fall daran hinderte, Niklas und seine Hilfsbedürftigkeit zu sehen. Vielleicht war sie zu sehr auf das Ziel konzentriert, dass Kinder lernen müssen, in Gruppen zu arbeiten, und dass Gruppen ein Ergebnis liefern müssen. Vielleicht hatte sie bisher nur gute Erfahrungen mit Gruppenarbeit gemacht und konnte sich nicht vorstellen, wie schwierig es für einen Jungen wie Niklas sein würde, sich darauf einzulassen. Vielleicht trifft aber auch das Gegenteil zu. Vielleicht hatte sie diese Art von Isolation und Einsamkeit früher selbst erlebt und diesen Schmerz so lange unterdrückt, bis sie für diese Art von Schmerz bei anderen immun wurde.

Wir wissen nicht, warum es Niklas so schwerfällt, in Gruppen zu arbeiten. Durch sein Verhalten scheint er die Botschaft zu senden: »Es ist schwierig, hier zu sein. Ich hasse Gruppenarbeit, weil dabei offenkundig wird, dass die anderen Kinder nur mit mir reden, weil die Lehrerin es will. Ich halte das nicht aus. Ich würde fast alles tun, um aus dieser Situation herauszukommen. Ich habe keine Ahnung, was mit mir nicht stimmt, aber es muss an mir liegen. Ich kann niemanden fragen, darum sage ich einfach, dass Gruppenarbeit dumm und langweilig ist!« Wir wissen nicht, warum Niklas ein so geringes Selbstwertgefühl hat. Und das ist in diesem Kontext auch nicht wichtig. Wir wissen, dass er eine Lehrerin braucht, die weiß, dass Kinder normalerweise gern zusammenarbeiten und dass sie Unterstützung brauchen, wenn es ihnen keinen Spaß macht.

Was in Niklas' Familie vor sich geht oder früher passiert ist oder welche Übergriffe der Junge in früheren Beziehungen zu Lehrpersonen über sich ergehen lassen musste, ist für die aktuelle Situation nicht relevant. Sowohl die Lehrerin als auch die anderen Kinder würden davon profitieren, wenn die Lehrerin Niklas' aktuelles Verhalten ernst nehmen würde, statt es zu verurteilen und zu kategorisieren.

Im pädagogischen Jargon könnte man Niklas als ein Kind beschreiben, dem es an sozialer Kompetenz fehlt. Tatsächlich besitzt Niklas aber eine der wichtigsten Kompetenzen, die man in einer Gemeinschaft erwerben kann: die Kompetenz, die eigenen Gefühle in Bezug darauf auszudrücken, Teil der Gruppe zu sein. Dass seine Art, es auszudrücken, verzerrt ist und Mitgefühl von seiner persönlichen Umgebung erfordert, mag der Grund dafür sein, dass wir Lehrer brauchen. Weil sich die Lehrerin ihrer Rolle nicht bewusst ist, bringt Niklas den Mut auf, sein Verhalten so auf die Spitze zu treiben, dass er ihr sogar Gewalt androht. Er lädt geradezu zur fach-persönlichen Entwicklung ein.

Niklas fehlt zweifellos mindestens eine wichtige Komponente der sozialen Kompetenz, und seine Lehrerin hat die Grenzen ihrer Beziehungskompetenz erreicht. So entsteht eine Lerngemeinschaft.

Das folgende Beispiel zeigt dasselbe, obwohl es der Lehrerin weder an Mitgefühl noch an der Absicht, es zu zeigen, fehlt.

MICHAEL

Michael (6. Klasse) war begabt und hatte keine Lernschwächen. Er war das älteste von vier Kindern. Sein Vater war psychisch krank und hatte häufige Klinikaufenthalte und seine Mutter verdiente den Lebensunterhalt als ungelernte Arbeiterin. Michael trug daheim viel Verantwortung. Er war der Älteste und holte seine jüngeren Geschwister von der Schule ab. Er kümmerte sich um sie und erledigte die Einkäufe. Und er reagierte wie viele Kinder in solchen Situationen: Er fühlte sich für die Gesundheit seines Vaters, das Wohlergehen seiner Mutter, die finanzielle Situation der Familie etc. verantwortlich.

Zu Hause zeigte Michael eine hohe (soziale) Kompetenz, aber in und nach der Schule hatte er große Schwierigkeiten. Es gab viele Konflikte mit Lehrkräften und anderen Kindern – Streitigkeiten, bei denen er sehr kalt wirkte. In seiner Freizeit war er mit einer Gruppe Kindern zusammen, die Diebstähle in Supermärkten beging, illegal Graffiti malte und Alkohol trank.

Michaels Klassenlehrerin mochte ihn und nahm sich extra Zeit für ihn. Sie organisierte Zusatzstunden für ihn – sowohl in kreativen als auch in praktischen Fächern, in denen sie ihn unterrichtete. Sie war die einzige Erwachsene an der Schule, zu der Michael eine Beziehung aufgebaut hatte. Die Lehrerin dachte viel über ihn nach und machte sich Sorgen, ob sie und die Schule genug für ihn taten. Sie nahm sich viel Zeit, um mit Kolleg*innen, dem Psychologen und dem Sozialarbeiter zu sprechen. Sie fand sich oft in Situationen, in denen sie das Gefühl hatte, sein provokantes Verhalten verteidigen zu müssen: Michael war ein Kind, dem es schwerfiel, enge und stabile Beziehungen aufzubauen, ohne sie sofort wieder zu zerstören. Eines Tages hatte die Klasse hauswirtschaftlichen Unterricht und die Klassenlehrerin unterstützte Michael. Der Unterricht verlief ohne Zwischenfälle. Die Kinder kochten und Michael unterhielt sich freundlich mit seiner Lehrerin und anderen Kindern. Es war einer dieser Tage, an denen sie aufatmen konnte und davon überzeugt war, dass der Junge endlich Fortschritte machte. Sie war froh, Michaels Platz an der Schule unterstützt zu haben.

Gegen Ende der Stunde überreichte Michael ihr ein Zitronendessert, das er speziell für sie zubereitet hatte: »Das ist für Sie.« Die Lehrerin war begeistert und deutete Michaels Geste als Zeichen dafür, dass auch er sich wohlgefühlt hatte. Aber als sie einen Bissen davon nahm, erwies sich das Dessert als ungenießbar. Es war würzig und viel zu salzig. Plötzlich fühlte sie sich erschöpft und hilflos.

Diese Lehrerin hat über einen längeren Zeitraum mit Michael gearbeitet. Sie ist engagiert, verständnisvoll, einfühlsam, flexibel, ausdauernd etc. – alles Eigenschaften, die wir für notwendig halten. Sie hat Michael in ihr Herz geschlossen. Was kann man mehr von ihr verlangen? Was kann sie aus dieser Situation lernen, um nicht verletzt, enttäuscht und zynisch zu werden?

Sie braucht Unterstützung. Und sie muss mit ihren Kollegen, einem Supervisor oder einem Psychologen über sich selbst sprechen. Sie braucht Verständnis und Anerkennung, während sie über ihre Reaktionen und Erfahrungen spricht. Als Erstes wird sie herausfinden müssen, was sie Michael sagen will, um eine neue Basis für ihre Beziehung zu finden. Das braucht Zeit: Sie muss zuerst eine Ausdrucksweise finden, durch die ihre eigene und Michaels Integrität geschützt werden. Vielen Menschen fällt es schwer, wirklich zu verstehen und zu verarbeiten, was diese Art Erfahrung für den Betroffenen bedeutet. Manche finden es unprofessionell, sich vom Verhalten eines Kindes emotional beeinträchtigen zu lassen. Tatsächlich wäre es unprofessionell, *nicht davon beeinträch-*

tigt zu sein. Ihre Professionalität wird sich darin zeigen, wie sie ihre Reaktionen verarbeitet.

Als Nächstes muss sich die Lehrerin genauer anschauen, auf welche Weise sie dazu beigetragen haben könnte, dass Michael den ansonsten positiven Kontakt beschädigt hat: Hat sie den Kontakt zu ihren eigenen Gefühlen und Werten verloren und ist ein bereitwilliges Opfer seines Bedürfnisses nach Fürsorge und Aufmerksamkeit geworden? War sie so sehr damit beschäftigt, *für* ihn zu kämpfen, dass sie vergessen hat, *mit* ihm zu kämpfen, und damit die Interaktion mit ihm entpersönlicht hat?

Sie wird Zeit brauchen, um mit ihrer *inneren* Verantwortlichkeit in Verbindung zu treten und Einblicke in ihre Beziehung zu Michael zu gewinnen. Aber der Prozess wird ihr Selbstgefühl und ihre persönliche Autorität stärken und ihre umfangreiche Berufserfahrung um weitere Facetten erweitern.

Sobald sie bereit ist, Michael mit ihren neuen Erkenntnissen zu konfrontieren, muss der Junge einen parallelen Prozess durchlaufen. Wenn es der Lehrerin gelingt, ihre Traurigkeit, ihre Wut oder Hilflosigkeit auszudrücken, bekommt Michael eine Vorstellung davon, wie sich sein Verhalten auf andere auswirkt. Diese persönliche Interaktion kann Michael helfen, einen Zugang zu seiner inneren Verantwortlichkeit und seinen Gefühlen zu finden, die ein bestimmtes Verhalten verursachen.

→ Kinder, auf denen sehr viel soziale Verantwortung lastet, brauchen mehr als alles andere einen Erwachsenen, der ihnen den Weg zu innerer Verantwortlichkeit zeigen und ihnen helfen kann, einen Raum für ihre persönlichen Emotionen und Bedürfnisse zu schaffen.

Idealerweise würde Michaels ganze Familie Unterstützung erhalten. Die Lehrerin ist nicht allein für die Zukunft des Kindes verantwortlich. Sie ist lediglich für ihre Beziehung zu ihm verantwortlich und dafür, das soziale System darauf aufmerksam zu machen, dass der Junge mehr Unterstützung braucht.

Wenn Erwachsene wegen eines Kindes verärgert sind, liegt es oft daran, dass durch das Verhalten des Kindes die Aufmerksamkeit auf nicht bewältigte Themen (Gefühle und/oder Haltungen) beim Erwachsenen selbst gelenkt wird. Die Bereitschaft von Erwachsenen, zu reflektieren und sich darüber auszutauschen, dass sie von einem Kind persönlich betroffen sind, entscheidet darüber, ob beider persönliche Weiterentwicklung gefördert oder das Kind als problematisch eingestuft wird.

Wie schon erwähnt, sind Konflikte ein normaler Teil persönlicher Interaktionen. So liegt das Hauptziel dieses Lösungsansatzes liegt nicht darin, Konflikte effektiv zu lösen. Wechselseitiges Wachstum und Entwicklung sind für alle Beteiligten wichtig, aber der wichtigste Aspekt besteht darin, Wechselseitigkeit als Beziehungsqualität zu erleben.

Die Rolle der Eltern

Auch die Arbeit mit Eltern bietet viele Gelegenheiten zur fach-persönlichen Entwicklung. Aber da diese Interaktionen nur unregelmäßig stattfinden, sind die Ergebnisse selten so spektakulär wie bei den Beziehungen zwischen Erwachsenen und Kindern. Eine grundlegende Lernerfahrung wird ermöglicht, wenn sich eine Lehrkraft ihrer eigenen Vorurteile (unabhängig vom positiven oder negativen Einfluss) bewusst wird.

Manchen Lehrer*innen fällt es schwer, mit Eltern umzugehen, die Geistliche sind. Andere tun sich schwer mit Geschäftsleuten, die im Anzug erscheinen. Manche sind sehr einfühlsam und flexibel im Umgang mit Eltern, die selbst auch Lehrer sind; andere sind unflexibler. Manche haben Vorbehalte gegenüber alleinerziehenden Müttern. Andere werden sentimental und sogar anhänglich. Manche versuchen, muslimische Eltern zu indoktrinieren. Andere neigen zu unangemessener Zurückhaltung. Manche werden gegenüber homosexuellen Paaren aggressiv, während andere sich sehr bemühen, ihre Toleranz zu demonstrieren.

Nach der allgemeinen pädagogischen Ethik ist es nicht akzeptabel, dass Lehrkräfte Vorurteile haben. Aber wir alle haben Vorurteile! Unsere Vorurteile sind eng mit unserem eigenen kulturellen Hintergrund und Bildungshintergrund sowie dem Grad an Selbstdifferenzierung, zu dem wir fähig sind, verknüpft. Aber auch hier gilt: *Wie* wir mit Vorurteilen umgehen, ist wichtiger als die Tatsache, *dass* wir sie haben. Je mehr wir versuchen, Vorurteile zu verbergen oder zu unterdrücken, desto destruktiver werden sie. Natürlich können wir umso offener mit Eltern interagieren, je vorurteilsfreier wir sind.

➔ Der effektivste Weg, Vorurteile aufzulösen, besteht darin, sie gegenüber den Betroffenen offen anzusprechen.

Hier ein paar Möglichkeiten der Ansprache an Eltern:

- »Ich habe meine Schwierigkeiten mit Eltern, die selbst auch Lehrer sind. Oft entwickeln sich daraus Machtkämpfe. Falls Sie feststellen, dass das bei unserem Gespräch passiert, weisen Sie mich bitte darauf hin.«
- »Ich weiß sehr wenig über das Leben von Managern im privaten Sektor und bin daher vielleicht ein wenig voreingenommen.«
- »Ich habe Angst davor, als Rassist bezeichnet zu werden, und verwende darum sehr viel Energie darauf, nicht so zu erscheinen.«

- »Die wenigen Gespräche, die wir seit Marias Schuleintritt hatten, haben bei mir immer einen negativen Beigeschmack zurückgelassen. Erst nachdem ich mit meinen Kollegen darüber gesprochen hatte, wurde mir klar, dass ich offenbar Vorurteile gegenüber Adoptiveltern habe. Es wäre sehr hilfreich, wenn wir darüber sprechen könnten, bevor wir zum eigentlichen Thema kommen.«

Manchmal genügen schon ein paar Sätze, um die Grundlage für ein fachliches Gespräch zu schaffen. Wenn einem während des Gesprächs die eigenen Vorurteile bewusst werden, lassen sich mit Humor und Selbstironie oft die Schäden begrenzen und neue Perspektiven eröffnen.

Es kann passieren, dass Lehrer*innen sich von Eltern so provoziert fühlen, dass sie völlig die Beherrschung und berufliche Distanz verlieren. Als Folge davon müssen sie sich ausführlicher mit persönlichen Aspekten auseinandersetzen, als ihnen vielleicht lieb ist. In solchen Fällen ist das gerade stattfindende Gespräch selten die beste Gelegenheit, das Thema zu klären. Kollegiale Reflexion oder Supervision eignet sich besser, um herauszufinden, ob die betroffene Lehrer*in den Kontakt einer anderen Kolleg*in übertragen oder mit einer neuen Perspektive an die betroffenen Eltern herantreten und sich für ihre Vorurteile entschuldigen sollte.

Ein altes Sprichwort besagt, dass wir von den Menschen, die uns am wenigsten sympathisch sind, am meisten über uns selbst lernen. Sie konfrontieren uns nicht nur mit unseren Vorurteilen, sondern auch mit wenig liebenswerten Aspekten unserer eigenen Persönlichkeit – Aspekten, mit denen wir uns nicht identifizieren wollen. Wir fühlen uns am sichersten mit Menschen, für die wir sofort Sympathie empfinden, weil sie die Anteile unserer Persönlichkeit bestätigen, die wir selbst am meisten an uns mögen. In der Arbeitswelt haben wir nicht oft die Chance, Beziehungen auszuwählen. Daher wird unsere fach-persönliche Entwicklung unterstützt, wenn wir das Gefühl der Sicherheit zugunsten der Beziehungsqualität aufgeben.

In dem Buch *Schule braucht Beziehung*[9] schlagen wir einen neuen Ansatz vor, der einen Wechsel von einem modernen zu einem postmodernen Konzept der Kommunikation zwischen Lehrkräften und Eltern mit sich bringt, bei dem die Erfahrungen und Sichtweisen der Eltern mehr Raum und Bedeutung erhalten. Wenn Lehrpersonen Eltern mehr Aufmerksamkeit schenken, stellen sie fest, dass Eltern wertvolle Erfahrungen beisteuern können, von denen Lehrer*innen profitieren und Inspiration beziehen können.

MADS

Die Lehrkräfte hatten oft heftige Konflikte mit Mads. Der Junge wehrte sich gegen jeden Versuch anderer Menschen, für ihn Entscheidungen zu treffen. Mads war Einzelkind. Darum dachten die Lehrer, dass er einfach nicht gelernt habe, sich in eine größere Gruppe zu integrieren und zu akzeptieren, dass es dort andere Regeln als zu Hause gab.

Die Eltern nickten einfach nur lächelnd und wissend, wenn Lehrer oder Lehrerinnen ihnen von einem Konflikt berichteten. Sie bestätigten, dass Mads schon immer so gewesen sei. Sie hatten sich viel Zeit dafür genommen, mit ihrem Sohn zu reden und ihm ausführliche pädagogische Erklärungen dafür zu geben, weshalb er seine Gummistiefel anziehen, seine Zähne putzen oder essen müsse, aber ohne Erfolg. Als Mads zwei Jahre alt geworden war, war ihnen klar geworden, dass sie ihm eindeutige Anweisungen (wie zum Beispiel: ›Ich will, dass du jetzt hereinkommst und isst!‹) geben, seine Ablehnung akzeptieren und ihn einige Minuten in Ruhe lassen mussten. Wenn sie das taten, kam Mads nach kurzer Zeit an den Tisch und verhielt sich, als ob nichts passiert sei.

Die Lehrer*innen übernahmen diesen Ansatz, und von da an war ihre Beziehung zu Mads weniger problembehaftet und mehr durch gegenseitigen Respekt gekennzeichnet.

Dieses hilfreiche Konzept lässt sich wie folgt zusammenfassen: Wir sind eine Gruppe von Erwachsenen, die sich dem Wohlergehen dieses Kindes verpflichtet fühlen. Wir alle wollen, dass es die besten Chancen hat. Aber derzeit sind einige von uns bei ihm erfolgreicher als andere. Schauen wir doch mal, was wir voneinander lernen können.

Es gibt Eltern, die sich in die Ecke gedrängt fühlen, wenn sie von den Lehrkräften ihrer Kinder um Rat gefragt werden. Sie können nicht offen reagieren. Aber wenn Lehrer*innen in der Zusammenarbeit mit Eltern, die offener sind, eine gute Routine entwickeln, kann auch die Interaktion mit den zuerst genannten Eltern einfacher werden und im Laufe der Zeit Veränderungen zulassen.

12 Teamarbeit, kollegiale Reflexion und Supervision

In diesem Kapitel konzentrieren wir uns auf die Rolle von Kolleg*innen und Teams bei der fach-persönlichen Entwicklung. Unsere kollegialen Beziehungen ermöglichen wertvolle Erkenntnisse, wie wir von anderen wahrgenommen werden und wie wir unter Druck reagieren. Wie unser Kollege Peter Mortensen es einmal formuliert hat, helfen sie uns, »ein konstruktives Verhältnis zu den eigenen Grenzen zu bekommen«.

Nach einigen allgemeinen Empfehlungen erläutern wir unser Modell der kollegialen Reflexion und führen aus, wie Einzelpersonen und Teams bei ihrer fach-persönlichen Entwicklung durch Supervision unterstützt werden können. Fach-persönliche Entwicklung ist Entwicklung entlang den eigenen Grenzen und Einschränkungen. Im Laufe der Zeit können wir neue Zugänge und erweiterte Handlungsmöglichkeiten durch Unterstützung gewinnen und dadurch unsere Beziehungskompetenz vertiefen.

Die Zusammenarbeit im Kollegium

Für kollegiale Zusammenarbeit gilt dasselbe wie für jede andere Art Zusammenarbeit zwischen Menschen: Solange alles gut läuft, ist es keine große Sache, aber wenn es nicht funktioniert, ist das richtige Verhalten eine Kunst. Es gibt viele hervorragende Bücher über Teamarbeit, Konfliktmanagement, Versöhnung und Gruppenpsychologie.[1] In diesem Buch konzentrieren wir uns auf zwei Handlungsmöglichkeiten, die dazu beitragen können, chronische Frustration von vornherein zu vermeiden. Dies sind:

- Eine Bestandsaufnahme der Kooperation und
- Besprechungen zum Arbeitsklima und Teamtage.

1. Bestandsaufnahme: regelmäßige Reflexion

Teams und Reflexionsgruppen raten wir, regelmäßig eine Bestandsaufnahme ihrer Zusammenarbeit zu machen. In den meisten Fällen ist es sinnvoll und fördert die Kooperationsprozesse und die Gruppendynamik, wenn die Teilnehmer aufgefordert werden, ihre Kollegen zu fragen: »Was an mir macht es für dich schwierig oder einfach, mit mir zusammenzuarbeiten?« Die Antwort auf diese Frage liefert nicht nur wichtige Informationen und gibt Aufschluss über Kommunikationsprobleme, sondern hilft auch, andere berufliche Beziehungen zu bewerten. Die beruflichen Beziehungsqualitäten, die Kollegen angenehm oder schwierig finden, sind meistens dieselben, die auch Kinder und Eltern konstruktiv oder destruktiv finden.

ERWARTUNGEN

Vier Dänischlehrer in der 9. Klasse arbeiteten als Team zusammen und planten gemeinsam den Unterricht. Sie hatten schon in der 8. Klasse zusammengearbeitet. Kirsten hatte den Eindruck, dass sie sich zuvor mit vielen ihrer Ideen zurückgehalten hatte, um den anderen Lehrern mehr Handlungsspielraum zu lassen. Darum wollte sie dieses Mal ihre eigenen Vorschläge durchsetzen. Ihrer Meinung nach schuldeten die anderen ihr etwas, weil sie so oft ihren Wünschen nachgegeben hatte. Aber die anderen Lehrer hatten es schon immer schwierig gefunden, zu wissen, was Kirsten wirklich wollte. Sie hatte ihre Erwartungen nie klar formuliert. Deshalb waren sie davon ausgegangen, dass sie einfach keine Ideen hatte, und hatten sich insgeheim darüber geärgert, dass sie immer sofort auf ihre Vorschläge eingegangen war.

Jetzt hatte Kirsten eine Idee, die sie unbedingt umsetzen wollte, und war davon überzeugt, dass sie sie nur aussprechen müsse, um sofort Zustimmung zu finden. Sie dachte, dass ihre Kollegen wissen müssten, dass sie jetzt an der Reihe sei, zu entscheiden. Leider ging ihr Plan nicht auf. Die anderen diskutierten wie immer intensiv ihre eigenen Ideen. Kirsten fühlte sich übergangen und verletzt. Sie gab ihren Plan auf, und die anderen einigten sich auf ein anderes Thema. Kirsten beteiligte sich an der Diskussion des neuen Themas, zeigte aber keinerlei Engagement oder Begeisterung.

Sowohl bei Kirstens Problemen als auch bei den Problemen ihrer Kollegen geht es um die Übernahme persönlicher und sozialer Verantwortung. Kirsten fällt es offenbar schwer, die Verantwortung für sich selbst als Teil der Gruppe zu übernehmen. Sie nimmt sich selbst und ihre Wünsche nicht ernst. Sie kooperiert, ohne Stellung zu beziehen und auszusprechen, was sie will. Wenn sie mit ihren Kollegen über die letztjährige Situation gesprochen hätte und wenn diese soziale Verantwortung (also Verantwortung für die ganze Gruppe) übernommen hätten, hätten sie Kirsten helfen können, klar zu formulieren, was sie will.

Beim zwischenmenschlichen Teamprozess geht es nicht darum, dass Kirsten Stellung bezieht und die anderen von ihrer Idee überzeugt, sondern darum, dass sie ein gleichberechtigtes Teammitglied wird, indem sie ernst genommen und dabei unterstützt wird, ihren Platz in der Gruppe zu finden. Je mehr die einzelnen Teammitglieder persönliche Verantwortung übernehmen können, desto einfacher wird die Zusammenarbeit für die ganze Gruppe. Kirsten könnte sowohl persönliche als auch soziale Verantwortung übernehmen, indem sie sagen würde: »Ich bin nicht wirklich zufrieden damit, wie es hier läuft, und es ist mir geradezu peinlich, nicht zu wissen, wie ich es schaffen kann, gehört und verstanden zu werden. Darum wäre ich dankbar für eure Hilfe.« So könnte Kirsten ihre Verantwortung für die Gruppe zum Ausdruck bringen und Energie aus der Kooperation ziehen. Außerdem würden die anderen mehr darüber erfahren, wer Kirsten ist, und könnten Verantwortung übernehmen, indem sie ihre Beobachtungen offen aussprechen. Kirsten ist in einer Situation, in der sie sich unter Druck gesetzt fühlt und Schwierigkeiten damit hat, die Aufmerksamkeit der anderen zu bekommen. Sie braucht vielleicht Hilfe, zum Beispiel durch direkte Aufforderungen wie: »Kirsten, du hast schon eine Weile nichts mehr gesagt. Mich würde interessieren, was du von diesem letzten Vorschlag hältst.« Durch Verwendung dieser neuen Sprache in Beziehungen zwischen gleichrangigen Kollegen bereiten sich beide Seiten auch auf Interaktionen mit Kindern und anderen Erwachsenen vor.

Persönliche Verantwortung ist nicht dasselbe wie Egoismus oder Selbstbezogenheit, wenn sie auch oft damit verwechselt wird.

→ Die Fähigkeit, persönliche Verantwortung zu übernehmen, ist eine Voraussetzung für Beziehungen, die auf Gleichwürdigkeit und geteilter Verantwortung für die Gemeinschaft basieren.

Solange Teams gut arbeiten, können die Gruppen regelmäßig, ein- oder zweimal pro Jahr, Selbstevaluierungen organisieren. Aber wenn die Kooperation nicht gut funktioniert, sollte die Gruppe externe Hilfe bekommen, also von jemandem, der als Konfliktberater fungiert. Dabei könnte es sich um eine Kolleg*in aus einer anderen Gruppe, eine mit dem System vertraute Expert*in oder eine unabhängige Berater*in handeln. Keinesfalls sollte jedoch die Schulleiter*in als Konfliktberater*in agieren. Selbst die beliebteste und angesehenste Schulleiter*in repräsentiert Macht, die eine bereits instabile Beziehung noch weiter destabilisieren kann.

In jedem Team kommt es hin und wieder zu Konflikten. Aus verschiedenen Gründen lassen wir manchmal zu, dass diese Konflikte eskalieren und schließlich alle Möglichkeiten zerstören, wieder zu einer fruchtbaren Zusammenarbeit zu gelangen. In den meisten Fällen lassen sich am besten Lösungen erzielen, wenn die Schule bereit ist, den Fokus vom Inhalt des Konflikts zu *prozessorientierter* Unterstützung zu verschieben. Andernfalls nimmt der Konflikt meist sowohl für die beteiligten Personen als auch für die gesamte Einrichtung einen destruktiven Verlauf. Da Schulen verpflichtet sind, die *Rechte* aller Beteiligten zu schützen, vernachlässigen sie allzu oft wichtige *Bedürfnisse*. Bei juristischen Interventionen sollte immer mindestens ein Treffen vorgesehen werden, bei dem alle Beteiligten die Konsequenzen auf persönlicher Ebene besprechen können. Diese Treffen sollten von einer unabhängigen Berater*in moderiert werden, um persönliche Verletzungen zu vermeiden.

2. Arbeitsklima: Teamtage und -besprechungen

Normalerweise gibt es den Richtlinien entsprechend offizielle Besprechungen und Strukturen, die sich in erster Linie auf die Inhaltsebene konzentrieren. Wir schlagen zusätzlich einmal jährlich (oder alle zwei Jahre) Teambesprechungen vor, bei denen jede Mitarbeiterin und jeder Mitarbeiter die Gelegenheit erhält, sich zu den

Arbeitsbedingungen, der eigentlichen pädagogischen Arbeit, der Arbeit im Team und der Führung zu äußern.

Es macht einen großen Unterschied, wie regelmäßig diese Besprechungen stattfinden. Die meisten Schulen sind zu groß, um auf andere Weise regelmäßigen Kontakt mit dem gesamten Personal zu ermöglichen. Außerdem fördern regelmäßige Besprechungen eine Kultur, in der Kommunikation und Austausch nicht nur stattfinden, wenn Probleme auftreten.

Der Schulleiter sollte an diesen Tagen wie jedes andere Mitglied der Belegschaft teilnehmen. Um zu gewährleisten, dass diese Tage so effektiv wie möglich sind, sollten sie von einer externen Berater*in begleitet werden. Der Hauptzweck dieser Teamtage und anderer Besprechungen besteht darin, Stimmungen und Teamdynamiken offenzulegen, die sich nicht planen lassen, für die aber Schulleitung und die Belegschaft Verantwortung übernehmen und Lösungen finden können. Das Ziel ist keine konfliktfreie Schule oder Arbeitsgruppe, doch Prozesse wie diese halten Institutionen lebendig und verbessern sowohl die fachliche Qualität als auch die Arbeitsbeziehungen.

Kollegiale Reflexion

Das folgende Modell wurde von unserem Kollegen, dem Psychologen Peter Mortensen, entwickelt. Seine Erfahrung im Hinblick auf das Arbeiten mit Lehrpersonal hat ihm geholfen, eine Arbeitsmethode zu entwickeln, die mit Schul- und Unterrichtsstrukturen vereinbar ist und mit einem Minimum an externer Unterstützung angewendet werden kann.

Eine freiwillige Teilnahme ist wichtig. Manchmal steht das im Widerspruch zu kollektiv ausgerichteten Schulkulturen. Unserer Erfahrung nach registriert sich mehr als die Hälfte der Lehrkräfte innerhalb des ersten Jahres für freiwillige Reflexionssitzungen. Im zweiten Jahr nimmt eine deutliche Mehrheit teil.

Wir verwenden den Begriff »kollegiale Reflexion« für eine spezifische, strukturierte, reflektierende Arbeit gleichrangiger und gleich qualifizierter Kolleg*innen, die langfristig darauf abzielt, die fachliche Kompetenz der Teilnehmer*innen zu erhöhen, Kooperation zu fördern und das berufliche Selbstgefühl und persönliche Wohlbefinden des Einzelnen am Arbeitsplatz zu erhöhen. Die kollegiale Reflexion ist somit eine Möglichkeit, auf konstruktive Weise mit den eigenen beruflichen Grenzen in Kontakt zu kommen und daraus zu lernen.

Grundsätzlich geht es darum, die Gedanken einer Kolleg*in aufmerksam und empathisch, aber auch kritisch und reaktionsbereit zu begleiten. Aber bevor wir ins Detail gehen, wollen wir uns die Voraussetzungen und Schwierigkeiten bei der Einführung der kollegialen Reflexion genauer ansehen.

Ziele und Voraussetzungen

Das Beeindruckende und Positive am Austausch zwischen Kolleg*innen ist, dass dabei auf vorhandenes Engagement und Fachwissen aufgebaut werden kann. Die gemeinsame tägliche Routine bietet detaillierte Einblicke in die Arbeitsbedingungen und institutionellen Ziele, in Fachwissen und Charakter von Mitarbeiter*innen sowie Schüler*innen. Das ist sicherlich eine großartige Basis für die strukturierte Arbeit. Schwierig ist allerdings, dass die Gruppe ganz auf sich selbst gestellt ist und die strukturelle Verantwortung übernehmen muss, die sonst bei der Supervisor*in liegt.

Innerhalb des von der Schule definierten Rahmens müssen selbstregulierende Gruppen ihre eigenen Strukturen und Kooperationsformen finden. Zeitrahmen, Inhalt, Verantwortung und Rollen innerhalb der Gruppe müssen vorab geklärt werden. Die

Teilnehmer*innen tragen eine gemeinsame Verantwortung für den Umgang mit Themen wie häufiges Fehlen, Arbeitsdisziplin, Gruppenzusammenstellung und Zufriedenheit mit den erreichten Ergebnissen. Die gemeinsam entwickelten Strukturen bestimmen die Grenzen der Kooperation und sichern die Kontinuität der gemeinsamen Arbeit.

Die Fähigkeit jedes einzelnen Mitglieds der Gruppe, seine Motivation zu erhalten, ist entscheidend, da die Gruppenarbeit von der Bereitschaft des Einzelnen abhängt, sich über sein aktuelles Bedürfnis nach Reflexion auszutauschen, sowie von der Fähigkeit seiner Kolleg*innen, eine Atmosphäre zu schaffen, die Vertrauen, Austausch und Reflexion fördert.

Wechselseitige Beziehungen und das Arbeitsklima bilden den Kern der Gruppe. Die Gruppenmitglieder müssen einander vertrauen – auch im Hinblick darauf, dass die Inhalte vertraulich behandelt werden. Gleichzeitig ist es nur natürlich, dass es Vorbehalte und Unsicherheiten gibt, wenn eine solche Gruppe ins Leben gerufen wird. Vertrauen in die Arbeitsplattform wird durch die Arbeit an sich sowie durch die Bereitschaft der Teilnehmer*innen, der Sache eine Chance zu geben, erzeugt.

Es erfordert Willenskraft, sich selbst zu hinterfragen, und es ist schwierig, herausfordernde und konfrontierende Reaktionen zu akzeptieren. Die Reaktionen müssen sowohl einfühlsam und unterstützend sein als auch zum Nachdenken anregen und herausfordern.

Jedes Thema beinhaltet auch persönliche Aspekte. Das liegt auf der Hand, wenn die Probleme auf fehlende Inspiration und Ideen zurückzuführen sind. Es kann aber schwierig sein, eine Lösung zu finden, wenn es einzelnen Betroffenen an Verständnis oder Sensibilität fehlt und er oder sie sich weigert, die eigenen destruktiven Verhaltensmuster und Annahmen anzuerkennen.

Bezugsebenen

Es kann hilfreich sein, die Ebenen der Themen zu unterscheiden:

- *Praktisch/fachlich:* die Sichtweisen des Einzelnen auf seinen Beruf, seine Fertigkeiten sowie zu Fachwissen.
- *Persönlich*: Sensibilität, Empathie, Selbstwahrnehmung und Selbstkenntnis des Einzelnen – mit anderen Worten, die Art und Weise, wie er sich zu seinen eigenen Aktionen und Reaktionen in Bezug setzt.
- *Beziehungsbezogen:* die Art der Interaktion mit den Betroffenen. Die Prozesse und Qualitäten der Beziehung zwischen der Fachkraft und den Personen, zu denen sie in einer Beziehung steht.

Häufig befassen sich Gruppen gleichrangiger Kolleg*innen mit praktischen und fachlichen Aspekten eines Problems. Aber um beispielsweise einen menschlichen und pädagogischen Zugang zu einem schwierigen Schüler zu finden, muss die betreffende Lehrkraft zunächst ein differenziertes Verständnis für das Verhalten und die Schwierigkeiten des Schülers entwickeln. Gleichzeitig müssen sowohl die Ressourcen der Lehrperson als auch die aktuellen Schwierigkeiten in der Lehrer-Kind-Beziehung genauer untersucht werden.

Durch Einbeziehung dieser Aspekte in ihre Interaktion stärken und erweitern die Teilnehmer*innen ihre Beziehungsqualitäten.

Nuancierte Reflexion ist ein echter Balanceakt zwischen dem Lernprozess, der durch die kollegiale Reflexion angestrebt wird, und der täglichen Realität, in der dieser Lernprozess stattfindet. Aber es ist auch ein Balanceakt zwischen dem Aufrechterhalten von Vertrauen und Verständnis, dem Zeigen von Verletzlichkeit und persönlichen Defiziten sowie der Konfrontation durch andere.

Gesprächsphasen bei der kollegialen Reflexion

Kollegiale Reflexion ist ein fachlicher Austausch zwischen gleichberechtigten Personen. Der Rahmen des Austauschs ist die Beziehung zwischen einer Person, die ein Problem präsentiert, und einem unterstützenden und koreflektierenden Gegenüber. Normalerweise sind diese beiden Dialogpartner*innen in eine Gruppe eingebettet, deren Mitglieder sich, falls gewünscht, an dem Austausch beteiligen können. Diese Möglichkeit werden wir später noch im Detail erläutern. Diese spezielle Art des Dialogs hat drei Phasen: die statische, die reflexive und die dynamische Phase.

Die statische Phase

In der statischen Phase zu Beginn kann die Person, die das Problem präsentiert, die Situation so beschreiben, wie sie sie wahrnimmt oder erlebt. In der Ausdrucksweise (der Prozessebene) kommt oft die Frustration mit der aktuellen Situation zum Ausdruck. Die Betroffenen verwenden oft eine passive Sprache und stellen das Problem dar, als ob es nicht zu ihnen gehöre. Das wirkt oft wie eine Dokumentation der Vorgänge oder eine Rechtfertigung persönlichen Scheiterns. Videoaufzeichnungen können in dieser Phase hilfreich sein, um die zugrunde liegenden Strukturen zu erkennen.

Neben aktivem Zuhören besteht die Hauptaufgabe des Koreflektierenden darin, sich auf folgende Frage zu konzentrieren: Wofür brauchst du jetzt meine Unterstützung? Womit brauchst DU Hilfe? Dadurch kann er sich ein klareres Bild von den konkreten Bedürfnissen dieser Person machen. Durch auf das Thema bezogene Interaktion stellen die Dialogpartner Kontakt her und gewinnen Klarheit. Es ist wichtig, dass die Helfenden versuchen, sowohl Einblicke in das beschriebene Problem als auch in das Erleben der anderen Person zu gewinnen. Wenn sie ihr Verständnis der Situation zusammenfassen, klärt sich das Thema oder der aktuelle Schwerpunkt des anschließenden Dialogs. Wenn die betroffene Fachkraft formuliert, wo sie Hilfe braucht, verlagert sich der Fokus auf sie.

Die reflektive Phase

Die nächste Phase – die reflektive Phase – ist die Arbeitsphase. Die Dialogpartner*innen suchen nach einem fachlichen Ansatz. Das ist mit der Situation eines Erwachsenen vergleichbar, der einem Kind das Kartenspielen beibringt. Man schaut sich gemeinsam die ausgegebenen Karten an, um sie zu ordnen und zu überlegen, wie sie eingesetzt werden können. Anhand der gemeinsamen Informationen entwickeln sie unterschiedliche Vorgehensweisen und unterschiedliche Einschätzungen der Situation. Ziel ist es, einen Ansatz zu finden, der beiden sinnvoll genug erscheint, um ihn ausführlicher zu diskutieren.

Dabei verschiebt sich der Fokus von der persönlichen Erfahrung zu der Frage, wie die Situation zu verstehen ist. In dieser Phase geht es nicht darum, Lösungen zu finden, sondern tiefe Einblicke in die Sichtweise des Betroffenen zu gewinnen. Dabei kommen sowohl fachliche als auch persönliche und beziehungsbezogene Aspekte zur Sprache. Was kann der oder die Betroffene selbst über das Problem sagen? Wie sahen die ursprünglichen Überlegungen aus? Welche Zweifel gibt es derzeit? Sich mit der Sichtweise des Einzelnen zu befassen stärkt sein Vertrauen in die eigenen Fähigkeiten und ermöglicht Einblicke in Gedanken und Haltungen, die später im Laufe des Prozesses unterstützt oder hinterfragt werden können. Dieser Prozess ist ein Gespräch zwischen Gleichrangigen, bei dem unterschiedliche Blickwinkel ausgetauscht werden, um sicherzugehen, dass das richtige Problem besprochen wird. Indem er Interesse an gut entwickelten Fähigkeiten zeigt, erhält der Helfer die Chance, zu intervenieren und Vorschläge zu machen sowie zu testen, ob das eigene Hilfsangebot wirklich dem Bedarf des Empfängers entspricht oder ob ihm die eigenen Idealvorstellungen in die Quere kommen.

Die dynamische Phase

Wenn Phase zwei erfolgreich bewältigt wird, geht das Gespräch ganz natürlich in die dritte, dynamische, aktivitätsorientierte Phase über. Oft ist gar kein zusätzlicher Rat nötig. Das gilt besonders dann, wenn der oder die Betroffene ihrer Kompetenz versichert wurde, Vertrauen und Energie zurückgewonnen hat und zu einer befriedigenden persönlichen Schlussfolgerung gelangt ist.

Wenn dies nicht der Fall ist, muss der Fokus in der letzten Phase auf dem in der ersten Phase formulierten persönlichen Bedarf liegen. Bei der Lösungsfindung für einen befriedigenden nächsten Schritt muss sowohl das Selbstbild der betroffenen Person als auch die während des Dialogs entwickelte fachliche Sicht auf das Thema berücksichtigt werden.

Wenn viele »Wenns und Abers« auftreten, ist das ein Hinweis darauf, einen Schritt zurück zu gehen. Es deutet darauf hin, dass in einer der früheren Gesprächsphasen nicht ausreichend exploriert wurde. Oft wird mit »aber« ein Satz eingeleitet, in dem das Bedürfnis, sich ausführlicher zu erklären, sowie Unsicherheit in Bezug darauf zum Ausdruck kommen, wie gut sich der Betroffene verstanden fühlt.

Die Gruppe nutzen

Diese unterschiedlichen Gesprächsphasen können auch als hilfreicher Rahmen zur Einbindung der nicht unmittelbar am Dialog beteiligten Kolleg*innen dienen. Dadurch werden die Reflexionsfähigkeiten aller Teilnehmenden verbessert und zusätzliche Sicht- und Verständnisweisen ermöglicht.

Bei dieser Vorgehensweise sind die beiden Dialogpartner gehalten, die statische Phase innerhalb von fünf bis zehn Minuten abzuschließen. Während der Rest der Gruppe aufmerksam zuhört, untersuchen die Dialogpartner das zugrunde liegende Problem. Nach Ablauf der vereinbarten Zeit wird die Runde eröffnet (ein Zeitmesser kann hilfreich sein). Es ist wichtig, dass die Hilfe suchende Person nur zuhört und nicht auf die Überlegungen anderer Gruppenmitglieder reagiert – weder erklärend noch rechtfertigend. Die Beiträge müssen direkt auf das von der Hilfe suchenden Person zuvor Gesagte bezogen sein – keine weitergehenden Interpretationen oder Überlegungen. So kann sich die Gruppe an die Fakten der Situation halten, und es bleibt kein Raum für subjektive Interpretationen. Die Beiträge zeigen die individuelle Wahrnehmung der einzelnen Gruppenmitglieder sowie ihr Verständnis des zentralen Problems. An diesem Punkt sollten noch keine Lösungen angeboten werden. Die Aufgabe besteht lediglich darin, eine erweiterte fachliche Perspektive zu dem präsentierten Problem zu finden. *Worum geht es meiner Meinung nach und welche Gedanken habe ich dazu?* Die Beiträge der einzelnen Gruppenmitglieder sind gleichwertig und sollten nicht von anderen kommentiert werden. Es geht nicht darum, in der Gruppe zu einem gemeinsamen Verständnis zu gelangen.

Je nach Komplexität des Themas sind zusätzliche Kommentare erforderlich. Sobald dieser Bedarf gedeckt ist (es sollte keine Gruppendiskussion daraus werden), wenden sich die beiden Dialogpartner wieder ihrem Dialog zu. Jetzt ist es ihre Aufgabe, einen Ansatz zu finden, den beide für machbar halten, der sich aber mehr daran orientiert, was für denjenigen, der das Problem präsentiert, relevant ist. Der Koreflektierende unterstützt, modifiziert oder stellt Fragen.

Die Gruppenreflexion kann zweimal stattfinden: einmal zwischen der ersten und zweiten und einmal zwischen der zweiten und dritten Phase. Die Dialogphasen dauern, je nach vorab in der Gruppe getroffener Absprache, zwischen fünf und zehn Minuten, die Gruppenphase nur wenige Minuten. Der Dialog ist immer am Ende des vorab definierten Zeitrahmens (zum Beispiel 40 Minuten) nach drei Dialogphasen abgeschlossen, und zwar unabhängig von der wahrgenommenen Zufriedenheit mit der Lösung. Das Haupterfolgskriterium ist, wie viele Denkanstöße und Anregungen der Gesprächsverlauf gegeben hat.

Anfangs ist es sinnvoll, sich an die hier beschriebene klare Struktur zu halten. Sobald alle Teilnehmer damit vertraut sind, können zum Beispiel Gruppenmitglieder einbezogen werden, wenn der Koreflektierende Unterstützung braucht. Er oder sie kann einzelne Gruppenmitglieder bitten, sich an bestimmten Punkten zu bestimmten Themen zu äußern, um den Gesprächsfortschritt zu unterstützen. Später kann die Gruppe auch zusätzliche Empathieübungen und/oder Rollenspiele einsetzen. Aber der Fokus muss auf der Frage »Womit brauche ich Hilfe?« bleiben, damit der Schwerpunkt weiterhin auf der persönlichen Entwicklung des Einzelnen liegt.

Es kann verlockend sein, sich auf eine Lösung zu einigen, die an irgendeinem Punkt zur Sprache kommt, ohne Zweifel zu vertiefen oder ein differenziertes Bild der *anderen* Sichtweisen zu erhalten. Ebenso kann es schwierig sein, voranzukommen, solange die Gruppe noch analysiert und ein Verständnis des zentralen Problems zu entwickeln versucht. Aber es ist wichtig, die Prämisse ernst zu nehmen, dass sich die Lösung *innerhalb der betroffenen* Person entwickeln muss. Sie muss persönlich relevant sein, um umgesetzt werden zu können. Außerdem ist zu bedenken, dass komplexe Themen Zeit brauchen, um sich zu entfalten, und nicht sofort (oder in einer Sitzung) gelöst werden können. Deshalb ist es ratsam, sich an die vordefinierte Zeitstruktur zu halten und so auch persönliche Grenzen zu schützen.

Kollegiale Reflexionsgruppen aufbauen

Wie bereits erwähnt, funktioniert kollegiale Reflexion nur, wenn die Teilnehmer und Teilnehmerinnen bereit sind, persönliche Themen beizutragen.

Folgende Fragen sind vor dem Start der Reflexion zu klären:

- Was kann ich beitragen?
- Was will ich der Gruppe geben? Als Hilfesuchender, als derjenige, der Hilfe anbietet, und als Gruppenmitglied?
- Welche Aspekte meines Berufslebens will ich zeigen?
- Wie finde ich ein Gleichgewicht zwischen den fachlichen, den persönlichen und den beziehungsorientierten Aspekten der Arbeit?

Jede Teilnehmer*in muss zunächst ihre persönlichen Antworten finden. Anschließend kann die Gruppe in eine sinnvolle Interaktion darüber eintreten, was die Gruppe leisten kann und welche Bedürfnisse sie erfüllen kann. Bei diesem Gespräch geht es nicht darum, einen Konsens zu finden, sondern darum, einen Raum für Unterschiede und Nuancen zu schaffen.

Im folgenden Schritt wird das Vertrauen zwischen den Gruppenmitgliedern geprüft: »Wie sicher fühle ich mich, und inwiefern empfinde ich diese Kolleg*in als unterstützend oder als schwierig?« Das bedeutet nicht, dass die Charakterzüge der Kolleg*innen zu bewerten sind. Vielmehr geht es darum, sich seiner eigenen natürlichen Vorbehalte im Hinblick auf das Teilen persönlicher Aspekte, die einen verletzlich machen, mit einer beliebig zusammengestellten Gruppe von Kolleg*innen bewusst zu werden.

Es kann hilfreich sein, die anderen darüber zu informieren…

- … wie man sich selbst als Gruppenmitglied sieht.
- … welche Verhaltensmuster man möglicherweise ändern möchte.
- … für welche persönlichen Muster man sich Unterstützung von der Gruppe wünscht.
- … welche persönlichen Reaktionsweisen man unangemessen findet und mithilfe der Gruppe loswerden möchte.

Umgang mit Kritik

Wie gibt man Feedback, ohne dem anderen zu sagen, welche seiner Verhaltensweisen man für falsch hält? Ohne sich auf Fehler zu konzentrieren? Aus unserer Sicht ist die Situation komplex. Auch wir sind der Ansicht, dass kollegiale Reflexion und Supervision vor allem ressourcenorientiert sein und unterstützen soll. Aber wir meinen auch, dass Supervision herausfordern soll und dass deshalb auch problematisches berufliches Verhalten zur Sprache kommen soll. Unsere Argumentation basiert darauf, dass Kinder, Jugendliche und Erwachsene Übergriffe durch Fachkräfte erfahren. Sie haben nicht genug Zeit, um abzuwarten, bis die Lehrperson den Stolperstein allein entdeckt und beseitigt. Außerdem ist nicht jedes problematische Verhalten auf persönliche Probleme zurückzuführen. Oft beruht es auch auf mangelndem Fachwissen und fachlichem Verständnis.

Zudem kann eine detaillierte Verhaltensanalyse die zahlreichen Gründe für problematische Interaktionen offenlegen. Wir sind uns darüber im Klaren, dass wir in diesem Punkt bei vielen Menschen auf Widerspruch stoßen. Deshalb muss dieser Aspekt vor dem Beginn der kollegialen Reflexion und Supervision innerhalb der Gruppe geklärt werden.

Die Rolle der Vorgesetzten

Vorgesetzte können Erwartungen haben, die vorab geklärt werden sollten. Sie können sich beispielsweise darauf beziehen, welche Ressourcen die Gruppe erwarten kann. Oder darauf, wie weit die Schulleitung der Gruppe vertraut und die Diskretion respektiert.

Generell nehmen Vorgesetzte nicht an kollegialen Reflexionsgruppen teil. Kollegiale Reflexion sollte zwischen gleichrangingen Personen stattfinden. Selbst wenn Mitarbeiter*innen als gleichrangig behandelt werden, wäre die Teilnahme des/der Vorgesetzten ein Hindernis, es sei denn, er oder sie präsentiert persönliche Themen in derselben Weise wie alle anderen Teilnehmenden. Spezifische Themen und Fragen im Hinblick auf seine/ihre Rolle müssen vorab in einem separaten Forum aus Gleichrangigen diskutiert werden. Und zu guter Letzt muss das Bedürfnis der Teilnehmer*innen nach Unterstützung, wie zum Beispiel nach einer Einführung in die Methode oder nach zusätzlichen Workshops oder Gelegenheiten, eine unabhängige Berater*in zu konsultieren, wenn die Gruppenarbeit schwierig wird, geklärt werden.

Einschränkungen

Die Gruppe ist weder eine Therapiesitzung noch eine Selbsterfahrungsgruppe. Sie hat nicht den Zweck, Konferenzen zu ersetzen oder zu erweitern. Sie ist ein unabhängiges Forum, dessen Inhalt die fach-persönliche Arbeit der Teilnehmer*innen ist, die sich gegenseitig unterstützen. Private Themen sollten nicht Gegenstand der Gespräche sein, aber persönliche Umstände können berücksichtigt werden, sofern sie die Arbeit beeinflussen. Auch sollten Probleme mit Kolleg*innen, Vorgesetzten und die Kooperation auf anderen Plattformen thematisiert werden. Durch alle diese Einschränkungen wird die kollegiale Arbeitssituation geschützt.

Der Einstieg

Es ist sinnvoll, am Anfang jeder Sitzung eine Art Wetterbericht zu geben: Wie bin ich heute als Teilnehmer der Gruppe hier?

Es kann auch nützlich sein, wenn jeder Teilnehmer ein mögliches Thema vorbereitet und es in einer Einführungsrunde präsentiert. Das hilft, Erfahrung mit dem Bestimmen der Themen zu sammeln, die vielleicht nicht problemüberladen, aber dennoch bedenkenswert sind. Es sind außerdem immer ausreichend Themen verfügbar, und die Gruppendynamik führt extrovertiertere Personen nicht in Versuchung, aktiv zu werden, weil andere sich nicht äußern.

Diese Form der fach-persönlichen Entwicklung profitiert enorm von Kontinuität und Regelmäßigkeit. Kontinuierliche persönliche Reflexion und das Erhalten von Feedback und Reaktionen sowie Anerkennung und Empathie stärken die Beziehungskompetenz und die persönliche Entwicklung.

Aber kollegiale Reflexionsgruppen stoßen auch auf Schwierigkeiten, die manchmal die Fähigkeiten der Gruppe übersteigen. Manche Situationen, Probleme oder Beziehungen innerhalb der Gruppe erfordern zusätzliche Hilfe. Durch kollegiale Reflexion können viele Themen erfolgreich bearbeitet, neue Perspektiven eröffnet, Konzepte getestet und neue Erfahrungen ermöglicht werden. Aber durch das Spektrum der diskutierten Themen kann auch der Wunsch nach dem Expertenwissen eines professionellen Supervisors wachsen. Abschließend möchten wir jedoch noch Folgendes betonen:

→ Kollegiale Reflexion muss sich nicht ausschließlich auf Probleme konzentrieren. Auch das Präsentieren und Verstehen von Erfolgen und funktionierenden Beziehungen kann sehr hilfreich sein.

Supervision

Parallel zu der steigenden Nachfrage nach Einzelbegleitung, Aktionsplänen und Schulungen gibt es auch ein Bedürfnis, in einem Forum, das sich durch aufmerksame, strukturierte und engagierte Kooperation auszeichnet, berufliche Perspektiven zu überprüfen und Lösungen zu finden. Außerdem besteht zunehmend die Notwendigkeit, Empathie zu erfahren und neue Erkenntnisse über sich selbst zu gewinnen, um ein persönliches und berufliches Verständnis von Lebenssituationen und Verhaltensmustern zu fördern, die außerhalb des eigenen Erfahrungsbereichs liegen oder in einem schwierigen Zusammenhang mit persönlichen Erfahrungen stehen können. All das kann Supervision ermöglichen.

Im Gegensatz zur kollegialen Reflexion basiert Supervision auf unterschiedlichen Kompetenzebenen und Rollen. Der Supervisor ist eine erfahrene Person, die die Verantwortung für Prozess und Struktur trägt. Diese Rolle und Beziehung wird während des gesamten Prozesses beibehalten.[2]

Supervision ist Teil der sich zunehmend verbreitenden Erkenntnis, dass soziale und pädagogische Berufe in hohem Maße von menschlichen Eigenschaften und Qualitäten wie Persönlichkeit, Lebenserfahrung, Charisma und der Fähigkeit, Menschen respektvoll zu behandeln und zu inspirieren, abhängig sind. Persönliche Qualitäten können nicht ein für alle Mal im Rahmen einer formalen Ausbildung gelehrt werden. Wir müssen diese Qualitäten – genau wie unser Fachwissen – ständig aktivieren und weiterentwickeln.

Soziale Einrichtungen greifen oft bei aktuellen Problemen auf Supervision zurück, um in komplexen und emotional fordernden Situationen Unterstützung zu erhalten. Aber auf lange Sicht ist regelmäßige Supervision sinnvoller, um sich auf allgemeine Aspekte zu fokussieren und auf die Neigung von Fachkräften, sich in Beziehungen, die sie persönlich unproblematisch finden, den Mund zu verbrennen. Hinzu kommt, dass es Eltern und Kindern oft schwerfällt, Lehrkräften ehrliches und kritisches Feedback zu geben. Deshalb können Lehrer*innen wichtige Entwicklungsthemen entgehen, wenn sie Beziehungsqualitäten immer nur selbst bewerten.

Ein weiterer Unterschied zwischen kollegialer Reflexion und Supervision besteht darin, dass Letztere auch Qualitätskontrolle beinhaltet. Supervision in einer Einrichtung ist die einzige ethisch fundierte Möglichkeit, sicherzustellen, dass Eltern und Kinder nicht Opfer der internen Probleme einer Gruppe von Lehrpersonen und Vorgesetzten oder idiosynkratischer Verhaltensmuster einzelner Fachkräfte werden. Deshalb ist es auch sinnvoll, die Supervisor*in regelmäßig (ungefähr alle drei Jahre) auszutauschen, auch wenn dies emotional schwierig oder anstrengend sein kann. Der Wechsel einer Supervisor*in bringt die Belegschaft in eine ähnliche Situation wie Kinder und Eltern, wenn sie mit einer neuen Schulleitung oder neuen Lehrer*innen konfrontiert werden.

13 Mit herausfordernden Kindern arbeiten

Hier könnte auch von anstrengenden Kindern, unruhigen Kindern, ungezogenen Kindern, Kindern mit psychosozialen Problemen, auffälligen Kindern, Kindern mit Lernschwierigkeiten, Kindern mit Verhaltensstörungen etc. die Rede sein. Wir haben uns für den Begriff »herausfordernd« entschieden, weil er den Beziehungsaspekt beschreibt und nicht das Kind charakterisiert. Diese Beziehungen fordern den Rahmen und die Regeln von Institutionen, die Beziehungskompetenz von Lehrkräften, Erwartungen und Vorurteile ebenso sehr heraus, wie sie das Kind selbst herausfordern.

Der Begriff »hyperaktiv« wird beispielsweise sowohl für eine klar abgegrenzte Gruppe von Kindern mit ernsten existenziellen Problemen und Kinder mit Aufmerksamkeitsstörungen (wie zum Beispiel ADHS, Aufmerksamkeitsdefizit-/Hyperaktivitätsstörung) als auch für Kinder verwendet, die einfach voller Energie und lernbegierig sind und es gewohnt sind, als aktive, gleichwertige und wertvolle Mitglieder in die Familie einbezogen zu sein. In Schulen, in denen nur ruhige Kinder gute Kinder sind, ist es schwierig, sinnvolle soziale und berufliche Beziehungen zu solchen Kindern aufzubauen. Außerdem fehlt es vielen Lehrkräften an der nötigen Erfahrung, um die Ursachen der Hyperaktivität differenziert wahrzunehmen. Dadurch entstehen viele Mythen über die Kinder von heute und ihre Eltern. Und es gibt eine Tendenz, das Verhalten von Kindern danach zu bewerten, welchen Einfluss es auf die Arbeitssituation hat. Lehrer*innen (und Eltern) übersehen dann die Konflikte und Herausforderungen, mit denen das einzelne Kind konfrontiert sein mag.

Wir hinterfragen im Rahmen dieses Buches nicht etablierte Diagnosen und analysieren auch nicht Begrifflichkeiten wie ADHS. Einige dieser diagnostischen Begriffe sind sicher passend, relevant und hilfreich. Viele Kinder und Jugendliche haben bestätigt, dass es eine große Erleichterung für sie war, eine Diagnose zu haben, statt sich einfach nur anders und fehl am Platz zu fühlen. Außerdem kann es sich für Lehrkräfte und Kinder sehr konstruktiv und hilfreich anfühlen, wenn die pädagogischen Methoden an die Potenziale und Einschränkungen angepasst werden, die die Diagnose beinhaltet.

Trotz der Vorteile dieser und anderer Diagnosen ist es unserer Erfahrung nach wichtig, sich folgender Umstände bewusst zu sein:

1. Manche Diagnosen sind eher vage Symptombeschreibungen und lassen viel Raum für Interpretation. Eine falsche Diagnose kann ebenso sehr eine Last sein, wie eine richtige Diagnose hilfreich sein kann.
2. Aus der gesellschaftlichen Perspektive betrachtet, tauchen Diagnosen – auf der Basis von neuen Erkenntnissen und Schwerpunkten von Expert*innen – in Wellen auf und können daher auch vorübergehende Modeerscheinungen sein, die die Integrität eines Kindes verletzen.
3. Kinder auf ihre Diagnosen zu reduzieren und sie somit in pädagogischen Beziehungen zum Objekt zu machen verhindert die wechselseitige und gemeinsame Entwicklung.
4. Die Expert*innen, die die Diagnose stellen, sind oft nicht ausreichend qualifiziert, um die Qualität der engsten täglichen Beziehungen eines Kindes zu bewerten.

Wir können damit umgehen, während eines kurzen Krankenhausaufenthalts als »der Blinddarm« behandelt zu werden, obwohl auch das schon Humor und Nachsicht erfordert. Aber sowohl Kinder als auch Erwachsene leiden sehr darunter, wenn wichtige Beziehungen sie über längere Zeit auf spezifische Aspekte ihres Verhaltens reduzieren. Selbst wohlmeinende Reduzierungen sind unerträglich.

Wenn sich die gesamte Aufmerksamkeit auf die *Funktionalität* eines Kindes richtet, ist das für das Kind eine ähnliche Erfahrung wie das Mobbing durch Gleichaltrige. Der grundlegende Unterschied besteht darin, dass diese Art von *Mobbing* durch verantwortungsvolle und engagierte Erwachsene mit einem positiven Unterton und einer allgemeinen moralischen Akzeptanz einhergeht. Das führt zu Chaos in der Selbstwahrnehmung des Kindes und seinem Weltbild und schwächt sein Selbstgefühl, und zwar unabhängig davon, ob der Fokus auf den geistigen, körperlichen oder sozialen Funktionen liegt.

Kinder mit identischen Diagnosen unterscheiden sich ebenso stark voneinander wie Kinder ohne Diagnose. Deshalb gilt: Je größer ihre *funktionalen* Schwierigkeiten, desto mehr Aufmerksamkeit und Zuwendung brauchen Kinder im Hinblick auf ihre *individuelle Existenz* und als *menschliche Wesen* – nicht nur im Rahmen pädagogischer Perspektiven und Ziele, sondern auch als Grundlage für ihre Entwicklung. Eltern und andere Menschen im privaten Netzwerk des Kindes spielen zwar eine wichtige Rolle, aber es ist nicht ratsam, pädagogische und existenzielle Themen zwischen Eltern und Expert*innen aufzuteilen.

➔ Sowohl die Integrität des Kindes als auch sein Selbstgefühl hängen von der Fähigkeit und Bereitschaft aller relevanten Erwachsenen ab, einen Kontakt zum Kind als Ganzes herzustellen.

Oft teilen Expert*innen ihre Aufgaben auf, sodass eine Person für die allgemeine Bildung, eine andere für den Förderunterricht, eine dritte für die emotionale Unterstützung, eine vierte für die Arbeit mit der Familie etc. zuständig ist. Diese Spezialisierung, die nach dem Zweiten Weltkrieg zunehmend Verbreitung gefunden hat, hat für Fachkräfte Vorteile in Form eines Zuwachses an Wissen, Verständnis und Fachkompetenz. Andererseits behindert sie berufliche Beziehungen, und die betroffenen Kinder (und Erwachsenen) werden oft mit ihren Gefühlen allein gelassen. Sie werden zu Objekten oder reinen Statisten in einem mehrteiligen Drama.

Wir haben immer wieder erlebt, dass die Lehrer*innen herausfordernder Kinder dazu beitragen können, dauerhafte Veränderungen zu erzielen, wenn sie interdisziplinäre Erkenntnisse und eine systemische Sicht einbeziehen. Dieses Kapitel widmet sich dem Konzept und den Kompetenzen, von denen Kinder am meisten profitieren, und die destruktive pädagogische Beziehungen verbessern können. Unser Hauptfokus liegt auf der psychosozialen Dimension und auf Kindern mit psychosozialen Problemen, Verhaltensstörungen, Anpassungsstörungen und Ähnlichem. Wir wollen nicht neue Methoden entwickeln, sondern einen neuen Ansatz beschreiben, um eine Grundlage für die Entwicklung alternativer Methoden zu schaffen.

So passt alles zusammen

Am Anfang dieses Buches haben wir drei Konzepte vorgestellt:

Und wir haben den Zusammenhang zwischen persönlicher Integrität, Selbstgefühl und persönlicher Verantwortung beschrieben.

Es besteht ein klarer Zusammenhang zwischen Integrität und Kooperation, ein begrenzter Zusammenhang zwischen Selbstgefühl und Selbstvertrauen und ein variabler Zusammenhang zwischen persönlicher und sozialer Verantwortung. Außerdem haben wir ausführlich erläutert, dass die persönliche Integrität eines Menschen Integrität, Selbstgefühl und persönliche Verantwortung umfasst. Das trifft auch auf herausfordernde Kinder zu.

Pädagogik für herausfordernde Kinder ist oft eine Reaktion auf Qualitäten und Eigenschaften, die diesen Kindern (scheinbar) fehlen. Dazu zählen die Fähigkeiten …

… zu kooperieren,
… sich selbst zu vertrauen,
… soziale Kompetenz zu entwickeln,
… Verantwortung zu übernehmen.

Mit anderen Worten: Diese Kinder und Jugendlichen werden als kooperationsunwillig, als unsicher und antisozial etikettiert. Die auf diesen Beobachtungen aufbauenden pädagogischen Ziele lauten demnach …

… sie kooperationswillig *machen*,
… ihnen Selbstvertrauen *geben*,
… soziale Wesen aus ihnen *machen*.

Wir schlagen vor, nicht mehr auf *Verhaltensänderung* zu setzen, um Kooperationsbereitschaft, Selbstvertrauen und soziale Verantwortung zu beeinflussen. Stattdessen konzentrieren wir uns auf einen Ansatz, der Integrität, Selbstgefühl und persönliche Verantwortung stärkt. Unser Ziel ist es, persönliche und soziale Entwicklung zu ermöglichen, sodass sich auch herausfordernde Kinder sicher und von der Gesellschaft akzeptiert fühlen können.

Wenn wir uns die Lebensumstände schlecht angepasster und unglücklicher Kinder anschauen, sehen wir, dass die Gründe für ihr unkooperatives Verhalten entweder darin liegen, dass sie in selbstzerstörerischer Weise mit dem Verhalten ihrer Eltern kooperieren mussten oder dass sie von ihren Eltern oder anderen Erwachsenen so schwerwiegend oder über einen längeren Zeitraum verletzt wurden, dass ihre persönliche Integrität bedroht war. Diese Übergriffe können drastisch (körperliche oder seelische Gewalt, sexueller Missbrauch) oder eher subtil sein, sie können täglich oder nur gelegentlich stattfinden. Aber immer sind es Gegenwartsmomente[1], die langfristigen und nachhaltigen Eindruck hinterlassen. Diese Interaktionsmomente, in denen aktive Übergriffe oder passive Versäumnisse stattfinden, können sowohl als akzeptierter Teil einer autoritären Erziehungspraxis als auch in pädagogischen Einrichtungen, die sich selbst als fortschrittlich sehen, auftreten.

Wir wissen, dass viele der Kinder und Jugendlichen, die im Alltag eine sehr anspruchsvolle Behandlung brauchen, aus Familien stammen, die versuchen, auf autoritäre Weise Grenzen zu setzen. Außerdem gibt es eine große Gruppe Kinder und Teenager, die zunächst keine intensive Behandlung brauchen, aber Opfer eines Versagens der öffentlichen Fürsorge werden. Dazu zählen sowohl verletzliche Kinder, denen das soziale System mit Passivität begegnet, als auch Kinder, die mit tatsächlichen Angriffen durch das Bildungs- oder Fürsorgesystem konfrontiert sind.

Unabhängig von der primären Ursache des problematischen Verhaltens von Kindern lautet ihre Botschaft nicht: »›Lehre mich, zu kooperieren und Regeln einzuhalten!«, sondern: »Kümmere dich um meine Integrität und lehre mich, mich selbst kennenzulernen und andere Menschen dazu zu bewegen, bei mir zu bleiben.‹«

Das Selbstgefühl eines Kindes entwickelt sich in einem kontinuierlichen, dialektischen Prozess zwischen dem Wunsch des Kindes nach Integrität und seinen intellektuellen Interessen. Dazu braucht das Kind die Erfahrung pädagogischer Beziehungen, in denen Erwachsene an seiner persönlichen Integrität interessiert sowie offen und sensibel dafür sind. Und in denen sie von seinem unmittelbaren Verhalten abstrahieren können. In dem Maße, wie einem herausfordernden Kind die Möglichkeit gegeben wird, sich zu erholen und auszudrücken, seine eigene Integrität zu erkennen und zu stimulieren, kann es auch ein gesundes Selbstgefühl und eine Grundlage für intellektuelle und soziale Fortschritte (aber nicht für intellektuellen und sozialen Gehorsam) entwickeln.

Es ist sowohl ein Entwicklungsprozess (zunehmendes Alter) als auch ein Verständnisprozess (intellektuelle Entwicklung), der das Kind in die Lage versetzt, zunehmende persönliche Verantwortung zu übernehmen und so auch seine soziale Verantwortung zu erhöhen. Dazu sind allerdings auch beziehungskompetente Erwachsene erforderlich, die sensibel für die menschlichen Aspekte der Existenz eines Kindes sind und sie wertschätzen. Das bezieht sich insbesondere auf alle Gefühle im Zusammenhang mit Trauer, Schmerz, blinder Wut und tief verwurzeltem Misstrauen. Diese Art der Interaktion inspiriert auch Erwachsene dazu, zu lernen, sowohl als Sparringpartner[2] als auch als Quelle der Inspiration für das Kind zu fungieren.

Soziale Kompetenz und Verantwortung ist ein Ergebnis dieser Art Interaktion. Grenzen und Regeln haben nicht per se einen pädagogischen Wert. Sie sind nichts weiter als Grenzen und Regeln. Erwachsene entscheiden, welche Grenzen und Regeln im Kontext der Schulkultur angemessen und vernünftig sind. Die Einhaltung dieser Grenzen und Regeln ist weder das Ziel noch der Erfolg der Erziehung.

→ Der pädagogische Erfolg zeigt sich darin, wie Lehrpersonen die Kinder behandeln, die etablierte Regeln und Grenzen missachten. Die schwierige Aufgabe besteht darin, die Ungehorsamen auf dem Weg zu sich selbst zu unterstützen.

Herausfordernde Kinder brauchen von allem ein bisschen mehr

Nachhaltige Werte und Prinzipien für die Arbeit mit herausfordernden Kindern unterscheiden sich nicht von denen, die für alle anderen Kinder gelten. Aber herausfordernde Kinder brauchen – unabhängig von ihrem Verhalten oder einer möglichen Diagnose – von allem ein bisschen mehr.

Für erfahrene Lehrer ist das Verwirrendste an der Arbeit mit herausfordernden Kindern, dass sie gefühlt »hinten« anfangen müssen, nämlich bei der persönlichen Verantwortung. Aber wie schon erwähnt, muss man echte Bedürfnisse und Grenzen spüren und in der Lage sein, darüber nachzudenken, bevor man die Verantwortung dafür übernehmen kann. Das ist der Hauptgrund dafür, warum soziale Verantwortung bei der persönlichen Verantwortung beginnt. So paradox es auch scheinen mag – wir müssen genau an diesem Punkt anfangen. Das gilt besonders für ältere Kinder, die entweder selbstzerstörerische Entscheidungen treffen oder passiv und apathisch wirken. Wir müssen sehen, dass ihre Entscheidungen (aus ihrer Sicht) einen Sinn ergeben, und eine empathische Gegenperspektive anbieten. Das ist eine alternative Sichtweise, die *nicht* die Wünsche des Erwachsenen beschreibt, sondern die gegenwärtige Situation des Kindes anerkennt und widerspiegelt. Wenn die betreffende Lehrer*in echte, persönliche, *erwachsene* Alternativen hat, kann sie sie dem Kind anbieten, aber erst am Ende eines Dialogs, in dem sie von dem Kind darum gebeten wurde.

Es ist sehr schwierig, den Trial-and-Error-Prozess des Kindes in seinem eigenen Tempo mitanzuschauen, ohne sich einzumischen. Aber neue Optionen und Ansätze müssen auf neuen Erfahrungen basieren; andernfalls können sie nicht integriert werden.

Sicherlich gibt es Kinder und Jugendliche, die in normalen Schulen ebenso sehr leiden, wie diese Schulen darunter leiden, mit diesen Kindern einen Umgang zu finden. Unsere Erfahrung mit herausfordernden Kindern zeigt, dass symptomatisches Verhalten durch eine hohe Beziehungsqualität schnell verschwindet oder zumindest reduziert wird. Darum ist es sinnvoll, diese beziehungskompetente Interaktionsweise generell für Schulen zu übernehmen. Außerdem werden Kinder durch diese Behandlung mit grundlegenden Qualitäten konfrontiert, die langfristig eine wichtige Rolle in ihrem Leben spielen können. Das gilt auch für Kinder, deren Verhalten organische Ursachen hat. Es fehlen allerdings immer noch langfristige Studien und Forschungsarbeiten zur Auswertung dieser allgemeinen Erfahrung.

Obwohl herausfordernde Kinder nur einen kleinen Teil des Ganzen ausmachen, beanspruchen sie einen großen Teil der Aufmerksamkeit von Lehrer*innen. Die folgenden Beispiele zeigen eine kleine Auswahl an Lehrer-Kind-Beziehungen, die wir selbst als Supervisor*in und Berater*in intensiv begleitet haben. Die emotionale Beteiligung der Lehrkräfte, die von Empathie über Wut bis hin zu Hilflosigkeit reichte, war in diesen Fällen immer sehr hoch. Interessanterweise waren alle betroffenen Erwachsenen ursprünglich auf der Suche nach Lösungen, fühlten sich aber bald dazu angeregt, ihre Interaktionsweisen zu verändern.

Beispiele und Analysen

BEISPIEL 1: ALLAN

Allan (15 Jahre, 9. Klasse) war immer ein ruhiger und unauffälliger Junge gewesen, dem seine Lehrer*innen nie allzu viel Aufmerksamkeit schenkten. Allan war schweigsam und freundlich und konnte mit dem Rest der Klasse Schritt halten. Er tat immer, was von ihm erwartet wurde. Aber beim Eintritt in die 4. Klasse fiel der Klassenlehrerin auf, dass er traurig und unglücklich wirkte. Nach einem Gespräch nahm die Lehrerin Kontakt zum Jugendamt auf.

Es hatte sich herausgestellt, dass Allan in einer Familie mit einer alkoholabhängigen Mutter und drei jüngeren Geschwistern aufgewachsen war. Der Aufenthaltsort des Vaters war unbekannt. Mit Zustimmung der Mutter war Allan in eine Pflegefamilie umgezogen, wo er seither lebte. Seine Pflegeeltern liebten den Jungen sehr, und er liebte sie. Sie waren sehr überrascht, wie schnell er sich in die Familie und die neue Schule integriert hatte. Auch von seiner Hilfsbereitschaft und Rücksichtnahme waren sie beeindruckt. Problematisch war nur, dass Allan nach den monatlichen Wochenendbesuchen bei seiner Mutter und seinen Geschwistern bis zu vier oder fünf Tage brauchte, um sich emotional wieder zu erholen.

In der 9. Klasse war Allan, wie viele seiner Freunde, zum ersten Mal mit der Frage konfrontiert, wie es nach der Schule weitergehen sollte[3]: Sollte er sich bei einer weiterführenden Schule anmelden, eine Lehre beginnen oder sich für eine technische Schule entscheiden? Verantwortungsvolle und engagierte Erwachsene, wie seine Pflegeeltern, sprachen viel mit ihm über seine Zukunft. Sie gingen mit ihm zu mehreren Beratungsstellen. Seine Pflegeeltern waren offen und unvoreingenommen. Sie hatten die Vorstellung, dass Allan selbst entscheiden solle, welche Möglichkeit am besten zu ihm passen würde.

Nach einigen Monaten begann sich Allans Verhalten zu verändern. Er fing an, die Schule zu schwänzen und spät nach Hause zu kommen, und blieb einmal die ganze Nacht weg. Er zog sich immer mehr zurück und war plötzlich lieber allein. Seine Pflegeeltern machten sich zwar Sorgen, gerieten aber nicht in Panik und trösteten sich mit dem Gedanken, dass er immerhin keine Straftaten beging oder Drogen nahm. Aber auf Ersuchen der Schule setzte das Jugendamt Allans Pflegeeltern zunehmend unter Druck und verlangte, dass Allan regelmäßig zur Schule gehen und eine Entscheidung in Bezug auf seine Zukunft treffen müsse. Unter diesem steigenden Druck eskalierte Allans problematisches Verhalten.

Analyse: Allan wuchs isoliert auf. Suchtkranke wie seine Mutter verlieren schnell die Fähigkeit, die Bedürfnisse ihrer Kinder wahrzunehmen, zu bewerten und zu erfüllen. Außerdem wuchs er mit einer enormen Bürde an sozialer Verantwortung auf. Dies ist immer dann der Fall, wenn Eltern körperlich oder psychisch abwesend sind, und bei Allan traf beides zu. Meist versucht das älteste Kind (oder Einzelkind) die Abwesenheit der oder des Erwachsenen zu kompensieren. Allan übernahm in seiner Familie die Aufgabe der Hauptbetreuungsperson und war schon beim Eintritt in den Kindergarten ein Vorbild an sozialer Kompetenz. Er wusste einfach alles über Kooperation und Anpassung.

Deshalb entsprach sein Verhalten auch völlig den Anforderungen und Erwartungen seiner Schule und seiner Pflegefamilie. Seine persönliche Integrität hatte er schon früh in seinem Leben widerstandslos aufgegeben, und das Lob der Erwachsenen für seinen Charakter war der tägliche Beweis dafür, dass er die richtige Entscheidung getroffen hatte. Bei den monatlichen Besuchen kam sein Schmerz wieder an die Oberfläche, auch wenn er sich in erster Linie um seine jüngeren Geschwister sorgte.

Nachdem er sich 15 Jahre lang bemüht hatte, den Normen und Erwartungen der Gesellschaft zu entsprechen, war er plötzlich mit der ersten und bislang wichtigsten persönlichen Entscheidung seines Lebens konfrontiert: *Was willst du mit dem Rest deines Lebens anfangen?*

Niemand zog auch nur in Erwägung, dass Allan mit einer großen Leere konfrontiert sein könne, als er versuchte, eine innere Antwort zu finden, und dass er seine Identität schon vor langer Zeit aufgegeben hatte, um die Anforderungen in seinem Leben zu bewältigen. Er hörte sich die Ideen und Vorschläge seiner Pflegeeltern, der Berater und Experten bereitwillig an, aber da keine dieser Ideen in seinem Inneren Widerhall fand, konnte er keine vernünftige Entscheidung treffen.

Stattdessen wählte Allan Isolation und Einsamkeit, was teilweise daran lag, dass ihm diese Zustände vertraut waren, und teilweise daran, dass er in Ermangelung einer inspirierenden Umgebung hoffte, dort endlich sich selbst zu finden. Er tat also das, was täglich Tausende von Erwachsenen in ähnlichen Lebens- und Identitätskrisen tun. Aber er wurde unter Druck gesetzt und für seinen Rückzug bestraft. Die Erwachsenen in seiner Umgebung hätten einfach lächelnd zu ihm sagen können: »Wir sehen, dass du dich zurückziehst, um eine wichtige Entscheidung zu treffen, und wir wissen, dass das die schwierigste Aufgabe ist, die du je hast lösen müssen. Wir verstehen, dass du Zeit für dich selbst brauchst, um herauszufinden, was du tun sollst. Und das ist in Ordnung. Wir werden keine weiteren Vorschläge in Bezug auf Schulen, Ausbildungen und so weiter machen, aber wir würden gern mit dir darüber sprechen, wer du bist. Du musst dir wegen all dem Druck, unter den dich die Schule und die Behörden setzen, keine Sorgen machen. Sie versuchen alle nur, Gesetze einzuhalten. Aber das Gesetz ist für gewöhnliche Kinder gemacht, und du bist kein gewöhnliches Kind. Nimm dir die Zeit, die du brauchst.«

Der Junge wäre wahrscheinlich auch mit etwas weniger psychologischem Fachwissen und einem Minimum an Beziehungsverantwortung aufseiten der Schulleitung oder des zuständigen Beraters zufrieden gewesen: »Allan, wir wissen nicht, wie wir dir helfen können. Wir haben schon unser Bestes versucht. Wir können dir nur mehr von dem anbieten, was wir dir schon gegeben haben, aber damit wäre niemand von uns wirklich zufrieden. Ich hoffe, dass du selbst einen Weg aus dieser Situation heraus findest. Ich werde einfach versuchen, dich nicht mehr in Verlegenheit zu bringen.«

BEISPIEL 2: MARIE

Marie (3. Klasse) war immer gut mit ihren Freunden und mit den Anforderungen in der Schule zurechtgekommen. Aber um Weihnachten herum veränderte sich ihr Verhalten in der Schule plötzlich. Eines Morgens weigerte sie sich, ihre Jacke auszuziehen, saß einfach nur da und versuchte, sich hinter einem hochgeschlagenen Kragen zu verstecken. Bald verschlechterten sich ihre Leistungen und sie weinte oft, knüllte das Papier zusammen und schimpfte auf die ›blöde Mathestunde‹. Wenn Mitschüler an ihrem Tisch vorbeigingen und ihn auch nur leicht berührten, behauptete sie, sie hätten sie geschubst, und brach in Tränen aus.

Durch ein Gespräch zwischen dem Klassenlehrer und den Eltern des Mädchens ließ sich das Problem weder klären noch lösen. Die Eltern kannten Marie nur als braves, höfliches und kooperatives Kind und dachten, dass ihr verändertes Verhalten in der Schule eher ein Problem des Lehrers als Maries Problem sei. Der Lehrer versuchte, mit Marie zu sprechen: »Was ist los mit dir, Marie? Du hast doch noch nie Probleme gehabt. Hat jemand dich gehänselt?« Wie viele hilfreiche Vorschläge der Lehrer auch machte – Maries Reaktion war immer dieselbe: Sie schniefte, zuckte die Achseln oder lehnte die Vorschläge ab. Der Lehrer wusste nicht weiter und beschloss, sich stattdessen auf den Unterricht zu konzentrieren. Marie wusste ebenfalls nicht weiter und lief Gefahr, in der Rolle des schwierigen Kindes stecken zu bleiben.

Analyse: Maries Mutter hatte sich vor Kurzem in einen Kollegen verliebt und angefangen, an ihrer Ehe zu zweifeln. Sie war sehr verliebt, aber gleichzeitig traurig wegen der möglichen Folgen für die ganze Familie. Ihr Mann war wütend, unglücklich und ebenso verunsichert wie seine Frau. Keiner von ihnen sprach mit den Kindern über die Situation. Sie einigten sich darauf, darüber zu sprechen, wenn die Kinder nicht zu Hause waren. Und auch darauf, erst mit ihnen zu sprechen, wenn sie mehr darüber wüssten, wie die Zukunft aussehen könne. Die Eltern versuchten, sich zu verhalten, als ob nichts passiert sei, und ihre Kinder wie immer zu behandeln. Trotzdem spürte Marie, dass sich die Atmosphäre zu Hause verändert hatte. Beide Eltern waren geistig und emotional abwesend, und Marie erlebte diese Abwesenheit, als ob sie für die Eltern nicht existierte.

Auf einer existenziellen, aber unbewussten Ebene erlebte sich Marie so als weniger wertvoll für ihre Eltern als zuvor. Sie reagierte, wie jedes Kind reagieren würde, indem sie versuchte, ihr Gefühl, wertvoll zu sein, wiederherzustellen, und kooperierte. Viele Monate lang spürte Marie, dass ihre Familie sich veränderte. Ihr Vater war wütend und launisch. Selbst wenn die Eltern versuchten, ein Tischgespräch zu führen, spürte Marie den Unterschied. Marie nahm die Schuld auf sich und versuchte, alles in ihrer Macht Stehende zu tun, um die angespannte Stimmung zu verändern. Sie versuchte, lustige Geschichten zu erzählen, um die Stimmung aufzuheitern. Sie versuchte, sich daran zu erinnern, was ihren Eltern am besten gefiel. Sie stellte ihren Teller in die Spülmaschine, hängte ihre Schultasche und ihre Jacke auf, wo sie hingehörten, und so weiter. Aber das war nur von untergeordneter Bedeutung. Marie versuchte wirklich alles und ging weit über ihre eigenen Grenzen hinaus, ohne je die Reaktionen ihrer Eltern zu verändern. Je wertloser sie sich für ihre Eltern empfand, desto mehr wuchs ihre Frustration. Wie viele andere Kinder blieb sie ihren Eltern gegenüber loyal und war gezwungen, ihre Frustration in der Schule auszudrücken.

Natürlich konnten ihre Eltern Maries Verhalten nicht sehen. In ihrer Realität war Marie einfach so brav, nett und kooperativ wie immer. Sie lebten in dem illusorischen Glauben, dass sie in der Lage seien, ihre Krise geheim zu halten, bis sie entschieden hatten, was zu tun sei. Es kam ihnen nicht einmal in den Sinn, den Lehrer über die Situation zu informieren oder einen Zusammenhang zwischen der familiären Situation und Maries unerwarteten Schwierigkeiten mit der Schule und anderen Kindern zu sehen.

Sehr oft wissen Lehrkräfte nichts über die Hintergründe kindlichen Verhaltens. Maries Lehrer war machtlos und glaubte, mehr wissen zu müssen, um Marie helfen zu können. Es ist selten hilfreich, Kinder in Maries Situation zu fragen, was los ist. Marie brauchte einfach das Mitgefühl und die Anerkennung ihres Lehrers, was sich zum Beispiel so hätte ausdrücken lassen: »Ich sehe, dass du eine schwierige Zeit durchmachst, Marie. Ich weiß nicht, warum du traurig bist oder weswegen du dir Sorgen machst, aber ich weiß, dass es nicht schön ist, sich so zu fühlen und allein zu sein.« Der Lehrer hätte sich mit Marie hinsetzen können, um einfach bei ihr zu sein und ihr zu zeigen, dass er erkannte, was sie durchmachte, und dass er für sie da sein wollte.

Viele Lehrer*innen finden das sehr schwierig. Sie würden lieber Probleme lösen und erleben, wie sie verschwinden. Aber Kinder in Maries Situation brauchen keine Problemlösung von außen.

Die einfühlsame Nähe des Lehrers hätte Marie eine ideale Gelegenheit geben können, ihre Aufmerksamkeit nach innen zu richten und Worte für ihre Gefühle zu finden. Auf dieser Grundlage hätte sie anfangen können, zwischen ihren eigenen Bedürfnissen und denen ihrer Umgebung zu unterscheiden. Das ist die erste von vielen Krisen, die sie im Laufe ihres Lebens durchmachen wird, und Marie hätte hier eine Menge über sich selbst lernen können.

Selbst wenn Maries Eltern früher oder später in der Lage sein werden, ihr Dilemma zu überwinden oder sich ihren Kindern und deren Lehrern gegenüber zu öffnen (unabhängig davon, ob es zu einer Scheidung kommt), wird die Situation Maries inneres und äußeres Verhalten in den nächsten zwei Jahren weiter beeinflussen. Die Schule kann entscheiden, ob sie eine weitere Bürde oder ein Ruhebereich in ihrem Leben sein will, wo sie aus eigener Kraft ihr Gleichgewicht wiederfinden kann.

Außerdem hat ihr Klassenlehrer zwei Möglichkeiten: Er kann einfach nur frustriert sein und sich selbst für einen unfähigen Lehrer halten, oder er kann sich wie ein wichtiger Teil von Maries sozialem Umfeld verhalten.

BEISPIEL 3: CHARLOTTE

Charlotte (4. Klasse) war charmant, begabt und lernbegierig, aber undiszipliniert. Schon seit der 1. Klasse versuchten ihre Lehrer*innen, ihr beizubringen, stillzusitzen, die Hand zu heben, wenn sie etwas zu sagen hatte, vorher zu fragen, bevor sie das Klassenzimmer verließ, um zur Toilette zu gehen, und ähnliche Regeln einzuhalten, aber ohne Erfolg. Da sie gut in der Schule war und Humor hatte, ließen ihre Lehrer*innen sie einfach gewähren. Sie korrigierten sie geduldig und erinnerten sie an das, was sie eigentlich tun sollte.

Charlotte war bei den anderen Kindern, besonders bei den Mädchen, sehr beliebt, wurde aber in letzter Zeit eher aggressiv als charmant. Sie fing an, auf Belehrungen mit Sätzen wie »Ich mache es so, wie ich will!« oder »Sagen Sie mir nicht, was ich tun soll« zu reagieren. Eines Tages sagte sie zu einem *Lehrer:* »Warum kümmern Sie sich nicht um Ihre eigenen Angelegenheiten?«. Ihr Lehrer hatte genug und beschloss, ihre Eltern zu einem Gespräch einzuladen. Charlottes Eltern, besonders ihr Vater, konnten die Frustration des Lehrers nachvollziehen. Charlotte hatte einen älteren Bruder, der immer kooperativ gewesen war und nie Ärger gemacht hatte. Die Streitigkeiten mit ihrer Tochter hatten auch ihnen zugesetzt. Sie unterstützten die Erwartungen der Schule, hatten aber keine Ahnung, wie man das Mädchen dazu bewegen könne, sich an Regeln zu halten. Sie erklärten sich bereit, ein ernstes Gespräch mit Charlotte zu führen und noch einmal zu versuchen, sie davon zu überzeugen, dass sie sich in der Schule anpassen und sich wie alle anderen Kinder benehmen müsse. Charlotte hörte ihren Eltern aufmerksam zu und antwortete dann mit ernster Stimme: »Aber was ist, wenn ich einfach nicht so wie die andern bin?«

In den nächsten Wochen änderte sich die Situation in der Schule nicht. Charlottes Lehrer bat um Supervision. Ihm wurde bald klar, dass er nie die Möglichkeit in Erwägung gezogen hatte, dass Charlottes Benehmen einfach ihre Persönlichkeit widerspiegeln könne. Er sah, dass er sie in positive und negative Seiten aufgeteilt hatte und all seine Energie darauf verwendet hatte, die Aspekte zu ändern, die er für negativ hielt. Nach vier Jahren waren Charlottes negative Eigenschaften verstärkt worden und drohten jetzt, ihre positiven Eigenschaften zu untergraben. Charlotte hatte sowohl von ihren Lehrern als auch von ihren Eltern klare Signale erhalten, dass sie einen Teil ihres Charakters aufgeben müsse, wenn sie im Leben etwas erreichen wolle. Eltern und Lehrer machten in ihrer Beziehung zu Charlotte einen klassischen ›Fehler‹. Sie sahen ein Verhaltensmuster, das ihnen nicht gefiel, und beschlossen, es zu ändern. Da ihr Ansatz nicht zu dem gewünschten Ergebnis führte, verstärkten sie ihre Maßnahmen, statt zu hinterfragen, was vor sich ging.

Der Klassenlehrer beschoss, mit Charlotte zu reden, und äußerte offen: »Mir ist klar geworden, dass es mir schwerfällt, mit dir zurechtzukommen, weil ich nie wirklich akzeptiert habe, wie du bist. Ich habe von Anfang an gegen dich gearbeitet, und jetzt hast du angefangen, auch gegen mich zu arbeiten. Darum habe ich beschlossen, mit dir zusammenzuarbeiten. Ich denke immer noch, dass du unsere Regeln einhalten solltest, aber ich weiß, dass ich den ersten Schritt tun muss, wenn wir besser miteinander auskommen wollen.«

Nach den ersten Worten des Lehrers fing Charlotte an zu weinen und sagte: »Ich bin einfach, wie ich bin. Ich kann mich nicht ändern, auch wenn ich mir manchmal wünsche, dass ich es könnte.« Bald nach dem Gespräch fing Charlotte an, ihre überschüssige Energie produktiver einzusetzen. Sie tat immer noch, was sie wollte, aber weniger launisch und aggressiv. Auch die Befürchtung des Lehrers, dass die anderen Kinder ihrem Beispiel folgen könnten, erwies sich als unbegründet.

Analyse: Charlotte gehört zu einer Gruppe Kindern, die wir immer öfter erleben. Sie hat eine angeborene Aura souveräner Unabhängigkeit, die auf die meisten Erwachsenen ziemlich provozierend wirkt. Ihre persönlichen Qualitäten würden wir eher bei einer Achtzehnjährigen erwarten; bei einer Vier- oder Neunjährigen wirken sie sehr ungewohnt und verstörend. Viele dieser Kinder wachsen in Familien und Einrichtungen auf, in denen die Erwachsenen zwischen Begeisterung und Ärger hin- und herspringen und die Kinder in ein emotionales Chaos stoßen. Dennoch beschließen die meisten dieser Kinder, für ihre Integrität zu kämpfen, und bezahlen dafür letztendlich mit Einsamkeit.

Obwohl diese Kinder unabhängig und selbstbewusst wirken, haben sie dasselbe Bedürfnis, gesehen, anerkannt, einbezogen und ernst genommen zu werden, wie jedes andere Kind. Darum tat Charlottes Lehrer das Richtige, als er die Verantwortung für ihrer beider Frustration wegen ihrer Beziehung übernahm und ihr Recht anerkannte, die zu sein, die sie war, ohne sie zu zwingen, ihre persönliche Integrität aufzugeben.

Im obigen Beispiel suchte der Lehrer Hilfe in der Supervision. Aber er hätte auch allein zu derselben Schlussfolgerung gelangen können, wenn er in Betracht gezogen hätte, wie stark Charlottes Wunsch war, sie selbst zu sein. Dieses Bedürfnis war so stark, dass sie lieber ständige Kritik und irrationale Vergleiche mit ihrem Bruder hinnahm, als ihr Verhalten zu ändern. So verhalten sich Kinder (und Erwachsene), die ihr Recht, so zu sein, wie sie sind, in engen Beziehungen nicht als etwas Selbstverständliches erleben. Die produktive Kooperation mit diesen Menschen erfordert zunächst die Anerkennung dieses Rechts.

BEISPIEL 4: LINE

Line war fünf Jahre alt und die Polizistin des Kindergartens. Sie behielt ihre Erzieher und die anderen Kinder im Auge und war vollauf damit beschäftigt, dafür zu sorgen, dass alle das taten, was sie sollten. Ihre Erzieher und Erzieherinnen ärgerten sich über ihr Verhalten und fingen an, zu erklären, dass es falsch sei, Geschichten zu erfinden. Sie erinnerten sie oft daran, sich um ihre eigenen Angelegenheiten zu kümmern, statt sich Gedanken darüber zu machen, was andere taten. Manchmal versuchte Line, ihr Verhalten zu rechtfertigen. Manchmal wurde sie traurig und verwirrt, aber ihr Verhalten änderte sich nicht.

Analyse: Line ist das älteste von drei Geschwistern. Die Beziehung ihrer Eltern war angespannt. Sie waren zu sehr mit ihren eigenen Problemen beschäftigt, um noch Energie für die Bedürfnisse ihrer Tochter übrig zu haben. So gelangte Line zu derselben Schlussfolgerung wie jedes andere Kind in ihrer Situation. Sie glaubte, etwas falsch zu machen, und kooperierte – in der Hoffnung, endlich gesehen und anerkannt zu werden. Ihre Botschaft war: »Schaut mich an! Seht ihr nicht, dass ich alles versuche, damit meine grundlegendsten Bedürfnisse erfüllt werden? Meine Bedürfnisse, gesehen und als die Person, die ich bin, akzeptiert zu werden. Ich sehe, dass es nicht funktioniert, aber ich weiß nicht, was ich sonst tun soll. Darum brauche ich eure Hilfe, um weiterzukommen. Ich schaffe es nicht allein.«

Wir sagten es schon: Etwa die Hälfte der Kinder in ähnlichen Situationen kooperiert mit ihrem Umfeld auf genau dieselbe Weise, wie sich ihr Umfeld verhält. Die andere Hälfte kooperiert spiegelverkehrt und zeigt ein Verhalten, das genauso unangemessen ist, wie sich die Kinder in ihren wichtigsten Beziehungen fühlen.

Da Lines Erzieher nur moralisieren und ihr Gefühl, fehl am Platz zu sein, verstärken konnten, wurde sie nicht dazu angeregt, ihr Verhalten zu ändern. Die Umstände in Lines Familie zu kennen hätte hilfreich sein können, war aber nicht notwendig. Objektive Überlegungen können den Erziehern helfen, sich klarzumachen, dass sich ein Kind, das nach Korrektheit und Lob strebt, meistens fehl am Platz fühlt und Anerkennung vermisst.

Die Neigung, die eigenen pädagogischen Möglichkeiten als eingeschränkt zu empfinden und psychologisches Fachwissen hinzuzuziehen, ist in solchen Situationen schädlich. Wenn Lehrer*innen herausfordernde Kinder zu Expert*innen schicken, die keinen persönlichen und täglichen Kontakt zu ihnen haben, statt sich auf ihre eigene Erfahrung und Kompetenz zu stützen, schaffen sie oft zwei Hindernisse für eine konstruktive Entwicklung.

Das erste Hindernis entsteht dadurch, dass der persönliche Kontakt unterschätzt wird, wenn sich Lehrkräfte hilflos fühlen und andere Expert*innen hinzuziehen. Forschungsarbeiten[4], beispielsweise über den Einfluss von Psychotherapie, zeigen, dass hilfreiche Interventionen eng mit der Wahrnehmung verknüpft sind, einen sinnvollen, persönlichen Kontakt zum Therapeuten, Psychologen, Arzt oder Psychiater oder ähnlichen Personen erlebt zu haben – Beruf oder Vorgehensweise der betreffenden Person waren in diesem Kontext nicht von Bedeutung. Wir haben allen Grund, anzunehmen, dass dasselbe auch auf die Gefühle von Kindern und Jugendlichen in Bezug auf ihre Lehrkräfte zutrifft. Wenn wir ein Kind zu einem unbekannten Erwachsenen schicken, um Hilfe zu erhalten, gehen wir das Risiko ein, dass das Kind den neuen Kontakt nicht als sinnvoll empfindet und deshalb nicht von den ansonsten einwandfreien Qualifikationen des Experten profitieren kann.

Das zweite Hindernis entsteht dadurch, dass die meisten Expert*innen, die zum schulnahen System gehören, Kinder auf der Grundlage von Diagnosen behandeln. Aber ein Großteil der Kinder und Jugendlichen, die zu diesen Expert*innen überwiesen werden, braucht gar keine Behandlung und kollidiert daher mit einer Person, die versucht, eine Behandlung durchzuführen. Was diese Kinder tatsächlich brauchen, ist eine Verbesserung ihrer familiären und pädagogischen Beziehungen, keine Behandlung durch Externe.

Uns ist bewusst, dass diese Auffassung von vielen Menschen nicht geteilt wird, da sich unsere Gesellschaft immer mehr auf Expert*innen verlässt und von deren Wissen abhängig ist. Wie wir festgestellt haben, scheint der Bedarf an Experten mit der Zahl der verfügbaren Experten zu steigen, nicht umgekehrt. Wir haben nicht grundsätzlich Einwände gegen Expertenwissen, aber wir würden uns wünschen, dass Pädagog*innen durch Expert*innen mit hilfreichen Strategien ausgestattet werden, statt sich auf das Wissen anderer Menschen zu verlassen.

Beispiel 5: René

René (9. Klasse) wollte die Schulkrankenschwester aufsuchen, um sein Gehör testen zu lassen. Da der Test keine Hörprobleme ergab, wollte die Krankenschwester wissen, warum er hatte getestet werden wollen. Seine Antwort lautete: »Manchmal sehe ich Menschen sprechen, kann aber nicht hören, was sie sagen.«

Die erfahrene Krankenschwester wollte mehr Details dazu erfahren: »René, weißt du, dass manchmal unser Seh- oder Hörvermögen eingeschränkt ist, wenn wir Probleme haben oder viel über etwas nachdenken?«

René dachte nach. Er schaute kurz in die freundlichen, klaren Augen der Krankenschwester, als ob er sichergehen wolle, dass er ihr vertrauen könne. Dann erzählte er ihr, dass er eine kleine Schwester von zwei Jahren habe und dass sein Vater psychisch krank sei, seit er einige Jahre zuvor bankrottgegangen sei. Sein Vater wurde von Zeit zu Zeit ins Krankenhaus eingewiesen und musste Medikamente nehmen. Seine Mutter versuchte mit aller Kraft, zu verhindern, dass ihre Familie Hilfe von Behörden annehmen musste, und wollte, dass ihre Probleme innerhalb der Familie blieben. Der Junge erwähnte auch, dass er gern zur Schule gehe und die damit verbundene Arbeitslast problemlos bewältigen könne.

Da die Schulkrankenschwester auch Teil des Sozialsystems ist, fühlte sie sich verpflichtet, den Jungen zu einem Psychologen zu schicken, statt sich auf ihre eigenen Gefühle und Erfahrungen und Renés Vertrauen in sie zu verlassen – obwohl sie wusste, dass der Junge mindestens drei Monate auf einen Termin würde warten müssen. Sie fragte: »René, gibt es etwas, über das du mit jemandem reden möchtest?«

René war überrascht: Er sprach doch gerade mit jemandem. Er antwortete: »Ja, schon …«

»Okay. Ich versuche, für dich einen Termin beim Schulpsychologen zu vereinbaren. Aber sag bitte deiner Mutter, dass sie ihr Einverständnis dazu geben müsste.«

René willigte ein und ging. Die Krankenschwester schaute in Renés Unterlagen und stellte fest, dass es in den letzten drei Jahren drei Zwischenfälle gegeben hatte, bei denen er gewalttätig geworden war. Einmal hatte er sogar seine Lehrerin angegriffen.

Am nächsten Tag rief Renés Mutter ziemlich aufgeregt an und verlangte eine Erklärung dafür, dass ihr Sohn einen Psychologen aufsuchen solle. Sie wollte wissen, ob ihr Sohn psychische Probleme habe. Der Schulkrankenschwester gelang es schließlich, sie zu beruhigen und sogar ihre Einwilligung zu erhalten. Als sie am nächsten Tag von einer Besprechung zurückkam, fand sie René vor ihrem Büro wartend vor. Er sagte ihr, dass seine Mutter wegen der Aufforderung, ihn zu einem Psychologen zu schicken, so wütend gewesen sei, dass sie ihm verboten habe, zur Geburtstagsparty seines besten Freundes zu gehen. Darum sei er abgehauen, um trotzdem mit seinem Freund zu feiern. Die Krankenschwester spürte deutlich seine Hilflosigkeit und sein Bedürfnis, mit jemandem zu sprechen, aber sie war nicht in der Lage, dem Jungen mehr zu geben als den schwachen Rat, die Anweisungen seiner Mutter zu befolgen und sie wenigstens wissen zu lassen, wohin er ging. Er versprach, das zu tun, und versuchte, die Krankenschwester zu beruhigen, indem er ihr sagte, dass seine Mutter ›wieder nett‹ sein würde, wenn er nach Hause käme, weil er selbst Geburtstag habe.

Als die Schulkrankenschwester dem Schulpsychologen von diesem Zwischenfall berichtete, versprach er, René bald zu einem Gespräch einzuladen. Außerdem legte er ihr nahe, dem Jugendamt einen Bericht über die Familie vorzulegen – besonders wegen des jüngeren Kindes.

Analyse: René war ein gesunder und ausreichend begabter Junge, den die psychische Erkrankung seines Vaters stark belastete. Er hatte – mal mehr, mal weniger – die Rolle seines Vaters in der Familie übernehmen müssen. Er hatte mit dem Wunsch seiner Mutter kooperiert, keine Hilfe von außen zu holen, und deshalb niemandem etwas davon gesagt, wie schwierig die Situation war und wie sehr er sich um die Gesundheit des Vaters und das Wohlbefinden seiner Mutter sorgte oder dass er Angst davor hatte, selbst psychisch krank zu werden.

Mit den Jahren wuchs der emotionale Druck, der auf René lastete, weil er seine eigene Integrität (sein Bedürfnis, seine Gedanken und Gefühle auszusprechen) opferte, um mit seiner Mutter zu kooperieren. Er spiegelte auch ihr Gefühl, stark genug zu sein, um ohne Hilfe klarzukommen. Der hohe Druck, unter dem er stand, zeigte sich in drei Zwischenfällen, bei denen Mitschüler und Lehrer ihn grundlos provozierten. Zu diesem Zeitpunkt interessierte sich niemand dafür, weshalb ein ansonsten vernünftiger und ausgeglichener Junge einfach so explodierte.

Irgendwann konnte der Junge es einfach nicht mehr ertragen und suchte Hilfe. Glücklicherweise bekam er die Chance, mit der klugen und sensiblen Schulkrankenschwester zu sprechen, der er genug vertraute, um *ungehorsam* zu sein und offen über seine Probleme zu reden. Professionelle Hilfe oder Behandlung hätte er nicht gebraucht. Er brauchte einen Menschen, der in der Lage war, ihm zuzuhören, seine schwierige Situation zu erkennen und in diesem seltenen Augenblick, in dem er seine Einsamkeit nicht mehr ertragen konnte, für ihn da zu sein. Dabei hätte es sich ebenso um seine Mutter, ein anderes Familienmitglied, einen Lehrer oder einen Freund handeln können.

Die Entscheidung der Krankenschwester, ihre eigene Intuition und Erfahrung zu ignorieren und stattdessen das zu tun, was das System von ihr erwartete, hatte schlimme Folgen:

- Ihre Überweisung zu einem Psychologen machte aus René einen Klienten und verstärkte seine Angst, selbst psychisch krank zu werden.
- Im Idealfall kann der Junge dem Psychologen dasselbe Vertrauen wie der Krankenschwester entgegenbringen, aber da die Mutter den neuen Status ihres Sohnes als Klient als weiteren Fehlschlag betrachtete, stehen die Chancen dafür nicht gut.
- Renés gesunder Ungehorsam führte dazu, dass das Jugendamt Kenntnis von der familiären Situation erhielt. Das setzte der Mutter zu, die stolz darauf gewesen war, allein mit der Situation zurechtzukommen. Aus diesem Stolz hatte sie zuvor die Energie bezogen, für ihren Ehemann und ihre Kinder zu sorgen. Natürlich folgerte René daraus, dass es besser gewesen wäre, den Mund zu halten, weshalb seine psychische Stabilität in der Tat gefährdet ist.
- Angesichts der Werte, mit denen er aufgewachsen war, fühlte er sich verraten und fehl am Platz statt gesehen.
- René wählte die gesündeste Art, seinen Schmerz zu lindern, was aber zu noch mehr Schmerz und Chaos in seinem Leben führte. Dadurch wird der Weg bereitet für andere Formen der Schmerzlinderung: Zynismus, Aggression, Gewalt, Alkoholismus, Drogen und Ähnliches.

Mit 15 Jahren sah Renés Beziehungsstatus so aus: Er war sehr oft dem Versagen von Erwachsenen ausgeliefert gewesen, insbesondere, was den Schutz seiner persönlichen Integrität betraf. Als erste war seine Mutter ihm nicht gerecht geworden, weil sie es einfach nicht besser gewusst hatte. Dann hatte die Psychiatrie versagt, indem sie nur auf den Kranken reagiert und nicht die Tatsache berücksichtigt hatte, dass psychisch Kranke auch Familien haben.[5]

Auch sein Lehrer lag falsch, weil er seine Signale beurteilte, statt ihn ernst zu nehmen. Und schließlich wurde ihm auch die Schulkrankenschwester nicht gerecht, weil sie ihm ihre Hilfe verweigerte, obwohl sie ihm am besten hätte helfen können. René war in der Lage, das Leben in seiner Familie zu bewältigen. Er benötigte in der Schule und in seinem sozialen Umfeld nur minimale Unterstützung. Er hätte sich zu einem gesunden, empathischen, verantwortungsvollen, gut funktionierenden und intelligenten Erwachsenen entwickeln können. Aber angesichts seiner oben geschilderten Erfahrungen können wir davon ausgehen, dass seine Zukunft eine Reihe Konflikte mit Expert*innen bringen wird, die versuchen werden, ihm genau die Qualitäten zu vermitteln, die er bereits im Übermaß besitzt. Die Fähigkeit der ihn umgebenden Menschen, ihn als ganze Person zu sehen, wird mit zunehmender Schwere seiner sozialen Symptome sinken.

Zum Schluss

Wie haben versucht darzustellen, mit welchen komplexen Herausforderungen Lehrer und Lehrerinnen konfrontiert sind. Vielfach wird dieser Komplexität von den Entscheidungsträger*innen trotz politisch relevanter Absichtserklärungen nicht die gebührende Priorität eingeräumt. Tragischerweise investieren viele europäische Länder vergleichsweise hohe Beträge in die Bildung. Diese Investitionen schlagen sich aber leider nicht in der persönlichen Unterstützung für Lehrer und Lehrerinnen oder in dem Beziehungsklima, in dem Kinder tagtäglich lernen müssen, nieder. Anscheinend haben wir uns daran gewöhnt, zu wenig für unser Geld zu bekommen, und neigen dazu, Quantität mit Qualität zu verwechseln. Zudem wird die Aufmerksamkeit vielfach auf nebensächliche Themen gerichtet, vielleicht weil die wahren menschlichen Themen zu heikel oder zu brisant erscheinen. Wirklich hinschauen auf das, was zählt, fordert uns heraus, uns mit uns selbst als Menschen auseinanderzusetzen. Und es nimmt uns die bequeme Möglichkeit, Sündenböcke für das Unzufriedenstellende verantwortlich zu machen.

Wir und viele andere Praktiker*innen sowie eine wachsende Zahl an Wissenschaftler*innen wissen, dass die Qualität der schulischen Beziehungen einen großen und entscheidenden Einfluss auf die Gesellschaft, auf unsere demokratischen Werte und auf die gesellschaftliche Moral hat. Kinder und Jugendliche wachsen zu verantwortungsvollen Menschen heran, wenn sie von verantwortungsvollen Erwachsenen begleitet werden, die ihre eigene Würde und die Würde der Kinder ernst nehmen. In diesem Sinne danken wir Ihnen für das Lesen dieses Buches und freuen uns, wenn Sie Mut geschöpft haben, genauer hinzusehen und gemeinsam mit uns und mit den Menschen in Ihrem Umfeld menschenwürdige Lösungen zu suchen.

Glossar

Zur Entwicklung des neuen Paradigmas haben wir auch eine neue Terminologie festgelegt – Wörter, die zu dem Inhalt passen, den wir zu vermitteln versuchen. Das ist eine Herausforderung, wenn man auf internationaler Ebene – mit unterschiedlichen Vorstellungen und Konnotationen – arbeitet. Das folgende Glossar gibt einen kurzen Überblick über die wichtigsten Begriffe, die wir verwenden und die im Buch ausführlich und mit Beispielen erläutert werden.

Beziehungskompetenz

Auf Lehrkräfte bezogen, bezeichnet *Beziehungskompetenz* die Fähigkeit von Lehrer*innen, das einzelne Kind/die einzelne Person in seiner/ihrer eigenen Art zu sehen und das eigene Verhalten entsprechend anzupassen, ohne die Führungsrolle aufzugeben. Er beschreibt außerdem die Fähigkeit, authentisch mit dem Kind (oder Elternteil) in Kontakt zu bleiben, sowie die Fähigkeit und Bereitschaft, die volle Verantwortung für die Qualität der Interaktion zu übernehmen.

Beziehungskompetenz ist sowohl eine Frage des pädagogischen Handwerks als auch eine Frage der Moral. Deshalb ergibt sich die fachliche Kompetenz einer Lehrkraft aus der Summe ihrer *Lehrkompetenz* und ihrer *Beziehungskompetenz*.

Gleichwürdigkeit

Den Begriff *Gleichwürdigkeit* gibt es in vielen Sprachen nicht, weshalb wir ihn durch Kombinieren von *gleich* (im politischen Kontext oft im Sinne von »gleichberechtigt« verwendet) und *Würde* gebildet haben. Nach unserem Verständnis ist Gleichwürdigkeit kein politischer Begriff. Wir behaupten nicht, dass Kinder Erwachsenen im Hinblick auf Macht oder Berechtigung gleichgesetzt werden sollten. Gleichwürdigkeit lenkt die Aufmerksamkeit auf die Tatsache, dass die kognitiven, verbalen, nonverbalen und emotionalen Reaktionen von Kindern aussagekräftige Botschaften darstellen und gleichermaßen ernst genommen werden müssen. Der Begriff weist auch darauf hin, dass die menschlichen Bedürfnisse von Erwachsenen und Kindern gleich sind und auf würdevolle Weise erfüllt werden müssen. Die Botschaften der Kinder zeigen relevante Aspekte ihrer aktuellen Beziehung und sind daher im Hinblick auf die Anpassung der Interaktionsqualität hilfreich.

Fach-persönliche Entwicklung

Die gängige Annahme ist, dass schwierige Beziehungen zu Kindern nur verändert werden können, indem das Kind dazu motiviert wird, sein Verhalten zu ändern. Doch in den letzten Jahrzehnten haben wir Tausende klinische Beispiele dafür gesehen, welche großen Auswirkungen selbst kleine Verhaltensänderungen von Lehrer*innen haben können und wie schnell Kinder dadurch die Möglichkeit erhalten, auf allen Ebenen (persönlich, schulisch und emotional) zu lernen. Der Begriff *fach-persönliche Entwicklung* zeigt auf, dass die Person (in der Rolle der Lehrkraft) im Hinblick auf Beziehungsprobleme der einflussreichste Faktor ist.

Selbstgefühl, Selbstwertgefühl und Selbstvertrauen

Lange Zeit haben Pädagog*innen und Psycholog*innen versucht, das *Selbstvertrauen* von Kindern zu stärken, um sie beim Lernen zu unterstützen. Das ist insofern sinnvoll, als es beim Selbstvertrauen darum geht, was ein Mensch tun kann und wie sich das jeweilige Können verbessern lässt.

Wir haben jedoch festgestellt, dass bei vielen Kindern die Stärkung des *Selbstgefühls* wesentlich nachhaltiger ist. Selbstgefühl umfasst das, was ein Kind über sich selbst (Gefühle, Gedanken und Verhalten) weiß.

Selbstwertgefühl bezeichnet, wie das Kind das *bewertet*, was es über sich selbst weiß. Das spiegelt meistens die Haltungen der Eltern und Lehrkräfte wider und ist daher häufig gering. Die Basis für einen stärkenden Umgang mit sich selbst entwickelt ein Kind, das sich gesehen erlebt, das Raum hat, die eigenen Gefühle, Gedanken und Empfindungen wahrzunehmen, und als die Person anerkannt wird, die es ist. Nur so kann sich die Tür zu besserem Lernen und stärkerem Selbstvertrauen öffnen.

Persönliche Autorität

Alle Menschen mit formalen Rollen und Autoritäten erleben etwas, das sie als mangelnden Respekt vor ihren Rollen bezeichnen. Aber dasselbe trifft auch auf viele Partnerschaften und Beziehungen zwischen Eltern und Kindern zu. In allen Fällen finden es beide Seiten oder einer der Beteiligten zunehmend schwierig, mit herkömmlichen Mitteln sicherzustellen, dass ihre Grenzen respektiert werden.

Der Weg zu *beiderseitig* respektvollen (persönlichen und beruflichen) Beziehungen führt über persönliche Autorität, die darauf aufbaut, dass wir unsere *persönlichen Grenzen* kennen und ihnen freundlich, aber bestimmt, Ausdruck verleihen können und dass wir – und das ist sehr wichtig –, andere dazu einladen können, dasselbe zu tun. Das führt immer zu größerem gegenseitigem Respekt und größerer Selbstachtung. Dadurch wird aus einer beruflichen Beziehung keine private; es kommt lediglich eine persönliche Dimension hinzu.

Konflikte

Konflikte sind ein fester Bestandteil aller gesunden Beziehungen. Wir sind davon überzeugt, dass es der persönlichen Entwicklung und der Entwicklung von Beziehungen förderlich ist, wenn wir lernen, uns selbst ernst zu nehmen und Konflikte auf konstruktive Weise auszutragen.

Kinder müssen begleitet werden, damit sie lernen, sich auszudrücken und ihre eigenen Grenzen zu erkennen. Deshalb ist es wichtig, nicht zu erwarten, dass Kinder in Bereichen, in denen sie selbst Konflikte erleben, Lösungen finden können. Je nach Alter brauchen sie bei diesen Prozessen ein unterschiedliches Maß an Unterstützung. Aber vor allem brauchen sie keine Erwachsenen, die Konflikte für sie lösen. Sie brauchen Zeit, um mit ihrer Frustration zurechtzukommen.[1]

Wir unterscheiden zwischen Konflikten und Problemen. Bei einem *Konflikt* geht es um unterschiedliche Meinungen oder Bedürfnisse. Er kann zwischen verschiedenen Personen oder innerhalb eines Individuums auftreten. *Probleme* sind eine Anhäufung zusammengehöriger Konflikte, die nicht oder zumindest nicht ausreichend gelöst wurden. Nach dieser Definition sind Konflikte eine natürliche und notwendige Komponente des Lebens und unserer Beziehungen, während Probleme die Qualität der Beziehungskompetenz zeigen.

Dialektisch

Dieser Begriff beschreibt sowohl in der Philosophie als auch in der Entwicklungspsychologie[2] die spannende Fähigkeit, gleichzeitig widersprüchliche Aspekte oder gegenläufige Bewegungen wahrzunehmen, ohne sie zu einem Ganzen zusammenzuführen. Er beschreibt das Denken im Sowohl-als-auch-Modus. Diese Fähigkeit ist notwendig, um den widersprüchlichen und auch gegenläufigen Realitäten im Schulkontext gerecht zu werden. Eine dialektische Herangehensweise geht von keiner absoluten Wahrheit aus und sucht sie auch nicht. Sie nimmt alle unterschiedlichen Sichtweisen als Aspekte der Realität ernst. Dies ermöglicht ein gemeinsames Erkennen von Neuem auf einer neuen Ebene. Diese Synthese ist eine neue gemeinsame Wahrheit, die ein der jeweiligen Situation angepasstes Handeln ermöglicht.

Wechselseitig/gegenseitig

Im Englischen nutzen wir den Begriff *mutual*, der sich im Deutschen mit unterschiedlichen Begriffen wie gegenseitig, beidseitig, einvernehmlich, wechselseitig umschreiben lässt. Wechselseitig oder gegenseitig beschreibt die anhaltende und natürliche Abhängigkeit, die zwischen Menschen, ihren Gefühlen, Gedanken und Prozessen entsteht, wenn sie in Kontakt sind. Die psychischen Gründe dafür werden durch die Bindungstheorie[3] erklärt. Dieses Grundelement systemischen Denkens und Handelns zeigt, wie alle Teile eines Systems einen Einfluss auf die Entwicklung sowohl in konstruktiver als auch in destruktiver Hinsicht haben. Es macht aber auch sichtbar, dass persönliche tief greifende Veränderungen der Erwachsenen im System weitreichende Auswirkungen haben.

Anmerkungen

Vorwort

1 Hier sind einige Forscher und Studien aufgeführt, die unser Denken beeinflussen und unsere Entwicklungen unterstützen:
Bentzen, Marianne (2016): Das Neuroaffektive Bilderbuch. Paragon Publishing
Bentzen, Marianne , Hart, Susan (2016): Neuroaffektive Therapie mit Kindern und Jugendlichen: Vier entwicklungsphasenbezogene Behandlungsansätze. Probst Verlag
Bresciani Ludvik, Marilee J. (2016): The Neuroscience of Learning and Development. Stylus Publishing
Grams, Sarah (2017): Zufriedene Lehrer machen Schule – über die wichtigste Ressource zeitgemäßer Schulentwicklung, Waxmann
Lamm, C., Tomova, L. (2018): The neural bases of empathy in humans. In E. Knapska & K. Meyza (Eds.). Neuronal correlates of empathy – from rodent to man. Academic Press (pp. 25–36)
Niederberger, Ueli (2013): Relational Competence Theory: Can Respect, Authenticity, and Responsibility Predict Relationship Quality? http://hkr.diva-portal.org/smash/get/diva2:635406/FULLTEXT01.pdf
Roth et al (Hrsg.) (2016): Trainings- und Interventionsprogramme zur Förderung von Empathie – Ein praxisorientiertes Kompendium. Springer
Rucinski, C. L., Brown, J. L., Downer, J. T. (2017, December 21): Teacher–Child Relationships, Classroom Climate, and Children's Social-Emotional and Academic Development. Journal of Educational Psychology
Sigsgaard, Erik (2012): Schimpfen? Es geht auch anders!: Wie Sie einen liebevollen und wertschätzenden Umgang mit Ihren Kindern entwickeln. Renate Götz Verlag
Vidmar, Masa (Hrsg) (2016): Šolsko polje. Social and emotional aspects of Teaching and Learning. (http://www.pei.si/UserFilesUpload/file/digitalna_knjiznica/SP/2016/SP_XXVII_2016_1-2/Solsko%20polje,%20XXVII,%20vol%20 1-2,%202016.pdf)

2 http://handinhand.si

1 Was im Umgang mit Kindern zählt

1 Charim, Isolde (2018): Ich und die anderen: Wie die neue Pluralisierung uns alle verändert. Paul Zsolnay Verlag

2 Rucinski, C. L., Brown, J. L., Downer, J. T. (2017, December 21). Teacher–Child Relationships, Classroom Climate, and Children's Social-Emotional and Academic Development. Journal of Educational Psychology

3 Hildebrandt, Steen, Stubberup, Michael (2012): Sustainable Leadership. Copenhagen Press

4 Golemann, Daniel, Senge, Peter (2014): The Triple Focus: A New Approach to Education. More Than Sound

5 Kegan, Robert (1995): In Over Our Heads: The Mental Demands of Modern Life. Harvard University Press

6 Jensen, E., Skibsted, E.B., Christensen, M.V. (2015): Educating teachers focusing on the development of reflective and relational competences in: Educational Research for Policy and Practice, Vol. 14,3, S. 201–212 (Übersetzung der Herausgeberin)
7 http://www.steenhildebrandt.dk/2011/06/sustainable-leadership-foredrag/
8 Grams, Sarah (2017): Zufriedene Lehrer machen Schule – über die wichtigste Ressource zeitgemäßer Schulentwicklung. Waxmann
9 Bauer, Joachim (2008): Prinzip Menschlichkeit. Heyne; Bentzen, Marianne (2016): Das Neuroaffektive Bilderbuch. Paragon Publishing

2 Die Integrität von Kindern und Lehrer*innen

1 OECD (2017)
2 Grossmann, Karin, Grossmann, Klaus (2012): Bindungen - das Gefüge psychischer Sicherheit. Klett-Cotta
3 Tomm, K. (2014): Interpersonal Patterns – Inviting relational Understandings for Therapeutic Change. Routledge
4 Collodi, Carlo (2009): Pinocchio. Nord Süd
5 Brüder Grimm (1984): Kinder- und Hausmärchen. Band 2, Büchergilde Gutenberg. S. 104
6 Tronick, E.Z.(1989): Emotions and emotional communication in infants. American Psychologist, 44. S. 112–119
7 Stern, D.N. (1985): The Interpersonal World of the Infant. Basic Books; Grossmann, Karin, Grossmann, Klaus (2012): Bindungen - das Gefüge psychischer Sicherheit. Klett-Cotta
8 Stern, D.N. (1998): Die Mutterschaftskonstellation: Eine vergleichende Darstellung verschiedener Formen der Mutter-Kind-Psychotherapie. Klett-Cotta
9 Beebe, B. (2014): My journey in infant research and psychoanalysis: Microanalysis, a social microscope. Psychoanalytic Psychology, 31(1), S. 4–25
10 Bae, Berit (1996): Voksnes definitionsmagt og børns selvoplevelse. Tidsskriftet Social Kritik, 47, S. 6–21
11 Hvis jeg fik bestemme …, Videoaufzeichnung, Pedagogisk Forum, Oslo.
12 Berg Brodén, M. (1992): Psykoterapeutiska interventioner under spädbarnsperioden: det empiriska underlaget för boken »Mor och barn i ingenmans land«, Swedala
13 Dies betrifft die Personalpolitik ebenso wie die Klarheit gegenüber Kollegen

3 Selbstgefühl – herausfinden, wer ich bin

1 Neurowissenschaftliche Forschung hat gezeigt, dass selbst kurzfristige negative Emotionen in der Schule (beispielsweise die Angst als Reaktion auf den wütenden Gesichtsausdruck eines Lehrers) die Angst der Schüler vor Prüfungen und dem Lernen verstärken können. Siehe: Raufelder et al. (2016): Grundlagen schulischer Motivation: Erkenntnisse aus Psychologie, Erziehungswissenschaft und Neurowissenschaften. Utb
2 Stern, D.N. (2004): The Present Moment in Psychotherapy and Everyday Life. Norton
3 Neff, K., Vonk, R. (2009): Selfcompassion Versus Global Self-Esteem: Two Different Ways of Relating to Oneself. Journal of Personality, 77:1, S. 23–50
4 Stern, D.N. (1998): Die Mutterschaftskonstellation: Eine vergleichende Darstellung verschiedener Formen der Mutter-Kind-Psychotherapie. Klett-Cotta;

Fonagy, P., Gergely, G. et al (2016): Affect Regulation, Mentalization, and the Development of the Self. Oxford University Press
5 Haller, Reinhard (2015): Die Macht der Kränkung. Ecowin Verlag
6 Juul, Jesper (2009): Dein kompetentes Kind: Auf dem Weg zu einer neuen Wertgrundlage für die ganze Familie. Rowohlt
7 Rucinski, C. L., Brown, J L., Downer, J T. (2017, December 21): Teacher–Child Relationships, Classroom Climate, and Children's Social-Emotional and Academic Development. Journal of Educational Psychology
8 Juul, Jesper (2009): Dein kompetentes Kind: Auf dem Weg zu einer neuen Wertgrundlage für die ganze Familie. Rowohlt

4 Persönliche Verantwortung

1 Rucinski, C.L., Brown, J. L., Downer, J. T. (2017, December 21): Teacher–Child Relationships, Classroom Climate, and Children's Social-Emotional and Academic Development. Journal of Educational Psychology
2 Vgl. Kapitel 6: Beziehungsmuster verstehen
3 Phillips, Asha (2001): Eltern müssen Nein sagen. Richtig Grenzen setzen. vgs
4 Juul, Jesper (2014): Unser Kind ist chronisch krank. Beltz
5 Kerr, M.E., Bowen, M. (1988): Family Evaluation. An Approach Based on Bowen Theory. Norton
6 Mehr zu Bowens Ansatz in Kapitel 11 zur fach-persönlichen Entwicklung
7 Mehr zur Anerkennung in Kapitel 9
8 Juul, Jesper (2012): Grenzen, Nähe, Respekt: Auf dem Weg zur kompetenten Eltern-Kind-Beziehung. Rowohlt
9 Jensen, Helle (2017): Hellwach und ganz bei sich: Achtsamkeit und Empathie in der Schule. Beltz
10 Marks, Stephan (2011): Scham - die tabuisierte Emotion. Patmos
11 Schultz Jørgensen, P. (1999): Hvad er kompetence? Uddanelse

5 Mit sich selbst verbunden sein

1 Woelfel, J., Haller, A. (1971): Significant others: The self-reflexive act and the attitude formation process. American Sociological Review. American Sociological Association: 36 (1), 74-87
2 Jensen, Helle (2018): Relational Competence – the CASEL's Concepts for Social-Emotional Learning (internes Manuskript), S.3
3 Jensen, H., Beek, v. M. (2016): Miteinander: Wie Empathie Kinder stark macht. In: M. Roth et al. (Hrsg.)(2016): Trainings- und Interventionsprogramme zur Förderung von Empathie, Springer-Verlag
4 Von der Danish Society for the Promotion of Life Wisdom in Children entwickelt
5 Nielsen, B. L. (2017): Evaluation of the Relational Competence Project 2012-16
6 Zitat aus Interview mit Jensen, Helle, in: Boell, M, Senge, P. (2016): School Climate and Social Fields – an Initial Exploration. Garrison Global Collaboration for Emotional, Social and Systems Education & MIT, S. 58
7 Jensen, Helle, in: Roth, Marcus et al (Hrsg.) (2016): Trainings- und Interventionsprogramme zur Förderung von Empathie – Ein praxisorientiertes Kompendium. Springer
8 Hart, Susan (2016): Inclusion, Play and Empathy: Neuroaffective Development in Children's Groups. Jessica Kingsley Publishers

9 Schibbye, A.L.L. (2002): En dialektisk relasjonsforståelse. Oslo: Universitetsforlaget

6 Beziehungsmuster verstehen

1 Tomm, K. (2014): Interpersonal Patterns – Inviting relational Understandings for Therapeutic Change. Routledge
2 Projektion (oder Übertragung) ist der Prozess, durch den wir unsere eigenen inneren Qualitäten externen Objekten oder Personen zuschreiben. Es ist eine Art Verteidigungsmechanismus, der vom Ich eingesetzt wird (Freud: Metapsychologie I und II)
3 Kempler, W. (1981): Experiential Psychotherapy Within Families. Brunner/Mazel; Burnham. J.B. (1986): Family Therapy: First Steps Towards a Systemic Approach. Routledge; Marner, T (1992): Familieterapi – Milanometoden, Hans Reitzels Forlag; Andersen, T. (1991): The Reflecting Team. Dialogues and Dialogues about Dialogues. Norton
4 Yalom, I.D., Leszcz, M. (2005): The Theory and Practice of Group Psychotherapy. Basic Books
5 Juul, Jesper (2012): Ein Apfel für den Lehrer: Wertschätzung - die übersehene Dimension der Schule. Familylab.ch
6 Bauer, Joachim (2008): Prinzip Menschlichkeit. Heyne
7 Jensen, Helle, Jensen, Elsebeth (2016): Schule braucht Beziehung: Gelungene Lehrer-Eltern-Gespräche. Beltz

7 Zur Definition von Beziehungskompetenz

1 Stern, D.N. (1985): The Interpersonal World of the Infant. Basic Books; Stern, D.N. (1998): Die Mutterschaftskonstellation. Klett-Cotta; Stern, D.N. (2011): Tagebuch eines Babys. Piper
2 Hart, S. (2008): Brain, Attachment, Personality: An Introduction to Neuroaffective Development. Karnac Books
3 Diese Kompetenzen basieren auf Daniel Sterns Forschung, unserer eigenen klinischen Erfahrung sowie Interviews mit Stern u.a.
4 Berg Brodén, M. (1992): Psykoterapeutiska interventioner under spädbarnsperioden: det empiriska underlaget för boken »Mor och barn i ingenmans land«, Swedala
5 Sommer, D. (2012): A childhood psychology: Young Children in Changing Times. Palgrave
6 Jørgensen, O.R. (2000): Tænk fremtiden, Borgens Forlag
7 Details in Kapitel 11 zu Murray Bowens Konzept der Differenzierung
8 Bayer, S. (1996): Relationer – en pædagogisk kompetence. In: Cecchin, D., Sander, E. (Hrsg.) (1996): Pædagogens kompetencer. BUPL; Juul, Jesper (2009): Dein kompetentes Kind: Auf dem Weg zu einer neuen Wertgrundlage für die ganze Familie. Rowohlt

8 Gespräche verstehen – Dialoge führen

1 Johannes Sløk war der renommierte Gründer des Institute for European Ideas an der Universität Århus, Dänemark, und dieser Text war einer von vielen, die er in Vorlesungen und Seminaren an seine Studenten weitergab. Quelle: Persönliche Notizen, Jesper Juul

2 Bohm, D. (2004): On Dialogue. Routledge
3 Løgstrup, K.E. (1993): Solidaritet og kærlighed och andre essays. Gyldendal
4 Goethe: Torquato Tasso, 2. Akt
5 Social Kritik (Oct. 1998): S. 78–107, Nr. 57/58
6 Beebe, B. (2014): My journey in infant research and psychoanalysis: Microanalysis, a social microscope. Psychoanalytic Psychology, 31(1), S. 4–25
7 Svinth Lone (2010): Nærvær i pædagogisk praksis. Akademisk Forlag
8 Juul, Jesper (2012): Grenzen, Nähe, Respekt: Auf dem Weg zur kompetenten Eltern-Kind-Beziehung. Rowohlt; Juul, Jesper (2001): Nytt perspektiv på grensesetting, in: A. Dyregrov, A. (Hrsg): Et liv for barn. Fagbokforlaget

9 Beziehungskompetenzen

1 Schibbye, A.L.L. (1997): Fra begrennsning til avgrennsning: Synpunkter på grensesetting og barns utvikling av selvreflekjon, in: Jacobsen, J.C. (Hrsg.): Refleksive læreprocesser, Politisk Revy; Bae, B., Waastad, J.E. (1997): Erkjennelse og annerkennelse, Universitetsforlaget
2 Bae, Berit (1996): Voksnes definitionsmagt og børns sel-voplevelse. Tidsskriftet Social Kritik, 47, S. 6 – 21
3 Harper, Lee N. (2002): Wer die Nachtigall stört. S. 122-123. Rowohlt
4 Diderichsen, A. (1997): Den professionelle omsorg og børns udvikling, in: Social Forskning, Sonderausgabe März 1997. Socialforskningsinstituttet
5 Ravn & Mortensen: www.f2000.dk.
6 Bauer, Joachim (2006): Warum ich fühle, was du fühlst. Heyne
7 Winnicott, D.W. (1979): Die Spiegelfunktion von Mutter und Familie in der kindlichen Entwicklung. In: Winnicott, D.W. (1979): Vom Spiel zur Kreativität. Klett-Cotta. S. 128–135
8 Konkrete Anleitungen in Juul, Jesper et. al. (2012:) Miteinander: Wie Empathie Kinder stark macht und Jensen, Helle (2017): Hellwach und ganz bei sich: Achtsamkeit und Empathie in der Schule. Beide bei Beltz erschienen

10 Kontakt gestalten

1 Marks, Stephan (2011): Scham - die tabuisierte Emotion. Patmos

11 Fach-persönliche Entwicklung

1 Heute dfti.dk (zugehörige Institute in Deutschland: ddif.de und Österreich: IGfB.org)
2 Kildedal, K. (1995): En mennskelig opvækst? Om voksnes oplevelser af at være anbragt i familiepleje og/eller på institution i barndommen: en kvalitativ undersøgelse. Ålborg Universitetscenter
3 Jacobsen, B. (1998): Eksistens psykologi. En introduktion. Hans Reitzels Forlag; Yalom, I. (1980): Existential Psychotherapie. Basic Books
4 Bang, Susanne ((2002): Rørt, ramt og rystet. Supervision og den sårede hjælper. Gyldendalske Boghandel, Nordisk Forlag A/S
5 Kegan, Robert (1995): In Over Our Heads: The Mental Demands of Modern Life. Harvard University Press; Hofer, Barbara (2017): Shaping the Epistemology of Teacher Practice Through Reflection and Reflexivity. Educational Psychologist 52(4): S.299–306

6 Kerr, M.E., Bowen, M. (1988): Family Evaluation. An Approach Based on Bowen Theory. Norton
7 Schön, D.A. (1983): The Reflective Practitioner: How Professionals think in Action. Basic Books
8 Das ist eines von sechs Hauptkonzepten der Familiensystemtheorie von Murray Bowen.
9 Jensen, Helle, Jensen, Elsebeth (2016): Schule braucht Beziehung: Gelungene Lehrer-Eltern-Gespräche. Beltz

12 Teamarbeit, kollegiale Reflexion und Supervision

1 Lenneer-Axelson, B., Thylefors, I. (1993): Arbejdsgruppers psykologi, Hans Reitzels Forlag; Thorning, M. (2001): Lær at løse konflikter. Forlaget Frydenlund
2 Lund, M.A. (2000): Konsulentarbjede og supervision i skole- social- og sundhedssektoren. Schönberg

13 Mit herausfordernden Kindern arbeiten

1 Stern, D.N. (2004): »Kritische [Gegenwarts-]Momente … sind Momente, in denen die Beteiligten vollständig im »Jetzt« präsent sind, in einem zentralen Raum gefangen, in dem jede Aktivität oder auch Inaktivität das Schicksal der Situation und der Akteure verändert.« in: The present moment as a critical moment, Negotiation Journal, Band 20, Ausgabe 2, S. 365–372; Stern, D.N. (2004): The Present Moment in Psychotherapy and Everyday Life. Norton
2 Dieser Begriff stammt aus den Kampfsportarten, wo er einen Trainingspartner beschreibt, der maximalen Widerstand bei minimalem Schaden bietet
3 In Dänemark besteht Schulpflicht bis zur 9. Klasse (ab dem Alter von 7 Jahren)
4 Lovric, Damir (2014): Neurowissenschaftliche Aspekte der therapeutischen Beziehung in: Psychotherapie-Wissenschaft, Band 4,1 S. 6-18; Greenberg, Leslie (2016): Emotionsfokussierte Therapie. Hogrefe
5 Glistrup, Karen (2016): Sag mir die Wahrheit: Helfende Gespräche mit Kindern bei Krankheit oder Krise der Eltern. Beltz

Glossar

1 Juul, Jesper (2012): Grenzen, Nähe, Respekt: Auf dem Weg zur kompetenten Eltern-Kind-Beziehung. Rowohlt
2 Kegan, Robert (1995): In Over Our Heads: The Mental Demands of Modern Life. Harvard University Press; Kuhl, Julius (2010): Eine neue Persönlichkeitstheorie; Vygotski, L. S. (1978): Mind and Society: The Development of Higher Psychological Processes. Harvard University Press
3 Grossmann, Karin, Grossmann, Klaus (2012): Bindungen - das Gefüge psychischer Sicherheit. Klett-Cotta

Bücher & DVDs

Bücher

JENSEN, Helle/JENSEN, Elsebeth: *Schule braucht Beziehung. Gelungene Lehrer-Eltern-Gespräche.* Weinheim und Basel: Beltz, 2016

JENSEN, Helle: *Hellwach und ganz bei* sich. *Achtsamkeit und Empathie in der Schule.* Weinheim und Basel: Beltz, 2017

JUUL, Jesper: *Aggression: Warum sie für uns und unsere Kinder notwendig ist.* Hrsg. v. Ingeborg Szöllösi. Frankfurt: S. Fischer, 2014

JUUL, Jesper: *Aus Erziehung wird Beziehung. Authentische Eltern – kompetente Kinder.* Hrsg. v. Ingeborg Szöllösi. Freiburg: Herder, 2005

JUUL, Jesper: *Das Kind in mir ist immer da. Mein Leben für die Gleichwürdigkeit.* Weinheim und Basel: Beltz, 2018

JUUL, Jesper: *Das Familienhaus: Wie Große und Kleine gut miteinander auskommen.* Weinheim und Basel: Beltz, 2015

JUUL, Jesper: *Dein kompetentes Kind. Auf dem Weg zu einer neuen Wertegrundlage für die ganze Familie.* Reinbek: Rowohlt, 2009

JUUL, Jesper: *Die kompetente Familie. Neue Wege in der Erziehung.* Weinheim und Basel: Beltz 2014

JUUL, Jesper: *Elterncoaching: Gelassen erziehen.* Weinheim und Basel: Beltz, 2022

JUUL, Jesper : *Essen kommen. Familientisch – Familienglück.* Weinheim und Basel: Beltz, 2017

JUUL, Jesper: *Grenzen, Nähe, Respekt. Auf dem Weg zur kompetenten Eltern-Kind-Beziehung.* Reinbek: Rowohlt, 2009

JUUL, Jesper: *Leitwölfe sein. Liebevolle Führung in der Familie.* Weinheim und Basel: Beltz, 2018

JUUL, Jesper: *Liebende bleiben. Familie braucht Eltern, die mehr an sich denken.* Weinheim und Basel: Beltz, 2021

JUUL, Jesper: *Mann und Vater sein.* Hrsg. v. Ingeborg Szöllösi. Freiburg: Kreuz, 2011

JUUL, Jesper / HØEG, Peter / BERTELSEN, Jes / HILDEBRANDT, Steen / JENSEN, Helle / STUBBERUP, Michael: *Miteinander. Wie Empathie Kinder stark macht.* Weinheim und Basel: Beltz, 2014

JUUL, Jesper: *Nein aus Liebe: Klare Eltern – starke Kinder.* Weinheim und Basel: Beltz, 2014

JUUL, Jesper: *Respekt, Vertrauen & Liebe. Was Kinder von uns brauchen.* Weinheim und Basel: Beltz, 2020

JUUL, Jesper: *Unser Kind ist chronisch krank. Ein Ratgeber für Eltern.* Weinheim und Basel: Beltz, 2014

JUUL, Jesper: *Vier Werte, die Kinder ein Leben lang tragen.* München: Gräfe und Unzer, 2012

JUUL, Jesper: *Vier Werte, die Eltern und Jugendliche durch die Pubertät tragen.* München: Gräfe und Unzer, 2015

JUUL, Jesper / Jensen, Helle: *Vom Gehorsam zur Verantwortung. Wie Gleichwürdigkeit in der Schule gelingt.* Weinheim und Basel: Beltz, 2019

JUUL, Jesper: *Was Familien trägt. Werte in Erziehung und Partnerschaft.* Weinheim und Basel: Beltz, 2013

JUUL, Jesper/ BOIE, *Kirsten*/ SAALFRANK, *Katharina: Was tun, wenn der Hamster den Löffel abgibt? 60 Elternfragen beantwortet vom Familientrio.* Weinheim und Basel: Beltz, 2016

JUUL, Jesper: *Wem gehören unsere Kinder? Dem Staat, den Eltern oder sich selbst? Ansichten zur Frühbetreuung.* Weinheim und Basel: Beltz, 2012

JUUL, Jesper: *Wir sind für dich da. 10 Tipps für authentische Eltern.* Freiburg: Kreuz, 2014

DVDs – eine Auswahl

JUUL, Jesper: *Was erzieht wirklich? »Die kompetente Familie«: Ein Vortrag von Jesper Juul auf DVD.* Weinheim und Basel: Beltz, 2010

JUUL, Jesper: *Wenn Kinder Jugendliche werden. Ein Vortrag von Jesper Juul auf DVD.* Weinheim und Basel: Beltz, 2010

Weitere Buchempfehlungen

BAUER, Joachim: *Prinzip Menschlichkeit.* München: Heyne, 2008

BAUER, Joachim: *Schmerzgrenze: Vom Ursprung alltäglicher und globaler Gewalt. München:* Heyne 2013

GLISTRUP, Karen: *Sag mir die Wahrheit: Helfende Gespräche mit Kindern bei Krankheit oder Krise der Eltern.* Weinheim und Basel: Beltz, 2016

GRUEN, Arno: *Wider den Gehorsam.* Stuttgart: Klett-Cotta, 2018

JOELLE ALEXANDER, Jessica/DISSING SANDAHL, Iben: *Warum dänische Kinder glücklicher und ausgeglichener sind.* München: Mosaik, 2017

KEGLER, Ulrike: *Lob den Lehrer*innen: Wer Beziehungen stärkt, macht Schule gut. Ein Weckruf.* Weinheim und Basel: Beltz, 2018

MENGES, Robin: *Selbst.Wert.Gefühl – ein Handbuch zur Stärkung von Kindern und Jugendlichen.* Steyr: Ennsthaler, 2019

MILZNER, Georg: *Digitale Hysterie: Warum Computer unsere Kinder weder dumm noch krank machen.* Weinheim und Basel: Beltz, 2016

MARKS, Stephan: *Scham – die tabuisierte Emotion.* Ostfildern: Patmos, 2011

PATTERSON, Kerry et al.: *Heikle Gespräche – worauf es ankommt, wenn viel auf dem Spiel steht.* Wien: Linde, 2012

ROTH, Marcus et al (Hrsg.): *Trainings- und Interventionspro-*

gramme zur Förderung von Empathie – Ein praxisorientiertes Kompendium. Berlin: Springer, 2015

SCHAARSCHMIDT, Uwe, KIESCHKE, Ulf: *Gerüstet für den Schulalltag – psychologische Unterstützungsangebote für Lehrerinnen und Lehrer.* Weinheim und Basel: Beltz, 2007

SIGSGAARD, Erik: *Schimpfen? Es geht auch anders! Wie Sie einen liebevollen und wertschätzenden Umgang mit Ihren Kindern entwickeln.* Dörfles: Renate Götz Verlag, 2012

VOELCHERT, Mathias: *Liebevolle elterliche Führung: Das Praxisbuch.* Weinheim und Basel: Beltz, 2017

WINTER, Reinhard: *Wie Jungen Schule schaffen: Ein Ratgeber für Eltern.* Weinheim und Basel: Beltz, 2018

YAZDI, Kurosch: *Junkies wie wir – Spielen. Shoppen. Internet. Was uns und unsere Kinder süchtig macht.* Wien: Edition a, 2013

Webseiten & Links

Ausbildungsmöglichkeiten und Angebote für Fortbildungen im deutschsprachigen Raum:

In Deutschland: Deutsch-Dänisches Institut für Familientherapie und Beratung, www.ddif.de

In Österreich: IGfB Internationale Gesellschaft für Beziehungskompetenz, www.igfb.org

In der Schweiz (in Kooperation mit ddif.de): www.familylab.ch

www.jesperjuul.com
www.familylab.de · www.familylab.at · www.familylab.ch
www.familylabassociation.com
www.facebook.com/familylab.de
www.twitter.com/family_lab
www.dfti.dk
www.empathie-macht-schule.de
www.psykologhellejensen.dk
www.trainingempathy.com
www.handinhand.si

www.robin-menges.at

Über Jesper Juul & Helle Jensen

© Anja Kring

Jesper Juul (1948-2019) war Familientherapeut, Lehrer, Supervisor, Autor und Gründer des Kempler Institute of Scandinavia, heute Danish Family Therapy Institute (dfti.dk), in deutschsprachigen Ländern vertreten durch DDIF.de, IGfB.org und familylab.ch. Neben Familientherapeut*innen schulen diese Institute seit mehr als drei Jahrzehnten Hunderte Lehrerinnen und Lehrer im Umgang mit Kindern und Jugendlichen. Jesper Juul war europaweit einer der einflussreichsten Familientherapeuten und Autoren zu Familienthemen. Seine Bücher wurden in Rekordzahlen verkauft. Sein internationales Projekt familylab unterstützt Eltern und Lehrkräfte dabei, Liebe und Engagement in liebevolles Verhalten umzusetzen.

© privat

Helle Jensen, klinische Psychologin, Familientherapeutin und Supervisorin, war viele Jahre lang am Kempler Institute in Dänemark und Norwegen für Konfliktberatung zuständig. Neben der Arbeit an ihrem eigenen Institut gibt sie europaweit Kurse über Beziehungskompetenz, Empathie, Nähe und Präsenz. Sie ist Autorin zahlreicher Artikel und Bücher. Derzeit liegt ihr Fokus auf dem Projekt *empathie macht schule/training empathy*, einem internationalen Training für Lehrer und andere Fachkräfte.

Über Robin Menges

© Thomas Steinlechner

Robin Menges arbeitet als klinische Psychologin, Familientherapeutin, Supervisorin und Referentin in freier Praxis in Innsbruck, Österreich, sowie im süddeutschen Raum. Seit 2002 arbeitete sie eng mit Jesper Juul und Helle Jensen zusammen. 2010 gründete sie das Ausbildungsinstitut IGfB – Internationale Gesellschaft für Beziehungskompetenz in Familie und Organisation, das sie fachlich leitet. Ihr Schwerpunkt liegt in der Begleitung von Fachleuten im pädagogischen und sozialpädagogischen Kontext, vor allem im Bereich der Kinder- und Jugendhilfe. Die Beziehungsarbeit mit bindungstraumatisierten Kindern und Jugendlichen und deren Selbststärkung ist ihr ein besonderes Anliegen. Sie ist auch Autorin von *Selbst.Wert.Gefühl – ein Handbuch zur Stärkung von Kindern und Jugendlichen* sowie Herausgeberin von *Relational Competence -Towards a new Culture of Education.*

Über familylab

familylab bietet Eltern wertvolle Inspiration und Beratung. Wir ermuntern Eltern, gemeinsam zu erforschen, wer sie sind und was sie sich wünschen – bezogen auf ihre Familie im Allgemeinen ebenso wie auf aktuelle Konflikte, die sie erfahren. familylab gibt es in Dänemark, Norwegen, Schweden, Deutschland, Österreich, der Schweiz, Kroatien, Slowenien, Polen, Bulgarien, Serbien, Italien, Frankreich, Spanien, der Türkei, Luxemburg, Belgien, England, Australien, Neuseeland, Südamerika, Kanada. Weitere Länder werden folgen.

Was Sie als Eltern von familylab erwarten können

Wir bieten Ihnen Beratung, Vorträge und Workshops durch qualifizierte Fachleute in Ihrer Nähe. Im Internet finden Sie umfangreiche Informationen rund um das Zusammenleben in der Familie, dazu kostenlose Videos, Downloads, Interviews, Veranstaltungshinweise, Bücher/DVD-Shop, den Newsletter und vieles mehr.

familylab für Firmen und Schulen

Wir bieten Inspiration, Vorträge und Workshops für Firmen und ihre Mitarbeiter sowie für Schulen, Leitungsteams und Lehrer an. Schreiben Sie uns!

Weiterbildung zur familylab-Seminarleiterin/zum familylab-Seminarleiter

Wenn Sie Eltern mögen und vertrauen und wenn Sie mithelfen wollen, dass die Beziehungen zwischen Eltern und ihren Kindern noch besser werden, dann beachten Sie unser Weiterbildungsangebot zur familylab-Seminarleiterin/zum familylab-Seminarleiter. Wir suchen Fachleute mit mindestens fünf Jahren Berufserfahrung, die sich für ein neues, außergewöhnliches Projekt für Eltern in Deutschland/Österreich/der Schweiz engagieren wollen. Wir bieten Ihnen ein intensives, achttägiges Training mit einem zertifizierten Abschluss durch familylab sowie fortlaufende qualifizierte Weiterbildungen an. Das Training findet auf Deutsch statt.

Alle Institute von familylab bieten Beratung, Vorträge und Workshops für Eltern wie auch für Firmen und Schulen sowie Weiterbildungen für Fachleute an.

Deutschland
familylab.de
familylab Deutschland GmbH
Leitung: Heidy de Blum
Telefon: 01573-9602434
www.familylab.de
info@familylab.de

Österreich
familylab.at
Katharina Weiner GmbH
Hagenberggasse 11
A-1130 Wien
0043-(0)664-1416633
info@familylab.at
www.familylab.at

Schweiz
familylab.ch
Family Management GmbH
Caroline Märki-von Zeerleder
Lindenhofrain 6
CH-8708 Männedorf
0041-(0)78-7883879
cmaerki@familylab.ch
www.familylab.ch